THOMAS KETTLER VERLAG

BJÖRN NEHRHOFF VON HOLDERBERG

SUP GUIDE

ALLGÄU & BODENSEE

AF637519

+ die besten EINKEHR-TIPPS

IMPRESSUM

1. Auflage 2023

Von-Hutten-Str. 15, 22761 Hamburg
Tel. +49 (0)40 39 10 99 10
www.sup-buch.de

Text & Fotos: Björn Nehrhoff von Holderberg
Titelfoto: Björn Nehrhoff von Holderberg [M], Montage Verlag
Fotos [M]: Fotos Björn Nehrhoff von Holderberg, Montage Verlag: Seite 4, 13, 22-23, 54-55, 94, 108-109, 140-141, 147, 156-157

Lektorat: Thomas Kettler
Illustrationen SUP-Paddeltechnik: Klaus Mumm
Layoutdesign: Nicole Laka
Layout & Konzept: Carola Hillmann
Satz: Ivonne Leuchs (ivonne-leuchs.de), Carola Hillmann
Karten: StepMap, Heide Schwinn, Carola Hillmann
Druck & Gesamtherstellung: LEGRA Sp. z o.o., Krakau

Weitere Bildnachweise (o. = oben, m. = mitte, u.= unten, li. = links, re. = rechts): Seite 76 o.+ u.: **1stof8.com für's handwerk**; Seite 83: **©Klaus-Peter Kappest / Allgäu GmbH**; Seite 84: **Beach Bar Alpsee**; Seite 95: **©Achim Meurer / TVB Tannheimer Tal**; Seite 101 o.: **Naturparkregion Reutte / Rolf Marke**; Seite 111 u.: **Fischerei Kaulitzki**; Seite 112 o. +113: **Schützinger am See**; Seite 119: **Alfons Zaunhuber**; Seite 120: **Surfmax**; Seite 137 li.: **Nikola Wund / Café Nini**; Seite 145: **Sabrina Blusk-Wintergeist (infinity-photos.de) Aufgenommen im Esszimmer Konstanz.**

Bildnachweise Wikimedia Commons (o. = oben, m. = mitte, u.= unten): Seite 35: **Richard Mayer**; Seite 44 u.: **Flodur63**; Seite 56: **Clemenspool**; Seite 61: **Takeaway**; Seite 62-63, 64 o. + u., 67 o.: **©Foud Vollmer Werbeagentur**; Seite 67 u.: **Evan Swigart from Chicago**; Seite 77: **Hilarmont**; Seite 82: **Natureismypassion**; Seite 88 u.: **High Contrast**; Seite 100 u.: **Geoprofi Lars**; Seite 110 o.: **Foto: Störfix**; Seite 110 u.: **Joachim Kohler**; Seite 111 o.: **Ştefan Jurcă from Munich**; Seite 115: **Holger Uwe Schmitt**; Seite 121 o.: **böhringer friedrich**; Seite 123: **Reinhard Müller**; Seite 131: **H. Zell**; Seite 134, 143, 151 u., 159: **JoachimKohlerBremen**; Seite 136 u. + 137 re.: **Bodman-Ludwigshafen, Public domain**; Seite 151 o.: **Roland.h.bueb**; Seite 155: **Benreis auf wikivoyage**; Seite 162: **Hansueli Krapf**; Seite 164: **Adrian Michael.**

Bibliografische Information der Deutschen Nationalbibliothek
Die Deutsche Nationalbibliothek verzeichnet diese Publikation in der Deutschen Nationalbibliografie; detaillierte bibliografische Daten sind im Internet über *http://dnb.d-nb.de* abrufbar.

ISBN 978-3-98513-111-2

INHALTSVERZEICHNIS

P = ANSPRUCH DER TOUREN 🍺 = EINKEHRMÖGLICHKEITEN
↻ = RUNDTOUR ➔ = ONE-WAY-TOUR ⇄ = HIN & ZURÜCK-TOUR

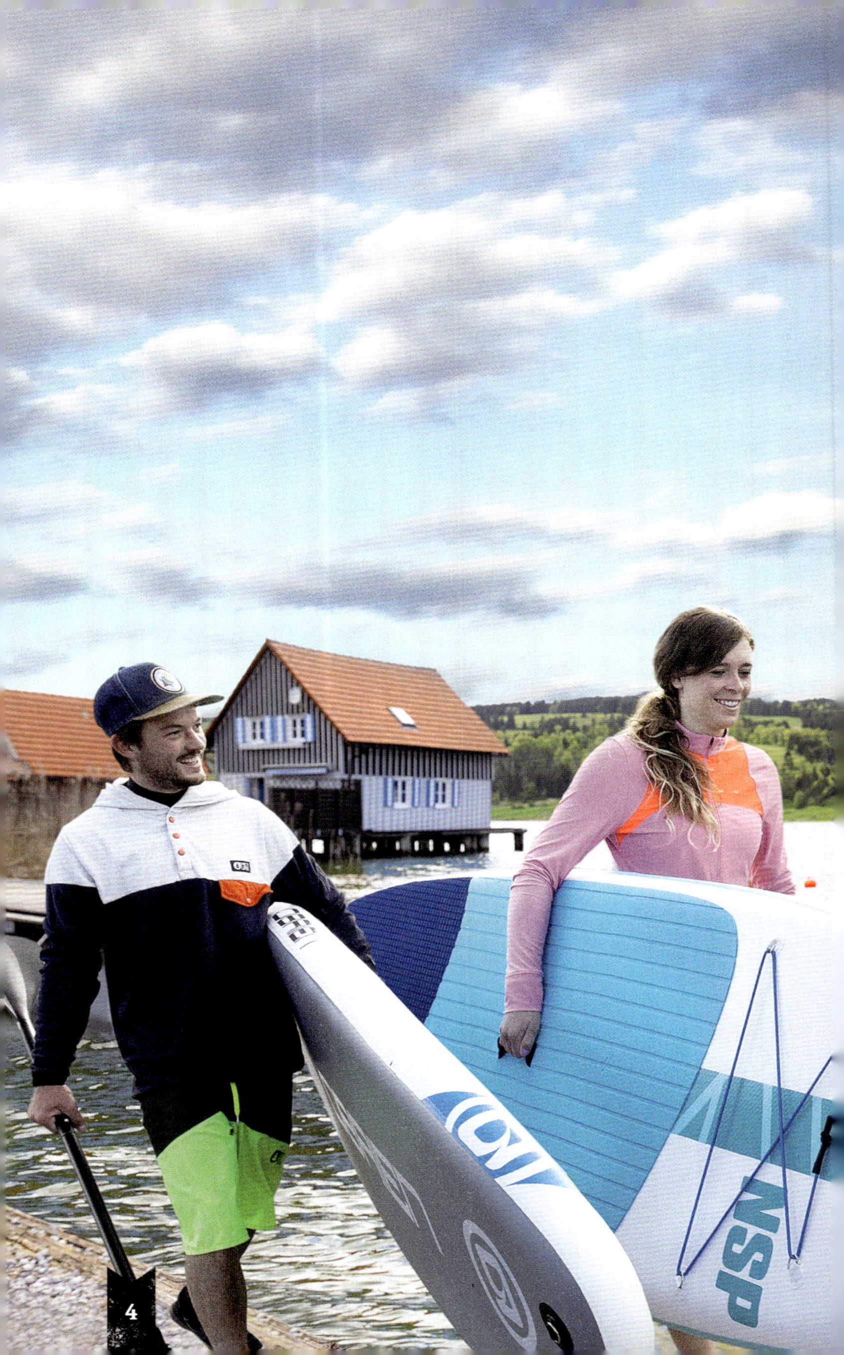
NSP

VORWORT

Das Stand up Paddeln bietet ein hervorragendes Ganzkörper-Fitnesstraining, besonders für Rücken und Rumpf, der Tiefenmuskulatur und ist gleichzeitig ein perfektes Gleichgewichtstraining. Leicht erlernbar, ist das Paddeln auf dem Stand-up-Board eine klasse Sache für die ganze Familie.

Der **Bodensee** eignet sich besonders zur Ausübung dieses Sports und gilt als eines der beliebtesten Wassersportreviere in Deutschland. So ist es wenig verwunderlich, dass hier auch das SUPen boomt, denn das „Schwäbische Meer" bietet außergewöhnliche Naturerlebnisse – glasklares Wasser, wunderbare Strände und grandiose Fernblicke in die Alpen.

Auch historisch sucht der Bodensee mit seinen Weltkulturerbestätten, stolzen Schlössern und Bürgerhäusern sowie zahlreichen mittelalterlichen Ruinen, seinesgleichen unter den Paddelgewässern. Muss man noch erwähnen, dass man es sich hier im **Dreiländereck Deutschland, Österreich, Schweiz** zwischen Weinreben, Kirsch- und Apfelbäumen in Beach Bars, Straußwirtschaften oder urigen Gasthöfen nach der Tour so richtig gut gehen lassen kann?

Kleiner, aber nicht minder faszinierend sind **die Seen des** angrenzenden **Allgäus.** Bekannt sind hier vor allem der Forggensee und der Große Alpsee bei Immenstadt. Ersterer prahlt mit seiner Größe und dem Blick auf die Königsschlösser Neuschwanstein und Hohenschwangau sowie die Füssener Altstadt. Doch auch die weniger bekannten Seen im grünen und hügeligen Alpenvorland haben ihre Stärken! Gerade groß genug für entspannte Tagestouren am Wochenende, bieten sie zwischen den saftigen Wiesen eines „Bilderbuchbauernlandes" kilometerlange naturbelassene Ufer, gepaart mit bombastischen Blickachsen auf die Allgäuer Bergwelt.

Im strengen Sinne nicht zum Allgäu gehörig, aber so angenehm nah und verlockend schön, finden mit Plansee, Heiterwanger See und Haldensee drei österreichische Seeperlen Platz in diesem Buch. Wer sein Paddel in deren Bergwelt schwingt, wird schnell an die Landschaften Norwegens oder Kanadas erinnert. Der Unterlauf der Iller kommt mit seinen einsamen, canyonartigen Flussabschnitten ähnlich daher, während man im Oberlauf zwischen Fischen und Sonthofen besser vorher Paddeltechnik und Ausrüstung perfektioniert hat, dafür aber mit spritzig aufregenden Kehrwasserfahrten belohnt wird.

Was für ein Luxus, sich ein Board unter den Arm zu klemmen, es irgendwo am Seeufer ins Wasser zu lassen und schon mit den ersten Schlägen die Alltagsprobleme hinter sich zurückzulassen!

Also ran ans Paddel und ab aufs Wasser!
Björn Nehrhoff von Holderberg

TOURENPLANUNG

Die **Anreise mit öffentlichen Verkehrsmittel (ÖPNV)** zu den kleinen **Seen im Allgäu** ist manchmal nicht möglich oder schwierig. Wo es machbar ist, haben wir den Bus und/oder die Haltestelle oder den nächsten Bahnhof genannt. Verbunden meist mit einem kleinen Fußweg zur Einsetzstelle.

Die Nutzung des **ÖPNV** um nach der Tour wieder **zum Fahrzeug zurückzukommen,** entfällt bei den kleinen **Seen im Allgäu,** da man auf Rundtouren unterwegs ist. Ausnahmen bilden der Forggensee sowie der Plansee & Heiterwanger See. Mit einem aufblasbaren I-SUP kann man mit der Ausflugsschifffahrt zum Ausgangspunkt zurückkehren, mit Bussen ist es hier eher schwierig bis unmöglich (Forggensee: www.forggensee-schifffahrt.de, Plansee: www.fischeramsee.at/seehotel/schifffahrt).

Der geschäftige **Bodensee** dagegen bietet neben der Ausflugsschifffahrt auch die Möglichkeit, Busse oder Züge zum Rücktransport zu nutzen. Auch eine **Anreise mit der Bahn** zum See stellt kein Problem dar.

Gerade für Feststoffbrettbesitzer ist es daher empfehlenswert im Auto ein **Fahrrad (z.B. Faltrad) mitzunehmen.** So kann man mit dem zuvor am Zielort deponierten Rad die Nachholung des Pkws entlang des Bodenseeradweges bewerkstelligen – garniert mit reizvollen Landschaftseindrücken.

Wichtig: Auf den **länderübergreifenden Touren am Bodensee** sollte man immer einen **Personalausweis** dabeihaben. Das gilt auch als Pfand beim Mieten von SUP-Boards.

WIND, WETTER & WELLEN

Wer auf SUP-Tour geht, muss wissen, wie weit er überhaupt kommen kann und wie sich Wind und Wetter auswirken. Hier ein paar Anhaltspunkte:

Wieviel Strecke kann ich zurücklegen? Freizeit- / Gelegenheitspaddler sind in der Regel mit etwa drei Stundenkilometern unterwegs und legen dabei sechs bis 12 Kilometer zurück.

Engagierte SUP-Rider erreichen je nach Brett und Kondition auch zwischen vier und sieben Stundenkilometer, sind somit deutlich schneller und können auch größere Strecken bewältigen.

Wind-INFOS

Windy www.windy.com
Windfinder www.windfinder.com

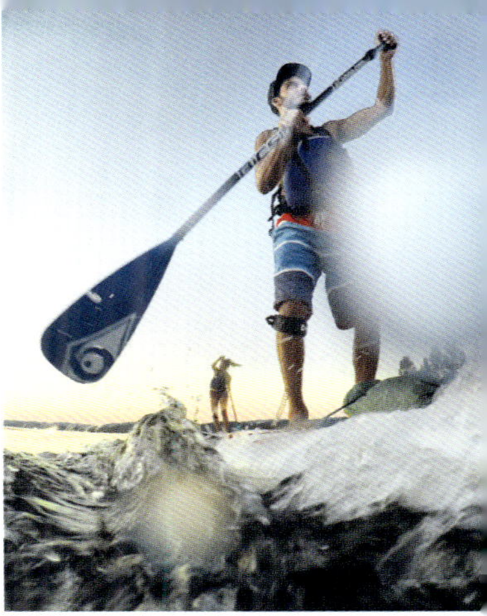

Auf den Fließabschnitten des **Iller Unterlaufs** kann man wegen der leichten **Strömung** teilweise mit einem Plus von ca. zwei Kilometern in der Stunde rechnen. Die deutlich schneller fließende **Obere Iller** dagegen lässt erwarten, dass man hier 5-6 Kilometer schneller ist. Allerdings spielt die Tatsache, dass man auf Wildwasser derartig intensiv mit Steuern und „Linie suchen" beschäftigt ist, eine große Rolle. So dass man hier in der Realität eher mit der Fließgeschwindigkeit „mitschwimmt", ohne explizit das Board anzuschieben und so im Durchschnitt nicht schneller unterwegs ist als ein sportlicher Paddler auf Flachwasser.

Wind ist für Stand up Paddler auf offenen Gewässern wie dem Bodensee, aber auch dem Forggen- oder Plansee, ein besonders wichtiges Kriterium. Er kann schnell alle Pläne zunichtemachen. Schon mäßiger **Gegenwind** der Stärke 3 halbiert das Paddeltempo. Noch stärkere Winde machen es Gelegenheitspaddlern schwer, überhaupt vorwärtszukommen. **Rückenwind:** Bläst der Wind dagegen von hinten, schiebt er den Paddler hilfreich an, solange er nicht Wellen aufwirft, die zu Balanceproblemen führen.

Wind der Stärke 1-2 Beaufort ist für Gelegenheitspaddler noch gut in alle Richtungen zu paddeln. Steigert er sich auf 3-4, sind längeren Strecken nur mit deutlich mehr Energieaufwand zu bewältigen. Bei Rückenwind paddelt man dagegen ohne Mehraufwand gut einen Stundenkilometer schneller. Kommt ein Wind dieser Stärke von vorne, gerät der Gelegenheitspaddler schnell an seine konditionelle Grenze und kann nur noch kurze Strecken zurücklegen.

Windstärke 3-4 führt auf größeren Wasserflächen zu **Wellen**, die für Gelegenheitspaddler in der Regel zu anspruchsvoll für ihre Balance sind. Dann hilft es nur noch kniend weiterzupaddeln, bis man sicher anlanden kann. Fortgeschrittenen SUPern können diese Art Wellen Spaß machen und sogar für erste Surfmomente sorgen. Ab **Windstärke 5** sollten auf offenen Gewässern nur noch absolute Cracks auf dem SUP-Board unterwegs sein.

Windstärke wird in Beaufort angegeben. Der Beaufortgrad reicht von **1 = leichter Windzug** bis **12 = Orkan.**

Wind-STÄRKE

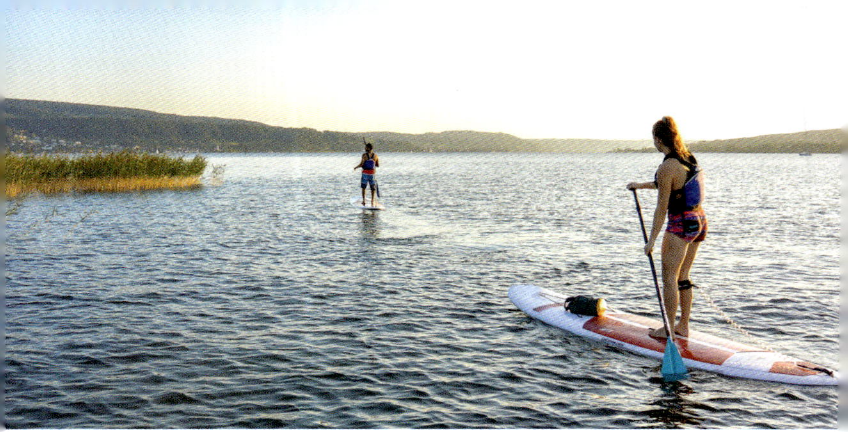

BEDINGUNGEN AM BODENSEE

Der Bodensee ist wegen seines beständigen **Wetters** im Sommer ein ideales Revier für Paddeltouren. Besonders geeignet für **Anfänger** sind die geschützteren Bereiche im **Überlinger See** und in allen Ausläufern des **Untersees**. Während beständiger Wetterlagen lassen sich auch die Ufer des riesigen Obersees gut erkunden.

Immer zu beachten sind jedoch **Bergwinde** und relativ schnell aufziehende **Gewitter**. So kann es durchaus vorkommen, dass auf der einen Seite des Sees ein heftiger Gewittersturm niederfährt und auf der anderen Seeseite von alldem nichts zu spüren ist. Daher wurde von den drei Anrainerländern rund um den Bodensee ein **Warnsystem** eingerichtet. Der See wurde in drei Warnzonen aufgeteilt – West, Mitte, Ost. Gewarnt wird in zwei Stufen mittels 60 Sturmwarnleuchten rund um den See. **Starkwindwarnung:** 40 orangefarbene Blitze pro Minute weisen auf starke Windböen ab 6 Beaufort (25-33 Knoten). **Sturmwarnung:** 90 orangefarbene Blitze pro Minute kündigen das Auftreten von Sturmböen ab 8 Beaufort (ab 34 Knoten) an. Man sollte sich jedoch niemals nur auf das Warnsystem verlassen, zumal SUP-Paddler auch schon weit unterhalb von 6 Beaufort in Schwierigkeit geraten können.

Die **eigene Wetterbeobachtung** ist für Paddler daher ebenfalls wichtig. Ein aufziehendes Gewitter ist oft gut zu erkennen. Es macht sich im Sommer mit schwüler Luft, verändernden Winden und aufgetürmten, immer dunkler werdenden Wolken bemerkbar. Vor einer Gewitterfront wehen böige Winde mit bis zu Sturmstärke, sie sind die größte Gefahr für Paddler. Im Zweifelsfall also besser sofort vom Wasser gehen. Das funktioniert am Bodensee im Notfall eigentlich immer innerhalb der nächsten paar hundert Meter.

Von Schiffen verursachte Wellen: Wegen der teils häufig verkehrenden Fähren und Ausflugsdampfer kommt die Wasserfläche des Bodensee in der Saison tagsüber eigentlich nie ganz zu Ruhe, auch wenn kein Lüftchen weht. Das liegt an den Schiffswellen, die nicht nur in der Nähe der Schiffe auftreten, sondern auch über den ganzen See ausrollen, bis sie irgendwann auf Land treffen. Das gleicht einer Dünung auf dem Meer, nur in Miniaturformat.

Geübte Paddler passen sich leicht an dieses Heben und Senken an. **Anfänger** dagegen fühlen sich schnell unsicher, gerade wenn sich mehrere Wellensysteme verschiedener Schiffe überschneiden oder am Ufer eine Wand die Wellen reflektiert. Mit zunehmender Erfahrung nimmt die Sicherheit zu. Bis dahin kann man sich aufs Board knien oder setzen, um die Balance zu verbessern.

NOTRUF WASSERRETTUNG AM GESAMTEN BODENSEE

112 (aus allen Handynetzen - ohne Vorwahl)

BEDINGUNGEN AUF DEN ALPEN- UND VORALPENSEEN

Auf Seen zwischen Bergzügen kann es zu **thermischen Winden** kommen, die das Paddeln erschweren. Nicht außer Acht lassen sollte man auch hier die **Gewittergefahr**, besonders dann, wenn Bergwände den Blick auf das Wettergeschehen teilweise verstellen.

HILFREICHE WETTER-LINKS

www.meteocentrale.ch

www.windfinder.com

www.dwd.de/DE/wetter/warnungen_aktuell/warnanwendung_node.html

www.bodenseeschifffahrt.de/webcams.html

www.alpenverein.de/DAV-Services/Bergwetter

WICHTIG

Vor jeder Tour sollte man sich den aktuellen Wetterbericht anschauen. Dafür eignen sich besonders Wetter-Apps oder Internetseiten speziell für Wassersportler. Sie zeigen Wind und Wetter stündlich aktuell an, was nicht heißt, dass auch diese Dienste einmal danebenliegen können. Vor der Tour sollte man daher immer einen „Plan B“ haben.

Wichtige INFOS

WICHTIGES FÜR DEN SUP-PADDLER

» Behindert bitte beim **Parken** keine Anwohner.

» Beim Start mit dem eigenen Board von privaten Grundstücken (SUP-Board-Vermieter, Gasthof, Campingplatz) **fragt um Erlaubnis.**

» Nutzt beim Ein- und Aussetzen nicht **empfindliche Uferbereiche.**

» Schätzt Eure **Kondition** realistisch ein und stattet Euch entsprechend der Wetterverhältnisse aus (siehe Ausrüstung).

» **Alkohol ist auf dem Wasser tabu!**

» Das **Beschallen** der Natur **mit Musik** belastet nicht nur diese, sondern auch andere Paddler.

» **Umfahrt** größere Ansammlungen von **Wasservögeln** und haltet, besonders zur Brutzeit, **Abstand zu Schilfgebieten und Steilufern.**

» **SUP-Regeln Bodensee:** Für SUP-Boards gilt eine **Kennzeichnungspflicht**. Name + Kontaktdaten des Eigentümers gut lesbar auf's Brett schreiben. Wer sich **weiter als 300 Meter** vom Ufer entfernt, ist verpflichtet eine **Schwimmweste** oder **zertifizierte Restube** zu tragen. Stehpaddler sind **ausweichpflichtig gegenüber anderen Wasserfahrzeugen** wie Kursschiffen (Seerundfahrten, Fähren), Segelbooten und Berufsfischern. Private Motorboote müssen theoretisch SUPs ausweichen. Darauf sollte man sich aber nicht verlassen und im Zweifel lieber defensiv verhalten und selbst ausweichen. **Hafeneinfahrten, Landestellen** sowie die umliegenden Bereiche für **Fahrgastschiffe** müssen freigehalten bzw. zügig durchpaddelt werden. Außerdem gelten 50 m Mindestabstand gegenüber Kursfahrzeugen und 25 m Abstand zu Schilf-, Binsen- und Seerosenflächen. **Naturschutzflächen** erkennt man an den **weiß-rot-weiß-gestreiften Tonnen** auf dem Wasser. Sperrzonen wie Naturschutz-, Schwimmzonen und Trinkwasserschutzgebieten dürfen nicht durchfahren werden.

» **Wildwasser:** Auf der Tour im **Oberlauf der Iller** kommen wir in Kontakt mit Wildwasser. Für den bei Normalwasserstand mit Schwierigkeitsklasse II bezifferten Flussabschnitt ist eine Befahrung von SUP-Anfängern nicht zu empfehlen. Wenn Du keine Übung im Kehrwasserfahren, dem abrupten Abstoppen und Wenden im schnellen Strom hast, Deine Balance nicht bombensicher ist und Du keine Protektoren-Ausrüstung hast, suche Dir lieber eine andere Tour aus dem Buch aus.
Oder mach einen **Wildwasser-Kurs** bei einem SUP-Anbieter. An der Iller findest du einen hier: www.canyoningallgäu.de

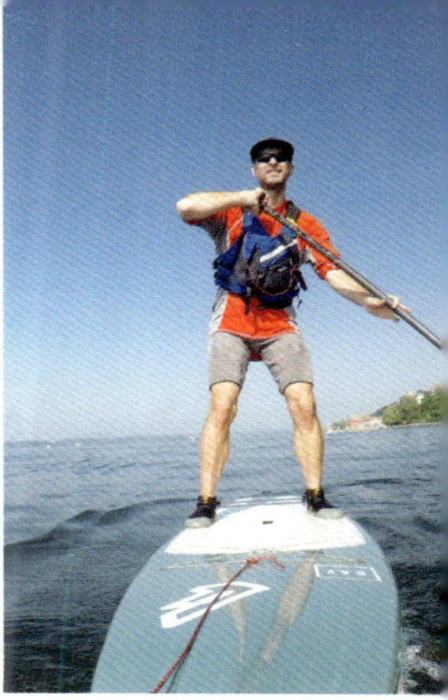

DIE SUP-AUSRÜSTUNG

Eine, der Jahreszeit und Wassertemperatur angepasste **Kleidung** sind z. B. im **Sommer** Bikini oder Boardshort, Neoprenanzug bzw. Trockenanzug im **Winter**. Wer im **Frühling** oder **Herbst**, wenn die Außentemperaturen zwar hoch, das Wasser aber frisch ist, in Badebekleidung vom Brett fällt, kühlt in kürzester Zeit aus und gerät in Lebensgefahr. Kleidet Euch nach Wassertemperatur, nicht nach Lufttemperatur!

Eine feste, kompakte **Schwimmweste** oder eine selbstaufblasbare **Auftriebshilfe** in Form eines Hüftgurtes, sollte selbstverständlich sein, insbesondere bei Querung größerer Wasserflächen oder wenn nicht in unmittelbarer Nähe des Ufers gepaddelt wird.

Zur **„Schönwetterausstattung“** gehören: Badeschuhe, Neoprenschuhe/alte Turnschuhe, ggf. Wechselkleidung, Handtuch, Sonnencreme, Sportbrille mit Brillenband, Kopfbedeckung und bei längeren Touren ein Snack und **ausreichend zu trinken.** Die **Gefahr der Auskühlung** und der intensiven **Sonneneinstrahlung** darf nicht unterschätzt werden.

Auch eine **Winter-Tour** hat ihre Reize. Ohne Lärm und Bootsverkehr unterwegs zu sein bietet Entspannung der besonderen Art. Kuschelige Wärme bringen **Trockenanzug** mit **Fleece-Unterwäsche,** eine warme **Mütze** und **Neoprenhandschuhe** sowie dicke **Neopren-Schuhe** (ein bis zwei Nummern größer, damit dicke Socken und evtl. die Socke des Trockenanzugs drunter passen. Spezialanbieter produzieren **Neopren-Socken** mit eingewebter Wolle, die an Wärme und Funktionalität kaum zu toppen sind.

Für die Mitnahme von **Ersatzkleidung** und Kleinkram gibt es **wasserdichte Transportsäcke** in verschiedenen Größen, die sich einfach unter den Gepäckgummis, bzw. des -netztes des Boards verstauen lassen: 2-Liter-Beutel für Handy, Schlüssel und Geld, 15-Liter-Sack für Pulli, Windjacke und Schuhe.

Equipment für SUPer gibt es am Bodensee hier:
www.lacanoa.de www.adfunture.de www.kanuladen-am-bodensee.de

Die Stehpaddel-Ausrüstung besteht neben der entsprechenden Kleidung aus **SUP-Board, Paddel** und **Leash**. Die Wahl des SUP-Boards hängt vom Einsatzbereich ab.

die AUSRÜSTUNG

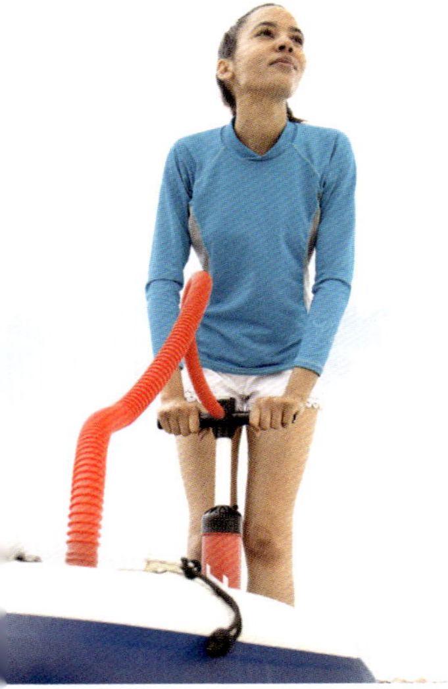

SUP-BOARDS

Grundsätzlich unterscheiden wir feste (laminierte) Hardboards und aufblasbare Boards (auch iSUPs oder inflatable SUPs genannt).

Die Vorteile der Hardboards liegen in den besseren Fahreigenschaften. Dagegen sind iSUPs besser zu lagern und zu transportieren. Für sie benötigt man eine Luftpumpe, die in der Regel bei jedem Board im Lieferumfang dabei ist. Je nach Hersteller sorgen 15-18 psi Druck für gute Stabilität (1 bar = 14,504 psi).

Die Steifigkeit des Boards ist entscheidend. Mit zu wenig Luft hängt es mittig durch und reagiert nicht präzise genug auf Paddelschläge. Stattdessen haben wir eine weiche und schwabbelige Standfläche, die nur als Badeponton Spaß macht. Verlockend günstige Angebote lassen eine wenig stabile Bauweise des SUPs vermuten. Für die Größe des Boards sind Maßangaben in Fuß und Zoll üblich. Die Länge wird in Fuß angegeben: 1 Fuß = 30,48 cm; die Breite und Dicke wird in Zoll berechnet: 1 Zoll = 2,54 cm.

Je mehr Fläche auf dem Wasser aufliegt, desto kippsicherer ist das Board, ein Einsteigerboard ist daher größer und breiter als ein Raceboard. Vor dem Kauf ist es hilfreich, an einer SUP-Station mehrere Boards zu testen.

TOURING-BOARD

Geeignet für Einsteiger und Flachwasser-Enthusiasten. Je länger das Brett, desto schneller ist es und desto einfacher ist das Geradeausfahren. Für Tagestouren empfehlen wir eine Länge von etwa 12.6 Fuß. Für mehrtägige Gepäcktouren eignen sich Board-Längen zwischen 12.6 und 14 Fuß. Entscheidend bei der Wahl des Boards ist aber auch das Volumen, welches in Litern angegeben wird. Hierbei bitte unbedingt die Herstellerangaben beachten. Ein Board, konstruiert für eine Gewichtsklasse bis 90 kg, ist definitiv nichts mehr für einen 150-kg-Fahrer. In der Breite gilt es, die Gratwanderung zwischen Schnelligkeit und Kippeligkeit an das eigene Können anzupassen, damit der Spaßfaktor stimmt. Gängig sind Breiten zwischen 30 und 33 Zoll.

WILDWASSER-BOARD

Im Wildwasser werden in der Regel Boards benutzt die aufblasbar sind, aber kompaktere Ausmaße haben, als normale I SUPs. Die etwas kürzeren Boards sind gleichzeitig robuster konstruiert, um häufigen Boden- und Steinkontakten besser widerstehen zu können. Aus demselben Grund werden nur kurze Finnen verbaut und die Nase der Bretter ist häufig etwas hochgebogen. Im Gegensatz zum Flachwasser trägt man im Wildwasser außerdem Protektoren und dicke Neoprenanzüge, damit eventuelle Stürze weniger starke Auswirkungen haben.

FINNE

Die Finne sorgt für Spurtreue des Boards. Ohne Finne paddelt man im Kreis oder der Wind bläst einen einfach übers Wasser. Je länger und größer die Finne, umso besser ist der Geradeauslauf. Passende Finnen werden bei den Boards mitgeliefert und werden im Heck auf der Unterseite befestigt.

SUP-PADDEL

Die Hersteller bieten feste und in der Länge verstellbare Paddel an. Letztere sind gegen ein unabsichtliches Verdrehen der beiden Schaftteile extra gesichert.

Stabilität und Gewicht des Paddels sind entscheidend. Paddel mit einem Schaft aus schwerem Aluminium wiegen rund 300-400 g mehr als solche aus leichtem Carbon. Ein Paddel mit einem verstellbaren Schaft aus Glasfasermaterial und einem Blatt aus Kunststoff ist als Einsteigermodell preislich und qualitativ gut geeignet.

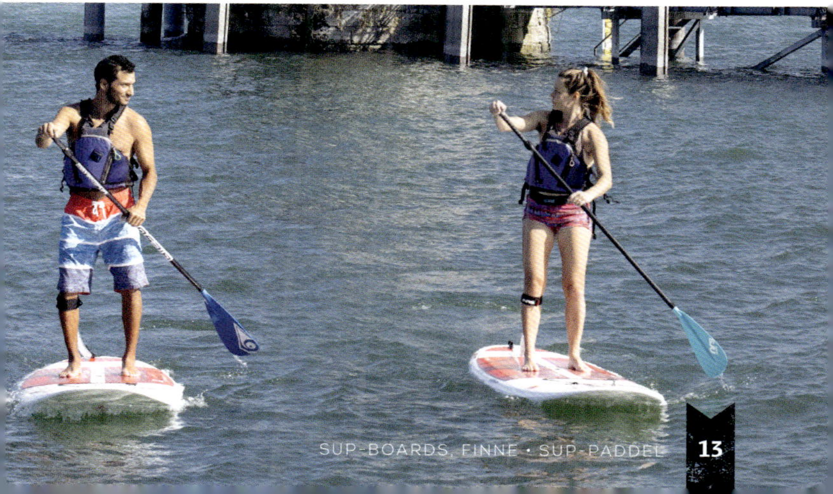

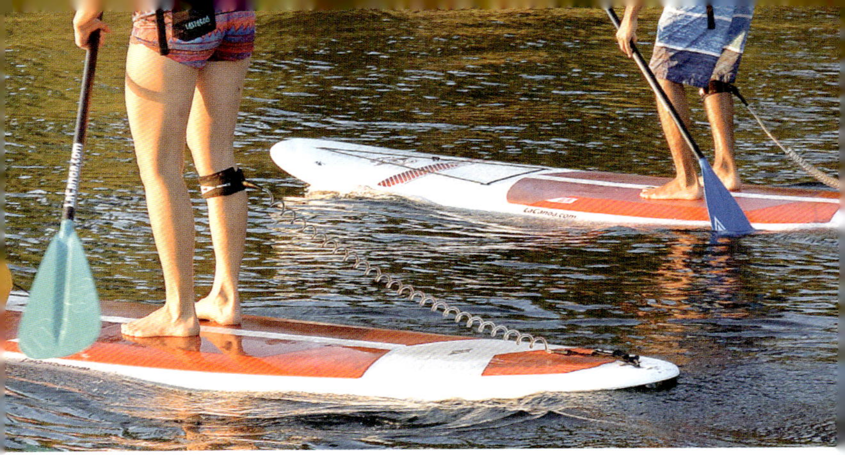

LEASH

Sicherheit bietet neben einer guten Fahrtechnik und Kondition vor allem die Leash, eine Leine, die den Paddler mit dem Brett verbindet. Im Falle eines Sturzes ins Wasser treibt das Board nicht ab, ein Wiederaufsteigen ist somit problemlos möglich. Boardseitig wird sie fest fixiert, am Paddler ist sie am Knöchel durch einen leicht und schnell zu öffnenden Klettverschluss befestigt.

Unter sommerlichen Bedingungen ist dies in der Regel auf kleinen Gewässern für die meisten SUP-Paddler ausreichend.

Auf Flüssen sollte dagegen keinesfalls eine Leash getragen werden, da man hier Gefahr läuft sich an Hindernissen zu verhängen. Der Wasserdruck verhindert in einem solchen Fall, dass sich der Paddler selbst aus der Situation befreien kann. Es besteht Ertrinkungsgefahr.

TRANSPORT & LAGERUNG

Die meisten Boards haben eine spezielle Mulde bzw. einen Griff, um das Board seitlich am Körper zu tragen. Mit einem Gewicht von 11-13 kg sind sie zwar recht handlich, für das Tragen über größere Strecken ist ein SUP-Tragegurt zu empfehlen oder ein SUP-Transportwagen.

Zum Transport mit dem Pkw können mehrere Hardboards übereinander auf dem Dachträger mit Spanngurten befestigt werden (Zwischenpolsterung und Polsterung des Dachträgers mit Heizungsrohrisolierung aus Schaumstoff). Wer nicht genug Platz auf dem Autodach hat, kann das SUP-Board in einem im Fachhandel erhältlichen speziellen Bügel hochkant transportieren.

SUP-PADDELTECHNIK

ERMITTLUNG DER RICHTIGEN PADDELLÄNGE

Stell das Paddel neben Dich, strecke Arm und Hand (der Arm ist dabei fast durchgestreckt) entlang des Paddelschaftes nach oben und lege jetzt die Hand um den Griff. Je länger das Paddel, umso aufrechter die Standposition auf dem Board. Wenn ich sportlicher fahren möchte, wähle ich einen kürzeren Schaft.

PADDELHALTUNG

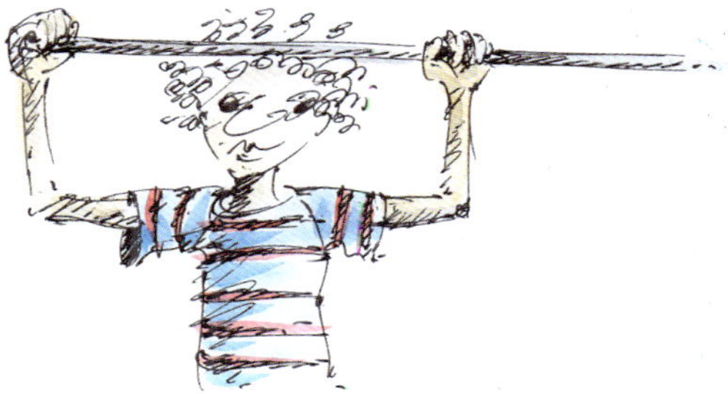

Die richtige Griffbreite ermitteln – Mit der einen Hand den Knauf umfassen, mit der anderen den Schaft. Paddel so auf den Kopf legen, dass die Unterarme im rechten Winkel nach oben zeigen.

Bei einem SUP-Paddel ist in der Regel das Blatt im Verhältnis zum Schaft leicht abgewinkelt. Das Paddel wird korrekterweise so gehalten, daß beim Eintauchen das abgewinkelte Blatt – vom Paddler aus gesehen – nach vorne zeigt.

ERSTE VERSUCHE

Wer seine ersten Versuche auf einem SUP-Board bestreitet, kann erstmal kniend starten, um ein Gefühl für sich und das Board zu bekommen. Hierzu etwa in die Mitte des Boards mit Blick nach vorne hinknien. In aufrechter Haltung mit beiden Händen am Paddelschaft vorwärts paddeln. Nach der Eingewöhnung aufstehen und mit der oberen Hand den Knauf greifen.

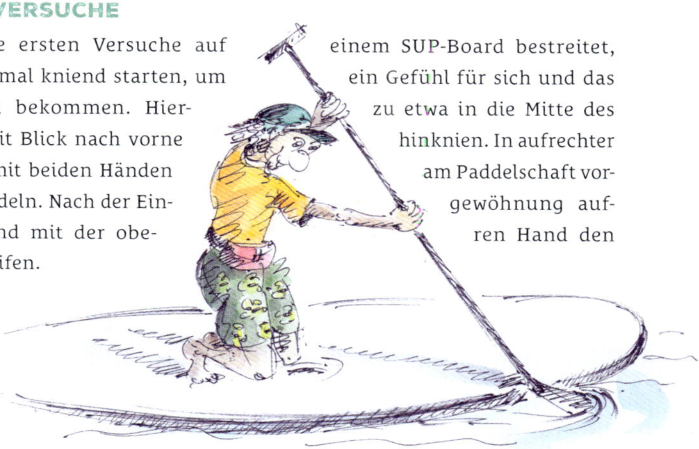

VORWÄRTSSCHLAG

Mit Blick nach vorne (Richtung Bug) stehen wir mit paralleler Beinstellung etwa in der Mitte des Boards. Die Trageschlaufe dient hier als Anhaltspunkt. Das Paddel wird weit vorne und nahe neben dem Board eingetaucht. Dabei ist der untere Arm (Hand am Schaft) nahezu gestreckt und der obere Arm (Hand auf dem Griff) leicht angewinkelt. Erst wenn das Paddel komplett im Wasser ist, wird der eigentliche Paddelzug eingeleitet.

Jetzt wird das Paddel in gerader Linie neben dem Board bis zum Körper (Füße) durchgezogen, wobei der Paddelschaft immer in einem sehr steilen Winkel (von vorne oder hinten gesehen) zum Wasser bleiben sollte. Dabei wird der obere Arm gestreckt und der untere Arm leicht angewinkelt.

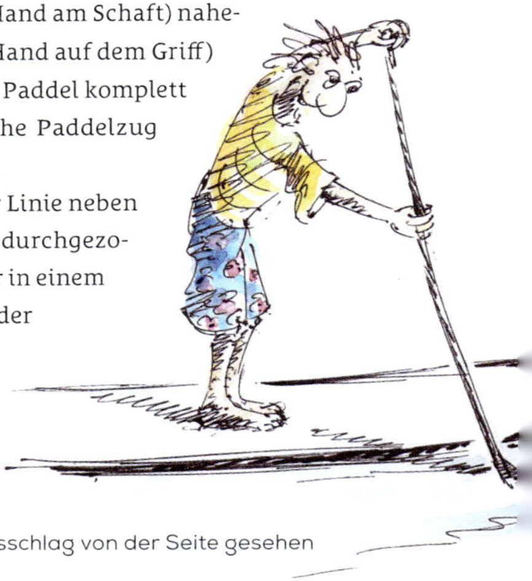

Vorwärtsschlag von der Seite gesehen

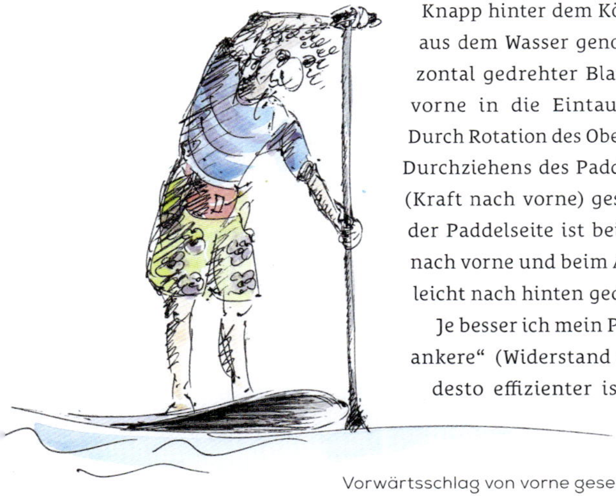

Knapp hinter dem Körper wird das Paddel aus dem Wasser genommen und mit horizontal gedrehter Blattfläche wieder nach vorne in die Eintauchposition geführt. Durch Rotation des Oberkörpers während des Durchziehens des Paddels wird die Wirkung (Kraft nach vorne) gesteigert (Schulter auf der Paddelseite ist beim Eintauchen leicht nach vorne und beim Ausheben des Paddels leicht nach hinten gedreht).

Je besser ich mein Paddel im Wasser „verankere“ (Widerstand des Wassers nutzen), desto effizienter ist die Bewegung des Boards nach vorne.

Vorwärtsschlag von vorne gesehen

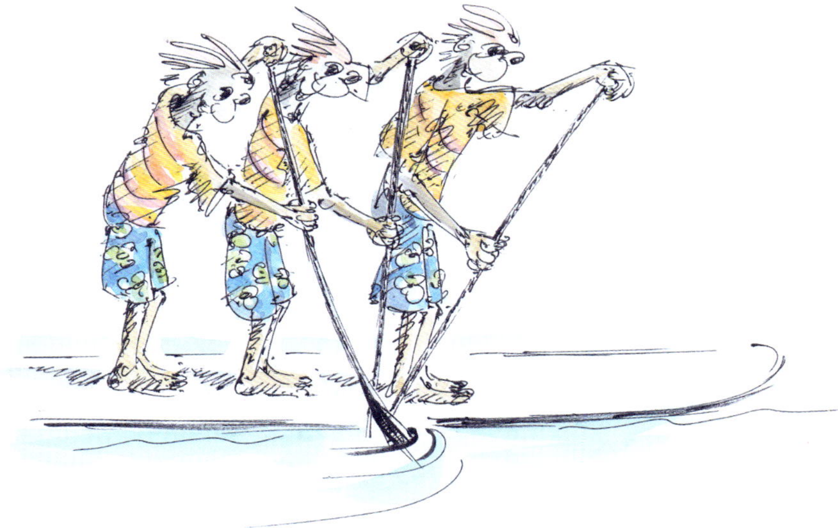

Bewegungsablauf Vorwärtsschlag

VORWÄRTS FAHREN

Um „Kurs zu halten" und ungewollte Kurvenfahrt zu vermeiden ist es hilfreich, auf ein anvisiertes Ziel in der Ferne zuzuhalten und nach mehreren Schlägen immer mal wieder die Seite zu wechseln.

KURVEN FAHREN

Hier kann als leicht zu lernende Technik der Bogenschlag angewendet werden. Das Paddelblatt wird möglichst weit vorne direkt am Board eingesetzt und dann in einem weiten Bogen am Körper vorbei bis nach hinten ans Heck durchgezogen. Je weiter ich bei diesem Manöver hinten auf dem Board stehe, umso effizienter wird der Bogenschlag.

Als fortgeschrittene Technik kann auch der sogenannte Crossbow-Turn eingesetzt werden. Hier wird das Paddel aus der Fahrt heraus auf der Gegensei-

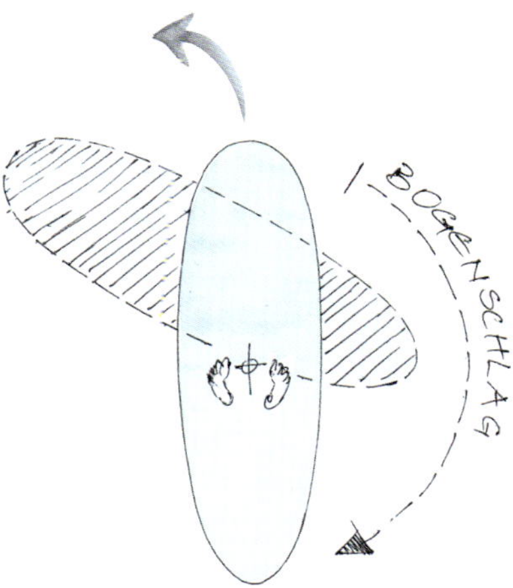

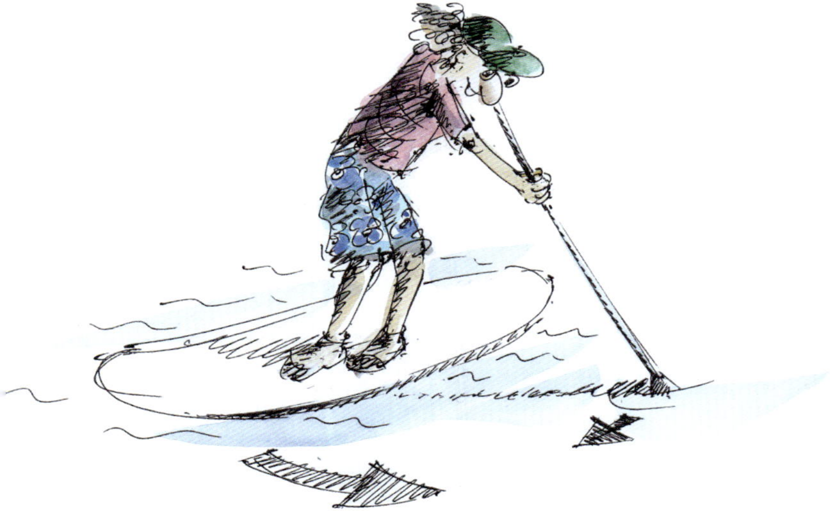

Crossbow-Turn

te des Boards – unter Beibehaltung der ursprünglichen Paddelhaltung – möglichst weit außen in einem Winkel von rund 45 Grad zum Board eingesetzt und dann in einem Bogen vorne über den Bug wieder auf die ursprüngliche Paddelseite geführt. Mit dieser Übergriff-Technik kann das Board mit einem Schlag um 180° gedreht werden.

PADDELN BEI GEGENWIND

Wer gegen den Wind ankommen möchte, macht sich klein – bis hin zum Paddeln im Knien. Auf diese Weise reduziere ich den Luftwiderstand. Die Griffhand greift dabei weiter unten am Schaft.

DOWNWIND-PADDELN

Das SUP-Paddeln mit ordentlich Wind im Rücken gilt als die Königsdisziplin auf dem See und bleibt erstmal dem wirklich Erfahrenen vorbehalten. Es erfordert eine an Wind und Wellen angepasste Fußstellung. Um ein Bohren des Bugs zu verhindern, versetzt man einen Fuß nach weiter hinten. Je mehr Wind, desto weiter hinten steht man. Mit dem Paddel im Wasser kann das Board in den Wellen stabilisiert werden.

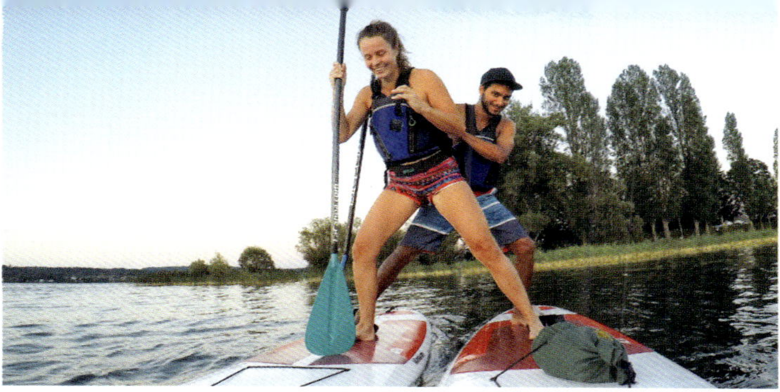

ZU GUTER LETZT

- Schwach motorisierte Wasserfahrzeuge „schleichen“ sich gern unbemerkt von hinten an, so dass es sinnvoll ist, sich immer mal umzuschauen.
- Im Falle eines Sturzes ins Wasser zuerst zum Board schwimmen, bevor der Wind dieses abtreibt (eine Leash verhindert das!) – und erst dann das Paddel bergen.
- Nie das Board verlassen um zum Ufer zu schwimmen, denn es ist auch deine „Rettungsinsel“!
- Führe ein wasserdicht verpacktes Handy mit, um im Notfall Hilfe rufen zu können.

Literatur-TIPPS

BUCH-EMPFEHLUNGEN

SUP – STAND UP PADDLING: MATERIAL - TECHNIK - SPOTS, Delius Klasing Verlag

101 DINGE, DIE EIN STAND-UP-PADDLER WISSEN MUSS, Bruckmann Verlag

SUP-GUIDE **SALZKAMMERGUT** | **BAYERISCHES ALPENVORLAND** | **KÄRNTEN** | und weitere Titel, Thomas Kettler Verlag

REISEFÜHRER **"ALLGÄU"**, Trescher Verlag

REISEFÜHRER **"ALLGÄU"** UND **"BODENSEE"**, Michael Müller Verlag

ZEITSCHRIFTEN

SUP BOARD MAGAZIN MSV MEDIEN, www.supboard-magazin.de

SUP, Delius Klasing Verlag, www.sup-mag.de

STAND UP MAGAZIN, MIKE JUCKER, www.standupmagazin.com

LINK-TIPPS

SUPSCOUT.DE – Plattform für SUP-SPOTS UND -TOUREN

CLEANRIVERPROJECT.DE – Paddeln & Fotokunst für saubere Flüsse und Meere

PAGAJA.DE – Buchungsportal rund ums Paddeln

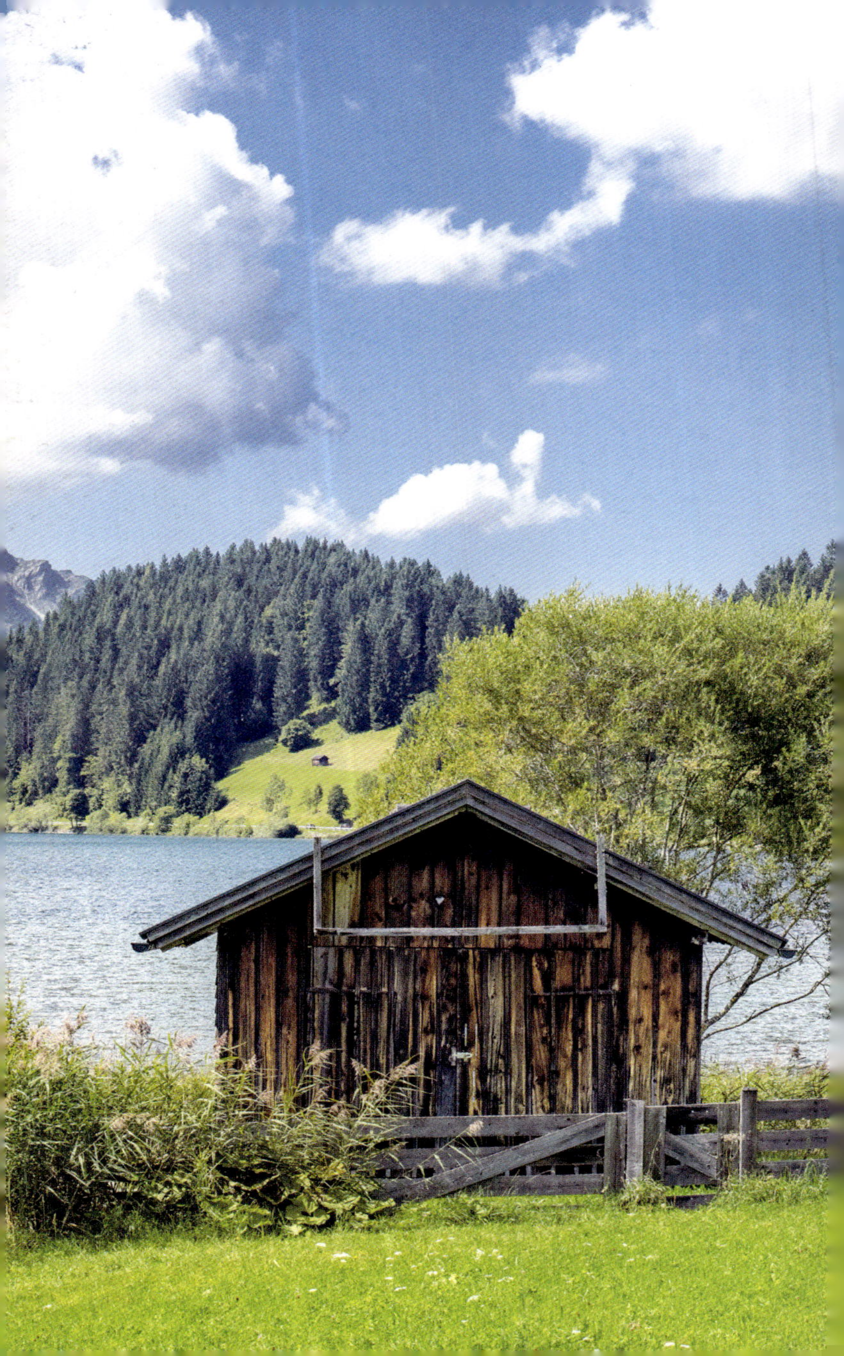

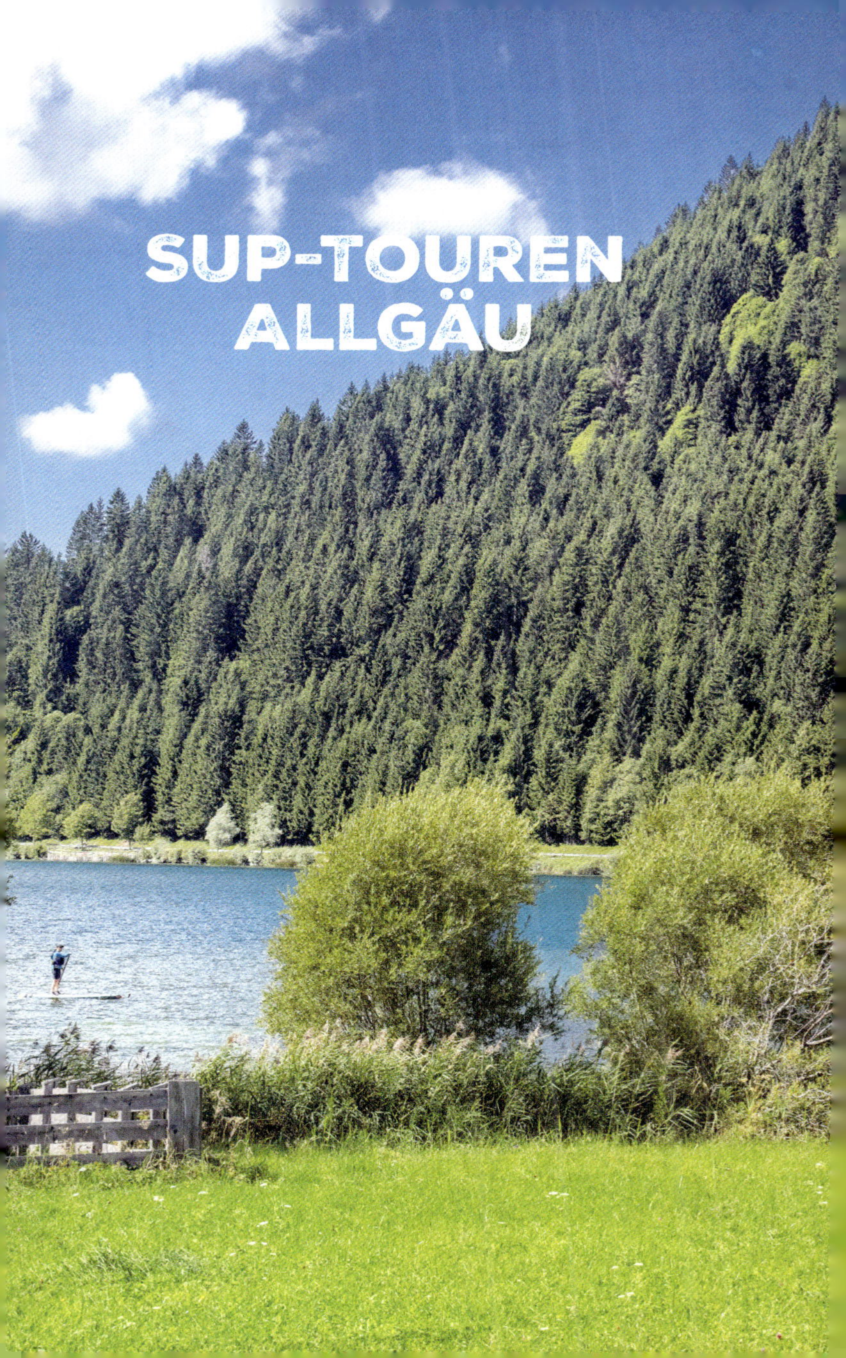
SUP-TOUREN
ALLGÄU

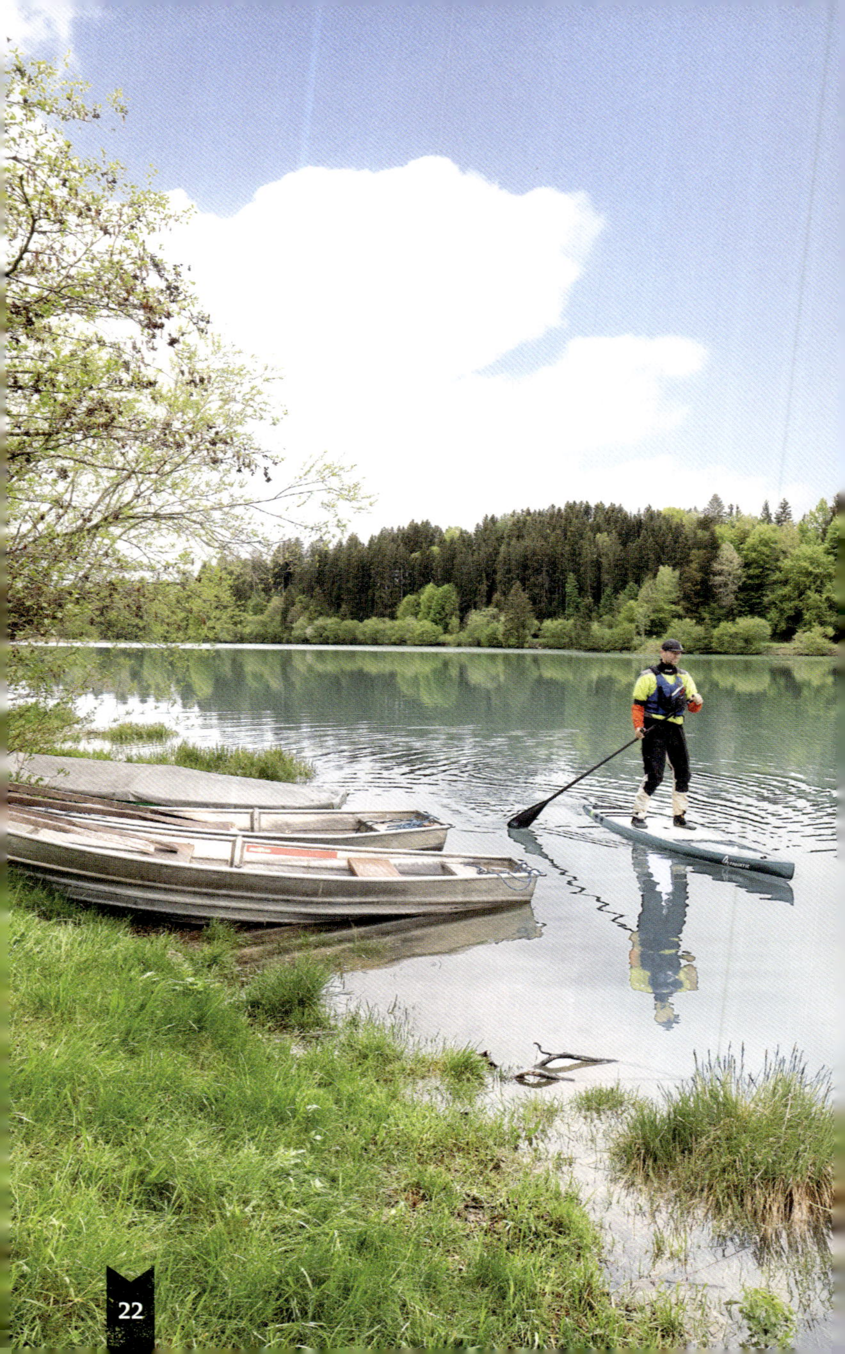

PREMER LECHSEE

ANSPRUCH

EINKEHR

Ein herrlicher Alpenblick, ein Wasserfall, türkis-grünes Wasser und ganz viel Wald begleiten den Paddler auf dieser Tour rund um den See. Ideal um Ruhe zu tanken und zu entschleunigen, denn Straßenlärm und andere Paddler wird man hier in der Regel vergeblich suchen.

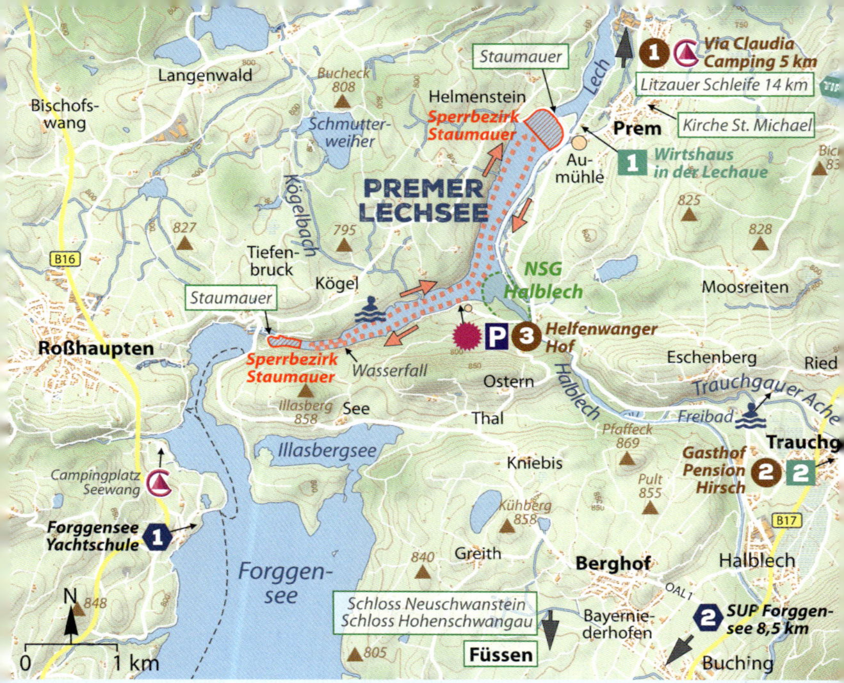

WIND & WETTER

Der schmale See ist recht **windgeschützt**. **Gewitterzellen** sind daher aber schwer frühzeitig auszumachen.

BEFAHRUNGSREGELN

Der **Bereich um die Staumauern** an den Seeenden **darf nicht bepaddelt** werden. Große Schilder am Ufer weisen darauf hin.

Die **Mündung des Halblechs** ist **Vogelschutzgebiet**. Hier darf ebenfalls **nicht gepaddelt werden.**

ANFAHRT MIT DEM PKW

Auf der B17 nach Trauchgau. Dort nach Westen abbiegen und 3,8 km über *Poststraße* und *Achmühle* entlang des Halblechs bis man das Flüsschen überquert. Anschließend folgt man dem Sträßchen bis hinter den Helfenwanger Hof zu einer Rampe am See.

PARKEN

Einige wenige Parkplätze an der Rampe am Helfenwanger Hof.

ANREISE MIT ÖPNV

Schwierig: Mit der Bahn bis *Marktoberdorf*, dann mit dem Bahnbus bis *Lechbruck* (3 km nördlich von Prem).

BADEN

» Es finden sich immer wieder Möglichkeiten zum Anlegen & **Baden**.

» **Alpenfreibad Trauchgau** mit Bergblick. Badweg 20, 87642 Halblech-Trauchgau, Tel. (08368) 14 95.

SEHENSWERTES

» Die **Staumauern Roßhaupten und Prem** an den Seeenden sind auch von Land aus sehenswert. Nach telef. Anmeldung bei der Tourist-Info Roßhaupten *(Tel. (08367) 364)* kann jeden Mittwoch um 14 Uhr der Ausstellungsraum des **Wasserkraftwerks Roßhaupten** besichtigt werden.

» Die **Pfarrkirche St. Michael** in **Prem am Lech** ist ein **gotischer Bau** aus dem 14. Jahrhundert mit romanischem Turm und prächtig gestaltetem Hochaltar sowie sehenswerten Deckenfresken.

TIPP EXTRA-TIPP

» Die **Litzauer Schleife** ist die letzte **Flusswildnis am bayerischen Lech** und eine wunderschöne Strecke zum Paddeln (und auch zum Spazierengehen), letztlich auch aufgrund dessen, dass sie unter strengen Schutz gestellt ist.

Wer zwischen der Dessau in Burggen und der Niederwies in Peiting paddeln möchte, muss folgende **Regelungen** beachten:

Der Lech darf vom 1.3.-31.8. nicht mit Wasserfahrzeugen oder Schwimmkörpern aller Art befahren werden. Einzige Ausnahme ist das zügige Durchfahren im Hauptstrom. Inseln und Kiesbänke dürfen nicht betreten oder angelandet werden. Info: www.bund-naturschutz.de/ueber-uns/erfolge-niederlagen/litzauer-schleife, www.lebensraumlechtal.de/infos-für-paddler

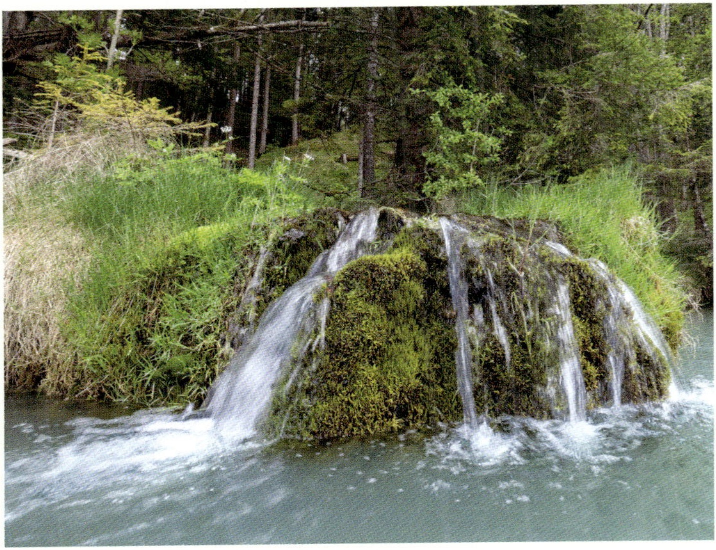

TOUREN

1 RUNDE UM DEN PREMER LECHSEE

(mit Tourbeschreibung rechts)

Die Umrundung des Premer Lechsees ist nicht nur eine Genusstour, sondern Ihr genießt dabei auch noch guten Schutz vor dem Wind.

| **LÄNGE** 7,5 km | **DAUER** 2 h

EIN- & AUSSTIEG

Angenehmer Einstieg an der Rampe beim Helfenwanger Hof.

SUP-VERMIETUNG

1 FORGGENSEE-YACHTSCHULE
Seestr. 10, 87669 Rieden
Tel. (08367) 471
www.forggensee-yachtschule.de

2 SUP FORGGENSEE
Seestraße/Deutenhauserweg
Wanderparkpatz Brunnen
87645 Schwangau
Tel. 01575-400 17 98
www.sup-forggensee.de

EINKEHR

1 WIRTSHAUS IN DER LECHAUE

Aumühle 4, 86984 Prem am Lech
Tel. (08862) 243 07 60
www.lechaue.de
Sa+So ab 11.30, Mo, Di+Fr ab 17.30 Uhr, Mi+Do Ruhetag

KLASSIKER Trilogie vom Knödel – Rote Beete, Kürbis, Spinat – mit Nussbutter und Salat

2 GASTHOF HIRSCH

Kirchplatz 2, 87642 Halblech / Trauchgau, Tel. (08368) 274
www.gasthofhirsch-trauchgau.de
Sa-Mi ab 17, So ab 9.30 Uhr, Do+Fr Ruhetag

KLASSIKER Allgäuer Zwiebelrostbraten

ÜBERNACHTUNG

1 VIA CLAUDIA CAMPING
(Zelt, Blockhütte, Schlaffass, POD, Kuschelkota, Zigeunerwagen)
Via Claudia 6
86983 Lechbruck am See
Tel. (08862) 84 26
www.via-claudia-camping.de

2 GASTHOF PENSION HIRSCH
Kirchplatz 2, 87642 Halblech/ Trauchgau, Tel. (08368) 274
www.gasthofhirsch-trauchgau.de

3 HELFENWANGER HOF
FeWo mind. 7 Nächte
Helfenwang 1, 87642 Halblech
Tel. (08368) 508
www.helfenwangerhof.de

1 EINE LAUSCHIGE ANFÄNGERRUNDE

Schon die hübsche kleine Kapelle unter der alten Eiche neben dem **HELFENWANGER HOF** 3 ist ein echter Hingucker. Nachdem das Board an der Rampe ins Wasser gelassen ist, geht es nicht minder schön weiter. Mit entspannten Schlägen paddel ich im Uhrzeigersinn am von Blumenwiesen gesäumten Ufer entlang. Nach einem Kilometer wechselt die Szenerie zu dichtem Wald, aus dem die Rufe des Eichelhähers dringen und ich entdecke eine kleine **WASSERFALLSTUFE**, die direkt in den See rauscht. Durch den Regen der letzten Tage quillt Wasser zwischen den von grünen Moospolstern besetzten Steinen hervor. Die Steinformation scheint auf den zweiten Blick menschengemacht, um Auswaschungen am Ufer zu verhindern, was der Schönheit aber keinen Abbruch tut.

Wenig später warnt ein großes Schild vor dem Weiterpaddeln, weil es an der **STAUMAUER ROSSHAUPTEN** zu starken und plötzlichen Strömungen kommen kann. Daher wechsle ich ans Nordufer des **PREMER LECHSEES**, der als Staustufe des Lechs direkt unterhalb des Forggensees auch Lechstaustufe 2 genannt wird. Ich mache an einer großen, von Wald umgebenen Wiese eine kleine Pause. Sie ist mit gelben Hahnenfußblüten gepunktet und der kiesige Strand macht ein Anlanden leicht.

Wieder auf dem Wasser folge ich dem Nordufer in Richtung Prem. Haubentaucher und Nilgänse kreuzen meinen Weg. Das letzte Stück am Nordufer präsentiert sich wieder mit dichtem Uferwald und bröckeligen Felswänden, die vom Wasser ausgewaschen wurden. Vor der **STAUMAUER VON PREM** wende ich das Brett und blicke in Richtung des **AMMERGEBIRGES**. Bisher lag die Bergkette entweder in meinem Rücken oder war wegen des ufernahen Waldes nicht zu entdecken. Einige Bergspitzen sind noch von Schnee bedeckt, während die Laubbäume am Ufer gerade frisch ausgetrieben haben.

Ich folge kurz dem östlichen Ufer. Weil dieses hier aber, durch eine weiße Plastikschicht abgedichtet, etwas unschön aussieht und nicht so recht in die grün-idyllische Landschaft passen will, kehre ich an das bereits bekannte Waldufer gegenüber zurück. Von hier blicke ich hinüber auf den unter Naturschutz stehenden Mündungsbereich des **HALBLECHS**. Das **FLUSSDELTA**, das nicht bepaddelt werden darf, bietet seltenen Vogelarten wie Flussuferläufer und Flussregenpfeifer Brut- und Rastlebensraum. *Früher konnte man sie von der hölzernen Vogelbeobachtungsstation am Ufer bestaunen.* Heute ist das Ufer verbuscht, so dass man die Vögel am besten vom Damm des Lechs aus beobachtet.

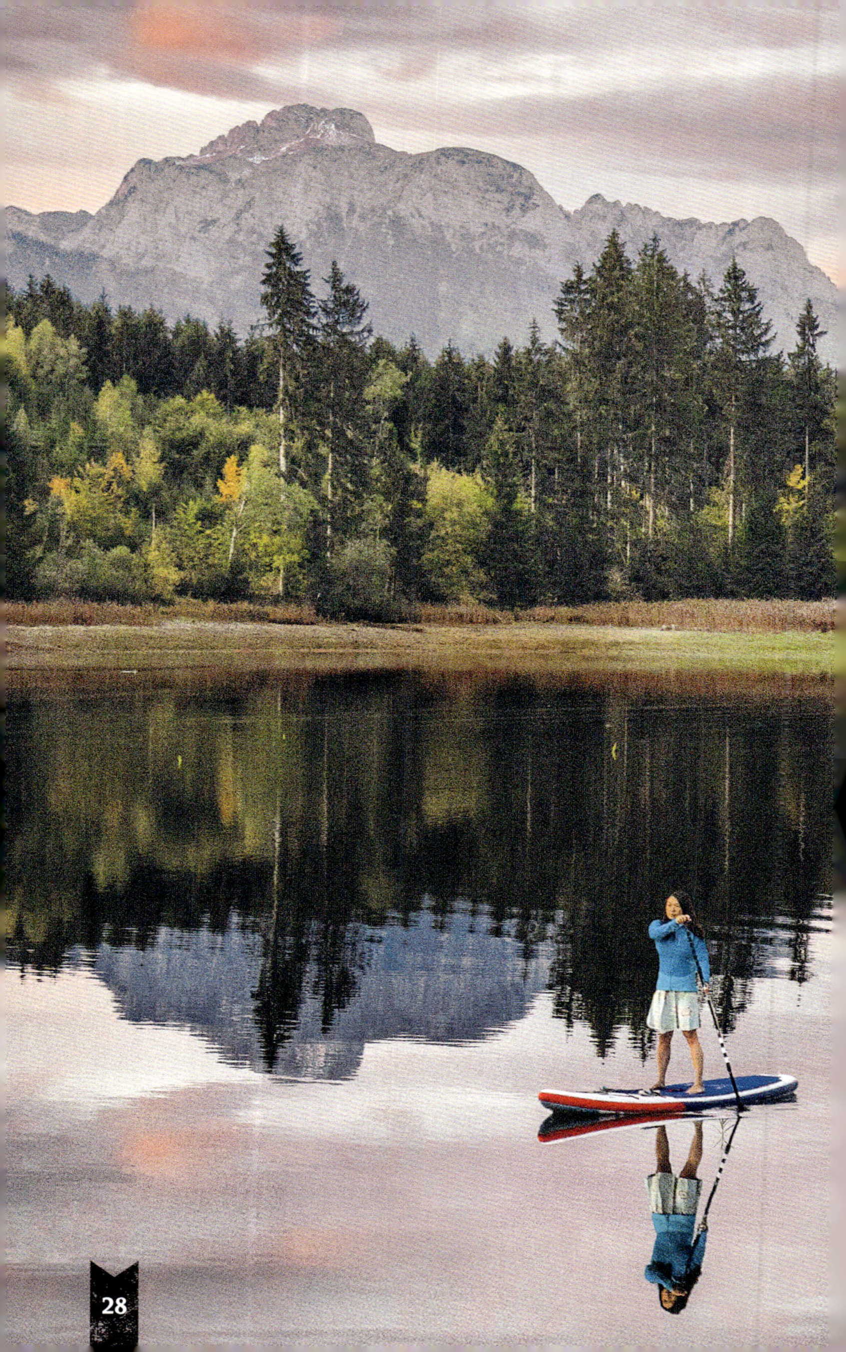

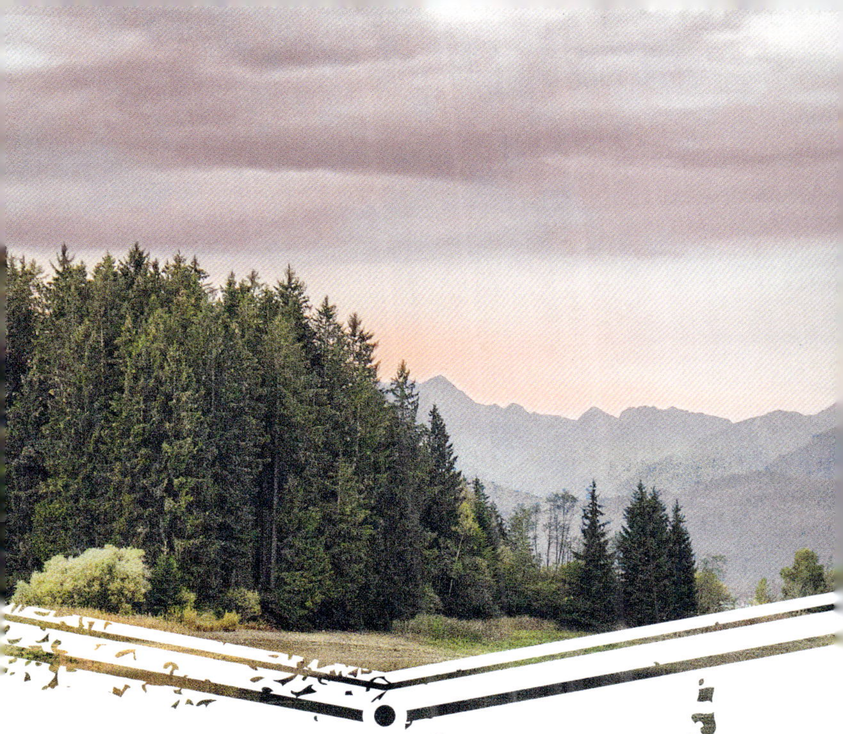

FORGGENSEE

ANSPRUCH

EINKEHR

Wunderschöne bewaldete Ufer, ein grandioser Fernblick in die Allgäuer Berge, klares, grünes Wasser – und über allem thronen in Sichtweite die Märchenschlösser Neuschwanstein und Hohenschwangau. Die riesige 15 Quadratkilometer große Wasserfläche des größten deutschen Stausees mit seinen windgeschützten Buchten lädt dazu ein, hier gleich ein ganzes Wochenende mit dem SUP-Bord zu verbringen.

WIND & WETTER

Am Morgen ist es meist schwachwindig. Es können aber **Fallwinde** auftreten, die von Süden her wehen.

Bei schönem Wetter weht ein **Thermikwind** aus nordöstlichen Richtungen über den See. Der Föhnwind kommt, wie überall in den Nordalpen, von Süden über die Berge und kann sehr stark werden. Aufkommende **Gewitter** können ungemütlich werden.

BEFAHRUNGSREGELN

Ganzjähriges **Befahrungsverbot** in den überstauten **Mündungsbereichen** des **Schleichbaches**, des **Bernmoosbaches**, sowie 300 m vor der **Staumauer Roßhaupten.**

In der **Hergatsrieder Bucht** besteht ein Uferbetretungsverbot.

Fahrgastschifffahrt auf dem See muss Vorrang gewährt werden.

Für den direkten **Mündungsbereich des Lechs** besteht ebenfalls ein **Befahrungsverbot**.

ANFAHRT MIT DEM PKW

Auf der A7 bis Füssen. Zum Illasbergsee auf der B16 nach Roßhaupten, dort rechts auf die Forggenseestraße. Nach knapp 5 km erreicht man den großen Parkplatz am Illasbergsee.

Oder von Füssen über Schwangau nach Waltenhofen oder Brunnen.

PARKEN

Größere Parkflächen am Illasbergsee.

ANREISE MIT ÖPNV

Zum Illasbergsee nicht möglich.

Vom Bf *Füssen* mit Bus 78 bis *Waltenhofen* oder *Brunnen, Schwangau.*

BADEN

» Badestelle am **Illasbergsee.**
» Badestrand **Dietringen.**
» Halbinsel **Rieden Osterreinen.**
» **Naturbad „Café Maria"**.
» Badeplatz **„Mansio Via Claudia Augusta"**.
» Zahlreiche **wilde Badestellen**.

SEHENSWERTES

» Die 1886 eröffnete spektakuläre **„Burg des Märchenkönigs"** – das **Schloss Neuschwanstein** wird jährlich von rund 1,4 Millionen Menschen besichtigt.
» **Schloss Hohenschwangau,** 1832 vom Kronprinzen Maximilian erworben, ist die „Kinderstube" des jungen Königs Ludwig II. und seine Geschichte reicht bis ins 12. Jahrhundert zurück.
» **Füssen** mit seiner malerischen **Altstadt** begeistert mit mittelalterlichen Gassen, einigen historischen Bauwerken und der alten Stadtmauer.

TIPP EXTRA-TIPPS

» **Wanderer** finden in den Bergen **rund um Füssen** ein kleines Paradies. Alternativ kommt man mit der **Tegelbergbahn** *(www.tegelbergbahn.de)* und der **Buchenbergbahn** *(www.buchenbergbahn.de)* auf die aussichtsreichen Gipfel, die einen wunderbaren Blick über den Forggensee gewähren.

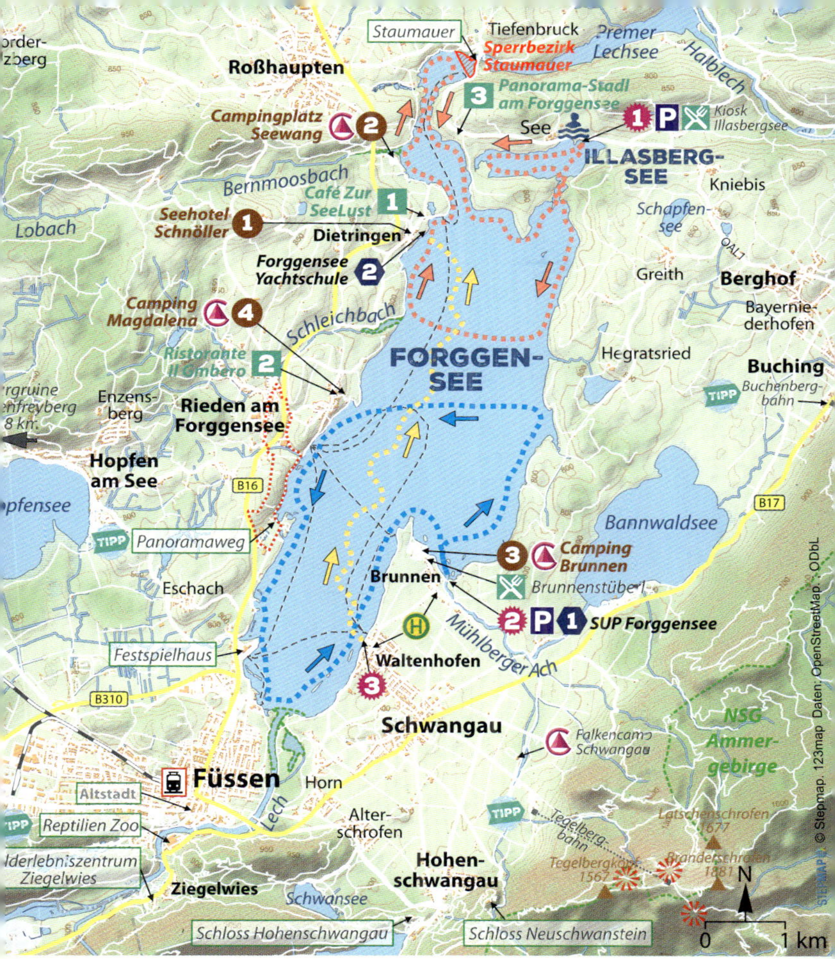

» Der 5 km lange Rundweg **Forggensee-Panoramaweg** (Start in Rieden) begeistert nicht nur mit tollen Ausblicken, sondern informiert als **Themenweg** – gut für Familien mit Kindern geeignet – anhand von Schautafeln über die Entstehung und Geschichte des Forggensees.

» Im **Fahrrad**sattel erkundet man auf einer 30 Kilometer langen **Rundtour** den See und genießt dabei das herrliche Alpenpanorama.

» Der 480 Meter lange und 21 Meter hohe **Baumkronenweg** im **Walderlebniszentrum Ziegelwies** *(www.walderlebniszentrum.eu)* sowie der **Reptilien-Zoo Allgäu** *(www.reptilienzoo-allgäu.de)* sind allemal einen Besuch wert.

TOUREN

1 NÖRDLICHE BUCHTEN

(mit Tourbeschreibung Seite 34)

Die vielleicht schönste Runde auf dem See startet am Illasbergsee.

| **LÄNGE** 13 km | **DAUER** 4 h

1 EIN- & AUSSTIEG

Wiese am Badeplatz am Illasbergsee. Wasser auf den ersten Metern im Sommer oft verkrautet.

2 UMRUNDUNG FÜSSENER SEETEIL

(Kurzbeschreibung Seite 35)

Südliche Seehälfte, vorbei am Festspielhaus und kleinen Inseln mit tollem Blick auf Neuschwanstein.

| **LÄNGE** 14 km | **DAUER** 4 h

2 EIN- & AUSSTIEG

Kleiner Hafen rechts der Mühlberger Ach, gleich neben Sup Forggensee.

3 UNTERWEGS AUF DEM "TROCKENEN" SEE

(keine Routenbeschreibung)

Bei niedrigem „Winterwasserstand" kann man im trockengefallenen See im Flussbett des Lechs von Waltenhofen aus flussabwärts paddeln. Man ist bis Dietringen in einer faszinierenden Landschaft unterwegs. Durch die Trockenrisse, die sich gebildet haben, gleicht der verlandete See teils einer Salzwüste oder einer Mondlandschaft. Der Seegrund schafft sich seine eigene Ästhetik, wenn man in dieser „versunkenen Welt" unterwegs ist. Der Schlamm gibt Spuren preis, was vor über 60 Jahren versank – denn dem Forggensee mussten damals die Weiler Forggen, Deutenhausen sowie Teile von Brunnen weichen.

| **LÄNGE** 7 km | **DAUER** 2 h

3 EIN- & AUSSTIEG

Hölzerner Steg unterhalb der Magnuskapelle in Waltenhofen.

SUP-VERMIETUNG

1 SUP FORGGENSEE

Seestraße/Deutenhauserweg
Wanderparkpatz Brunnen
87645 Schwangau
Tel. 01575-400 17 98
www.sup-forggensee.de

2 FORGGENSEE-YACHTSCHULE

Seestraße 10, 87669 Rieden
Tel. (08367) 471
www.forggensee-yachtschule.de

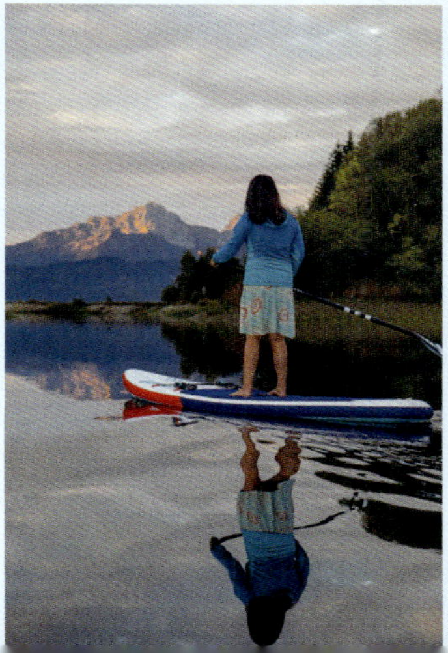

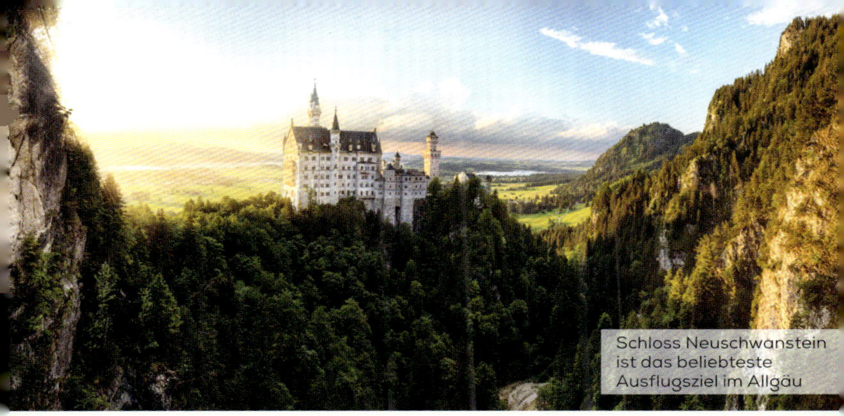

Schloss Neuschwanstein ist das beliebteste Ausflugsziel im Allgäu

EINKEHR

1 CAFÉ ZUR SEELUST

Seestraße 18, 87669 Rieden am Forggensee (Badestrand Dietringen)

KLASSIKER Der Blick auf den See mit umliegenden Bergen ist ein Traum!

2 RISTORANTE IL GAMBERO

Bachtalstr. 10, 87669 Rieden am Forggensee, Tel. (08362) 94 12 53
www.il-gambero.restaurant
Tägl. 11.30-14 & 17.30-22 Uhr

KLASSIKER
Die knusprige Steinofenpizza

3 PANORAMA-STADL AM FORGGENSEE

87642 Halblech, Tel. 0160-901 330 04
www.panoramastadl.de
Apr-Okt 11-20 Uhr
bei trockener Witterung

KLASSIKER
Die Curryurst ist eine Wucht!

ÜBERNACHTUNG

1 SEEHOTEL & APPARTEMENTS SCHNÖLLER

Seestraße 4, 87669 Rieden am Forggensee, Tel. (08367) 469
www.seehotel-allgaeu.de

2 CAMPINGPLATZ SEEWANG

(Zelt, Blockhaus, FeWo)
Tiefental 1, 87669 Rieden-Roßhaupten am Forggensee
Tel. (08367) 406
www.camping-forggensee.de

3 CAMPING BRUNNEN

(Restaurant, Mini-Markt, Wellnes & Sauna)
Seestraße 81, 87645 Schwangau/Brunnen, Tel. (08362) 82 73
www.camping-brunnen.de

4 CAMPING MAGDALENA

Bachtalstr. 10, 87669 Rieden-Osterreinen, Tel. (08362) 49 31
www.sonnen-lage.de

1 NÖRDLICHE BUCHTEN ᑭ–ᑭᑭ

Von Juni an ist der **FORGGENSEE** voll aufgestaut. Nur im Winter fällt er bis auf eine drei Quadratkilometer kleine Restfläche weitgehend trocken, weil das Wasser zum Schutz vor den Wassermassen der Schneeschmelze im Einzugsgebiet des Lechs im Oktober wieder abgelassen wird. Mehrere Buchten und viele kleine Inseln sind für Stehpaddler besonders interessant. Während der See selbst noch mitten in den grünen Hügeln des Allgäus liegt, erheben sich am Südende die Berge wie ein riesiger Wall aus der Landschaft und bieten unglaubliche Aussichten.

Die vielleicht schönste Runde am gesamten See beginnt auf dem **ILLASBERG-SEE** ●, einer kleinen, gut geschützten Nebenbucht im Nordosten. Zunächst erkunde ich mit genüsslichen Paddelschlägen das kleine Rund, das in Teilen verschilfte Ufer aufweist, und gelange durch eine Verengung im Südostteil des Sees, da wo sich linker Hand ein Wäldchen ausdehnt, in den **FORGGENSEE**. Jetzt hat die filmreife Landschaft des **KÖNIGSWINKELS** mit ihren Schlössern und den mächtigen Gipfeln der Ammergauer Berge im Hintergrund auf den folgenden zwei Kilometern ihren richtig großen Auftritt.

Je nach Gusto, Kondition und Wetter quert man nun die gut zwei Kilometer hinüber zum gegenüberliegenden Ufer. **ACHTUNG: NUR BEI OPITMALEN WETTERBEDINGUNGEN!** Auf der westlichen Seeseite meide ich die fjordartige Bucht des **SCHLEICHBACHES**, denn hier darf aus Naturschutzgründen nicht gepaddelt werden. Anschließend dirigiert man das Board nach rechts

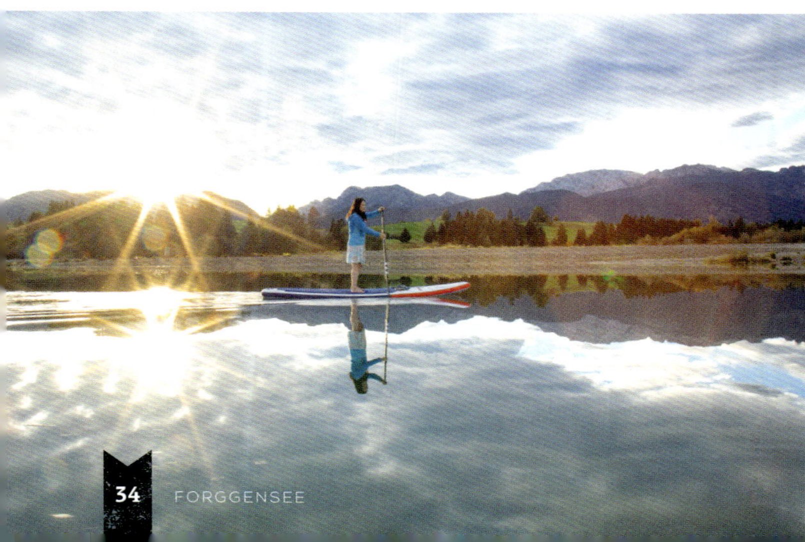

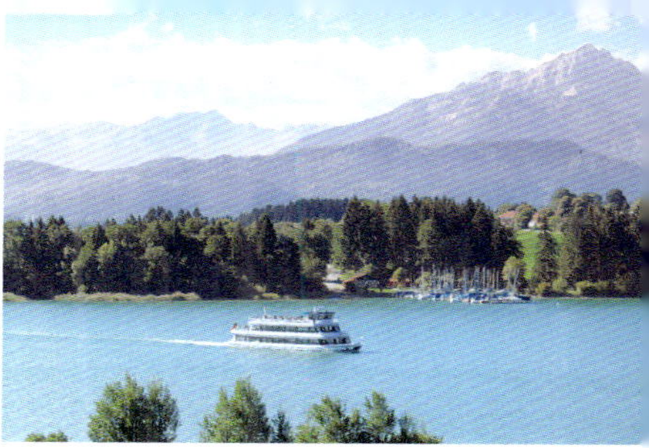

entlang des Ufers bis **DIETRINGEN.** Der Ort mit den grün-saftigen Liegewiesen wartet selbstredend auch mit der Möglichkeit auf einzukehren, z. B. im **CAFÉ ZUR SEELUST** 1.

Wieder auf dem Wasser geht es an Sportboothäfen, Badestellen sowie Anlegern der Fahrgastschifffahrt vorbei, dann erreicht man die lang gezogene Bucht von **ROSSHAUPTEN.** An der Mündung des attraktiven **BERNMOOSBACHES** muss ich vorbeipaddeln, denn auch hier ist eine Einfahrt aus Naturschutzgründen nicht gestattet. Bald blickt man linker Hand auf eine reizvolle kleine Kiesbucht, in der auch die Wasserwacht ihren Sitz hat, und folgt dem bewaldeten Ufer, bis sich der See erneut weitet. Die **STAUMAUER** kommt jetzt ins Blickfeld und es wird Zeit zu wenden, denn 300 Meter Abstand zum Damm sollten eingehalten werden. Wer am Ostufer zurückpaddelt, blickt auf eine kleine Steilküste, deren Krone von Bäumen bestanden ist. Dann wird es grasgrün. Weite, helle Kiesstrände gehen in allgäutypische Weiden über und laden ein letztes Mal zum stillen Pausieren ein, denn wer später am Tag in den **ILLASBERGSEE** einpaddelt kann sich gewiss sein, dass dort die **BADEWIESE** voll sein wird. Dann toben Kinder im Wasser, SUP-Anfänger machen erste Schläge und ausdauernde Schwimmer ziehen ihre Bahnen. Dafür setze ich mich nun oberhalb der Wiese auf die Terrasse des **KIOSKS** und belohne mich mit einem Latte Macchiato für die geleistete „Arbeit am Paddel".

2 UMRUNDUNG FÜSSENER SEETEIL

Beim Start am kleinen Hafen an der **MÜHLBERGER ACH**, gleich vor dem **CAMPING BRUNNEN** 3, gelangt man flott zum einsamen und von grünen Weiden begleiteten Ostufer des **FORGGENSEES.** Dort quert man dann zwei Kilometer weit zur Westseite und folgt anschließend dem Ufer nach **FÜSSEN**, vorbei am **FESTSPIELHAUS** und einigen kleinen Inseln. Der Blick auf **NEUSCHWANSTEIN** wird jetzt mit jedem Paddelzug Richtung **MÜNDUNGSBEREICH DES LECHS** eindrucksvoller. Für ihn besteht allerdings ein dauerhaftes Befahrungsverbot. Der Schub der sanften Lech-Strömung bringt mich dann schnell zurück zum Ausgangspunkt.

Konditionsstarke Paddler kombinieren an Tagen mit wenig Wind beide Runden und paddeln in 6-7 h eine **UMRUNDUNG DES GESAMTEN SEES** (25 km).

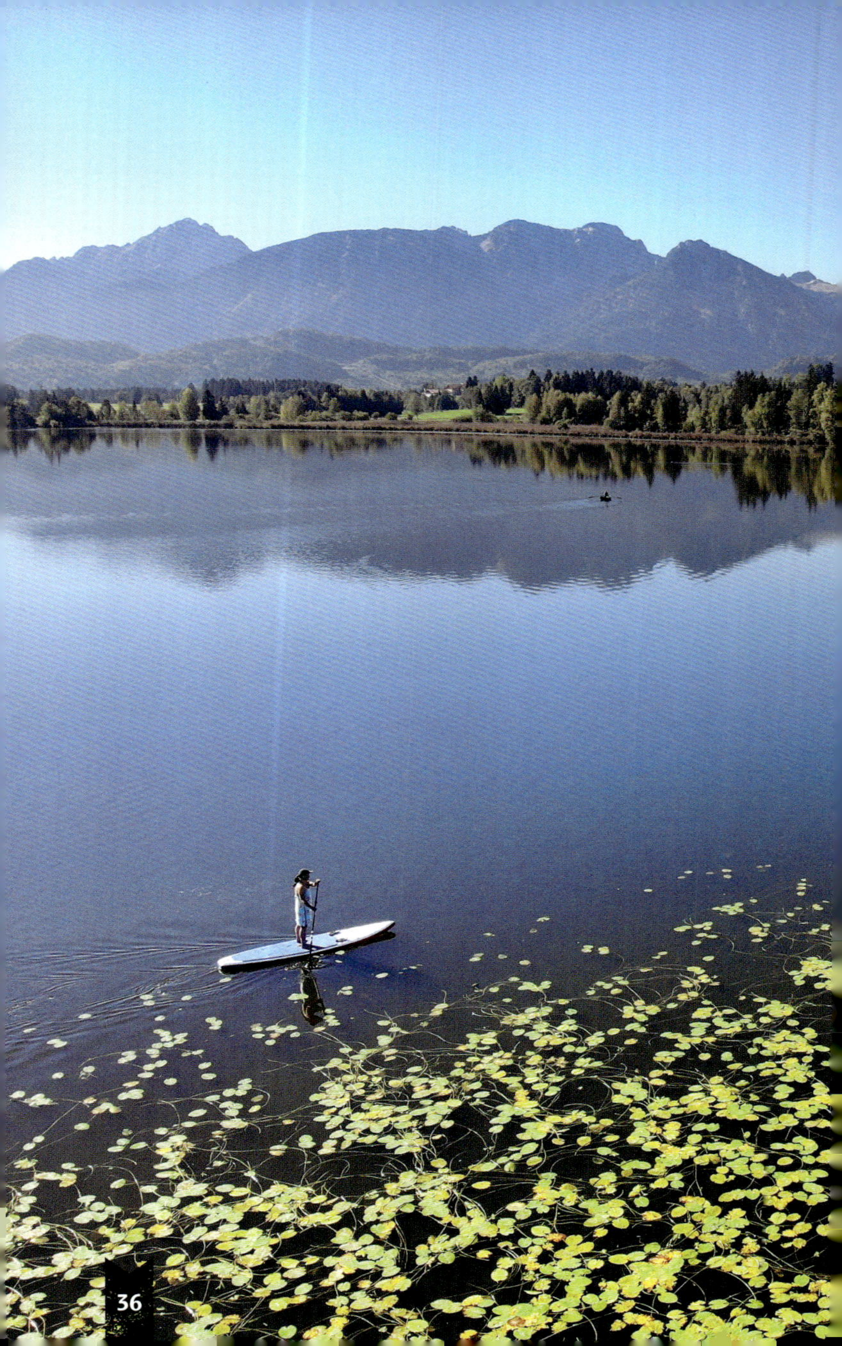

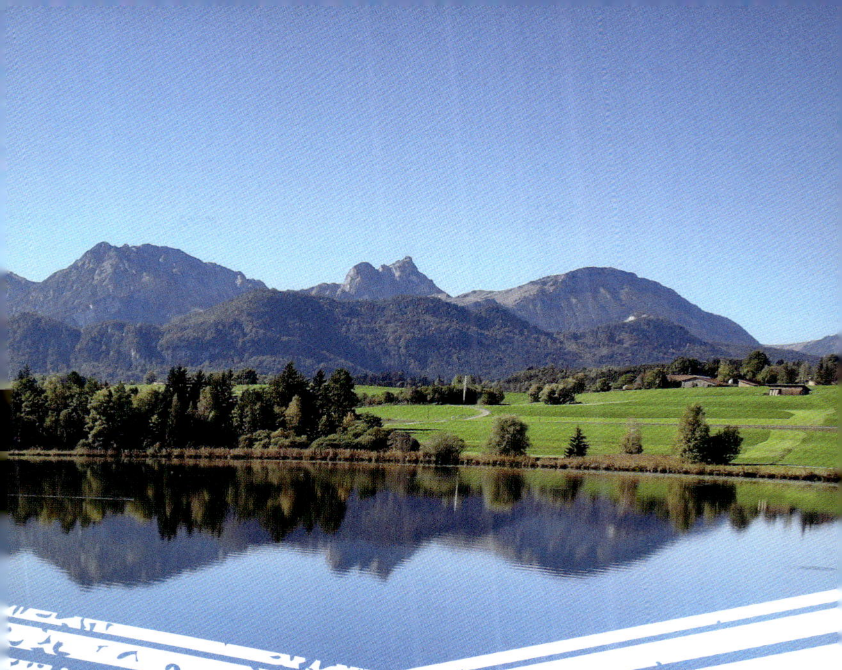

HOPFENSEE

ANSPRUCH | EINKEHR

Nicht weit von Füssen lockt uns einer der wärmsten Seen im bayerischen Voralpenland. Er ist ein Glanzpunkt unter den Allgäuer Seen und mit seiner grandiosen Alpenkulisse und den natürlichen Uferpartien ein Paradebeispiel dafür, dass es sich lohnt, sein Board einfach mal in ein kleineres Gewässer zu setzen.

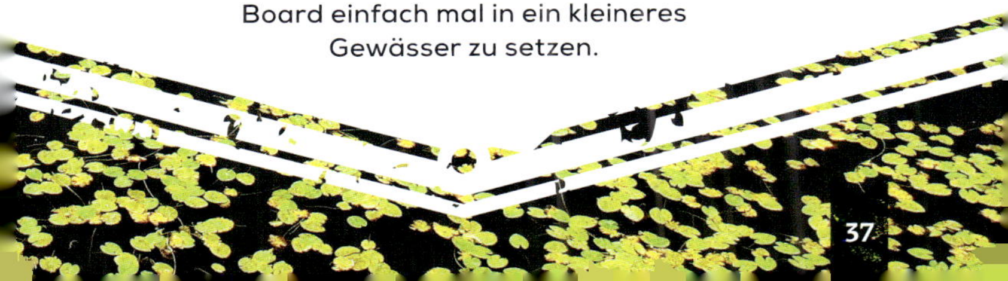

WIND & WETTER

Gefahr besteht, trotz der kleinen Wasserfläche, wenn **Gewitter** über dem Wasser aufkommen oder starke **Föhnwinde** auftreten.

BEFAHRUNGSREGELN

Im **Schilfgebiet des östlichen Seeteils** ist ein Vogelschutzgebiet mit Bojen gekennzeichnet und sollte nicht befahren werden. Auch an den anderen Ufern besteht im Schilfbereich **Betretungsverbot**.

ANFAHRT MIT DEM PKW

Von der Ausfahrt Füssen der A 7 fährt man über die B 310 nach Osten bis zum Forggensee. Dort geht es nach rechts auf die B 16 und am nächsten Kreisverkehr nach rechts in die Hopfener Straße bis zum Ort Hopfen.

PARKEN

Zwei kostenpflichtige Parkplätze befinden sich am Nordufer des Hopfensees direkt neben dem Freibad Seepark in der Uferstraße. Von hier aus sind es nur ein paar Meter zum Wasser.

ANREISE MIT ÖPNV

Vom Bf *Füssen* mit Bus 56 zur Haltestelle *Hopfen Strandbad.*

BADEN

Weil er nur bis zu 10 Meter tief ist, erwärmt sich sein Wasser schnell, im Sommer auf 20-25 °C. Damit gehört der Hopfensee zu wärmsten bayerischen Badeseen.

» **Das Strandbad Hopfensee** befindet sich direkt am Startpunkt, Tel. (08362) 65 40.

SEHENSWERTES

» Die **Kirche St. Peter und Paul** in **Hopfen am See** stammt aus dem 15. Jh., wie auch die Fresken im Kircheninneren, die den Kampf des Heiligen Georg mit einem Drachen darstellen. Der Kirchturm wird aufs 12. Jahrhundert datiert.

EXTRA-TIPPS

» Ein beliebtes Wanderziel ist die **Burgruine Hopfen,** die hoch über dem See auf einem Felssporn am **Enzensberg** thront.

» Durch schattige Wälder und über saftige Wiesen führt der sieben Kilometer lange **Hopfensee-Rundweg** mit vielen schönen Ausblicken auf das Alpenpanorama.

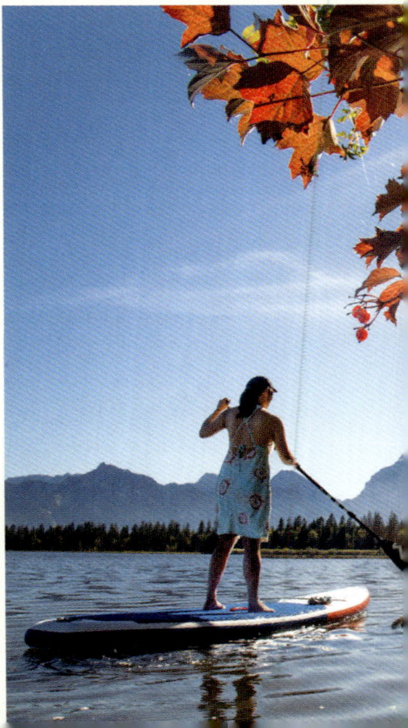

TOUREN

1 RUND UM DEN HOPFENSEE

(mit Tourbeschreibung Seite 40)

Kleine SUP-Perle vor grandioser Alpenkulisse, ein guter Anfängersee.

| **LÄNGE** 6 km | **DAUER** 2 h

EIN- & AUSSTIEG

Einfaches Einsetzen der Boards über eine flache Rampe beim Parkplatz.

SUP-VERMIETUNG

1 MARINA HOPFENSEE
Uferpromenade Hopfensee
87629 Füssen
Tel. 01511-977 22 12
www.marina-hopfensee.de

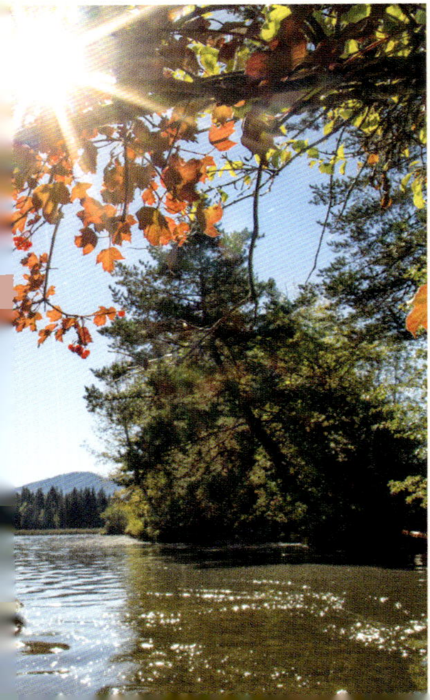

EINKEHR

1 SEEHAUS HOPFENSEE

Uferstr. 39
87629 Füssen - Hopfen am See
Tel. (08362) 300 35 39
www.seehaus-hopfensee.de
Mi-So 16.30-24 Uhr

KLASSIKER Super lecker und teils etwas hochpreisig bei absolut traumhaftem Ausblick!

2 RESTAURANT MAUCHER'S

Uferstr. 2
87629 Füssen - Hopfen am See
Tel. (08362) 926 22 38
www.mauchers-restaurant.de
Mi-Sa ab 17, So ab 12 Uhr

KLASSIKER Der außen knusprige und innen zartweiche Kaiserschmarrn verdient einen Orden.

ÜBERNACHTUNG

1 CAMPINGPLATZ/ HAUS GUGGEMOOS
Uferstr. 42
87629 Füssen - Hopfen am See
Tel. (08362) 33 34
www.haus-guggemos.de

2 LANDHAUS KÖSSEL
Höhenstr. 8
87629 Füssen - Hopfen am See
Tel. (08362) 916 70
www.landhaus-koessel.de

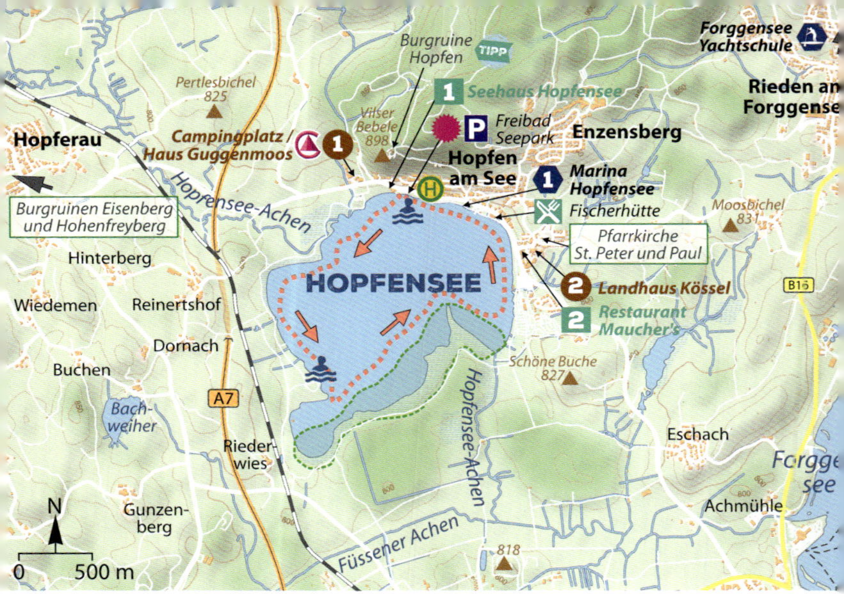

1 PADDELN VOR GRANDIOSER ALPENKULISSE

Am westlichen Ende des Ortes **HOPFEN AM SEE**, direkt neben dem **FREIBAD** , setzten wir unsere Boards an einer gut zugänglichen Rampe ins leicht moorige Wasser ein. So früh am Morgen kräuselt noch kein Lüftchen die Wasseroberfläche und so freuen wir uns über die phantastische Spiegelung der Berge. Lediglich unsere ersten Paddelschläge brechen diese Magie. Zwar ist der kleine Nachbar des Forggensees weniger bekannt, aber wegen der grandiosen Weitblicke nicht minder reizvoll. *Entstanden ist der Weiher während der Würm-Eiszeit, als er von den Eispanzern des bis hierher reichenden Lechtal Gletschers ausgeschürft wurde. Die Eismassen ließen eine Mulde zurück, die sich mit Wasser füllte und heute mit einer Länge von bis zu 2,1 Kilometern und einer Breite von 1,5 Kilometern aufwartet.*

Zunächst lenken wir die Boards am westlichen Ufer des Sees entlang, dessen dichter Schilfbestand uns den Blick auf die umliegenden Wiesen verwehrt. Dafür scheinen die prächtigen Alpen jetzt fast so nah, als stünden sie am Ufer des Sees, obwohl die ersten Gipfel noch einige Kilometer entfernt liegen. Gute Augen können ein gutes Stück weiter die Silhouette des **SCHLOSSES NEUSCHWANSTEIN** ausmachen. Märchenhafter könnte der Blick vom Brett aus kaum sein, während hoch über uns ein Greifvogel im gaukelnden Flug nach Beute Ausschau hält. Vorbei an der Mündung der **HOPFENSEE-ACHEN**, die ihr kühles Wasser in den ansonsten recht warmen See entlässt, taucht bald eine **BADESTELLE AM UFER** auf, an der dem man vorzüglich ein Päuschen einlegen kann. Schön, wenn dabei die Sonne vom Himmel brennt und man auch gleich ein erfrischendes Bad genießen kann.

Nun ändert sich die Richtung. Vom Südostufer müssen wir etwas Abstand halten, denn Tonnenmarkierungen weisen ein **SCHUTZGEBIET** aus, für die für Vögel so wichtigen Brut- und Ruheplätze. Wir nähern uns bald wieder **HOPFEN AM SEE.** *Hinter dem Dorf steigt der bewaldete* **ENZENSBERG** *auf, an dessen höchster Stelle die Ruinenreste einer mittelalterlichen Feste zu erkennen sind. Die im 11. Jahrhundert erbaute* **BURG HOPFEN** *ist die älteste Allgäuer Steinburg. Wie so viele Burgen wurde sie im Dreißigjährigen Krieg zerstört und schließlich ihre Trümmer zum Bau des Hohen Schlosses in Füssen abgetragen.* Klar, dass wir im Anschluss an die kleine SUP-Runde die 15 Minuten hinauf auf den Hügel spazieren, um den grandiosen Blick über den See bis hinein in die **LECHTALER ALPEN** und die **TANNHEIMER BERGE** zu genießen.

Bald sind wir im Windschutz des Nordufers angekommen. Hier mischen sich hügelige grüne Wiesen mit bäuerlicher und dörflicher Besiedelung. Der schlichte weiße Turm der **PFARRKIRCHE ST. PETER UND PAUL** schaut aus der Landschaft heraus, dann paddeln wir am Luft- und Kneippkurort **HOPFEN AM SEE** entlang. Touristische Infrastruktur mit typisch bayerischem Charme – geraniengeschmückte Fenster und Lüftlmalereien – prägen das Ortsbild. An der Uferpromenade reihen sich Hotels, Cafés, Bäckereien, Tretbootvermietungen und Restaurants. Nur noch ein paar Paddelschläge sind es zurück zum Parkplatz und dem Ende der abwechslungsreichen Tour.

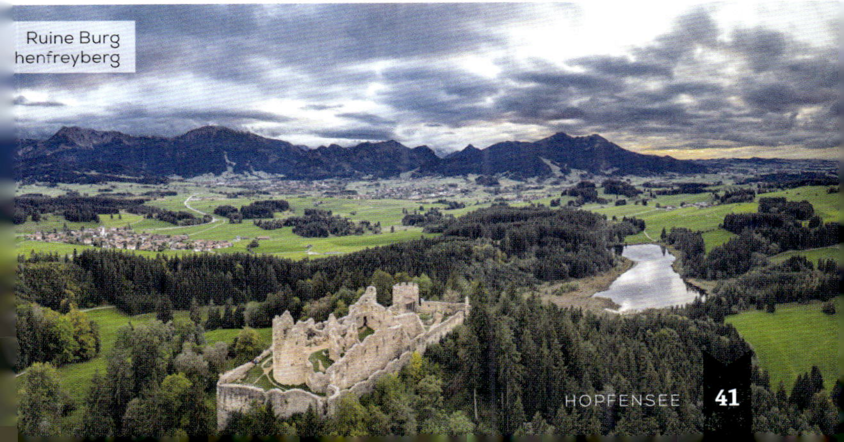

Ruine Burg
henfreyberg

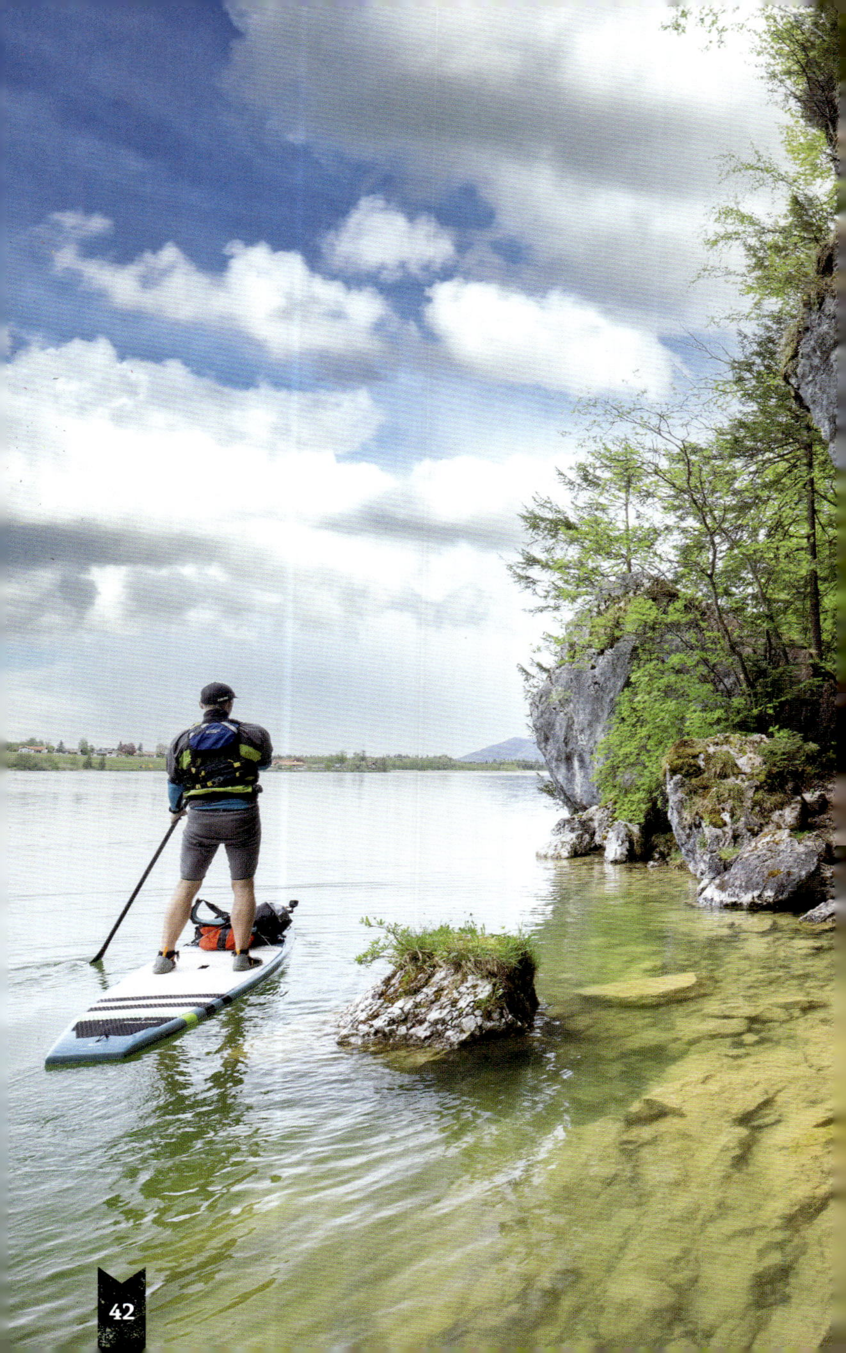

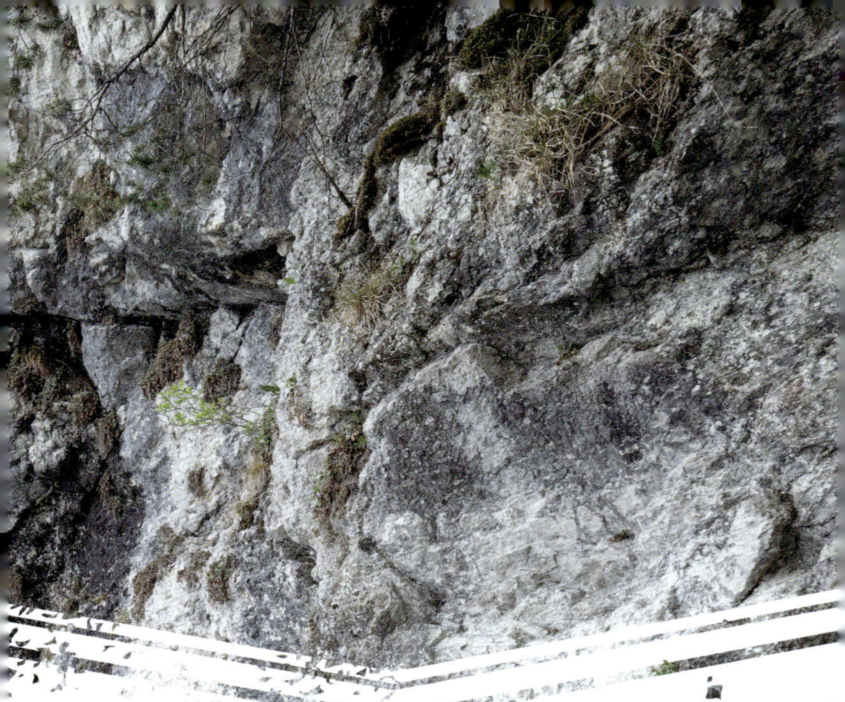

WEISSENSEE

ANSPRUCH

EINKEHR

Klares karibisch-blaues Wasser, kleine Strände und einige Felspartien vor grünem Bergmischwald machen den Weißensee zu einem ganz besonders idyllischen SUP Spot. Einzig echter Nachteil ist die Nähe zur Autobahn, die man an windstillen Tagen deutlich vernehmen kann. Wenige, dafür aber umso schönere Plätze am Ufer laden zu Pausen ein.

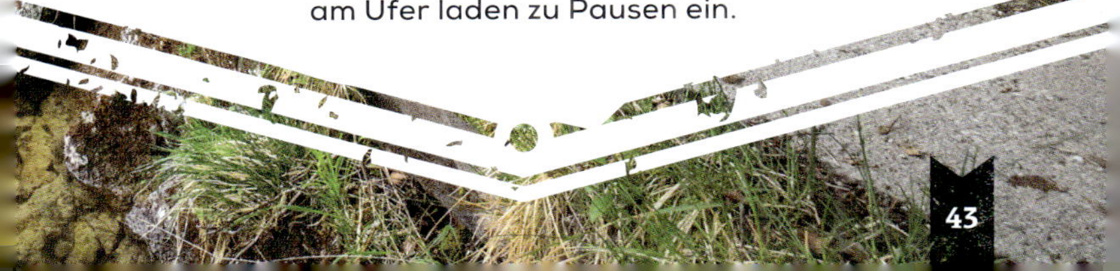

WIND & WETTER

Durch die Lage kann es rasch zu fönartigen **Thermikwinden** kommen, die für SUPer sehr anstrengend bis unpaddelbar sein können.

Die direkte Bergnähe erschwert den Blick auf die Wolkenentwicklung über den Bergen. **Gewitter** können somit relativ unerwartet auftreten.

BEFAHRUNGSREGELN

Das **Schilfgebiet** am östlichen Ende ist durch Bojen markiert – aus Naturschutzgründen bitte nicht bepaddeln.

ANFAHRT MIT DEM PKW

Der See ist verkehrsgünstig an der A7 gelegen. Von der Ausfahrt Füssen nimmt man die B310 in Richtung Westen und kommt bald in den Doppelort Schwarzenbach mit der Einsetzstelle am Nordwestufer.

PARKEN

Kostenpflichtige Parkplätze am Parkplatz Weißensee direkt neben der öffentlichen Badestelle. Oder 800 Meter Richtung Westen kostenfreier Parkplatz an der B310.

ANREISE MIT ÖPNV

Von *Kempten, Füssen* oder *Pfronten* mit Bus 71 bis *Weißensee See, Füssen.*

BADEN

» Öffentl. **Badestelle** am Parkplatz.

» **Kleine, versteckte Badestellen** an den Ufern.

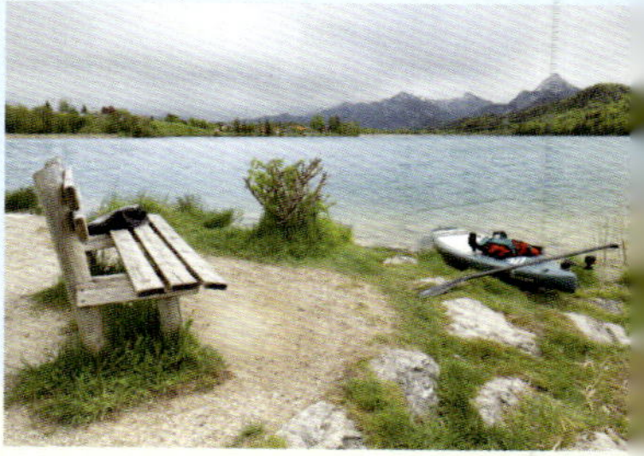

SEHENSWERTES

» Die **Filialkirche St. Nikolaus** in **Oberkirch** ist ein Kleinod der Allgäuer Kunst. Etwas versteckt steht sie oberhalb des Weißensee-Westufers. *Der gewölbte Chor zeigt noch alle Merkmale der Gotik des 14. Jahrhunderts und Turm und Schiff wurden im Jahre 1617 frühbarock umgestaltet und nach dem Dreißigjährigen Krieg einheitlich mit Fresken, Altären und Kanzel ausgestattet.*

» Deutschlands höchstgelegene Burgruine, **Ruine Falkenstein** (1.267 m), bietet einen grandiosen Rundumblick auf die Allgäuer Alpen, das Alpenvorland und auf Schloss Neuschwanstein. **Falkenstein** war König Ludwigs II. letzter Traum – ein kleines **Burgmuseum** unterhalb des Burghotels informiert über die Ruine und den Plan von König Ludwig hier sein Traumschloss zu errichten – größer als Schloss Neuschwanstein.

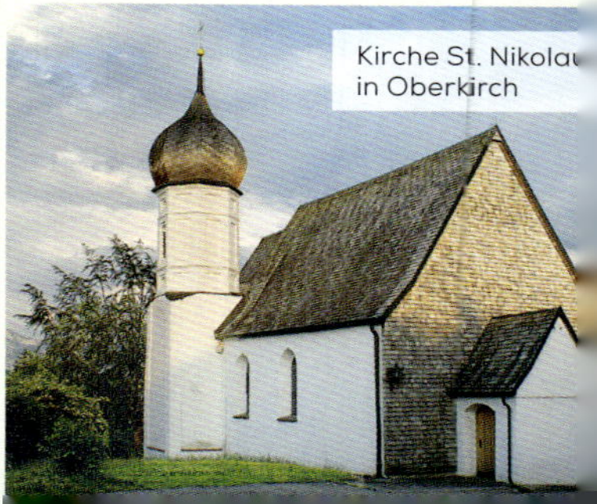
Kirche St. Nikolaus in Oberkirch

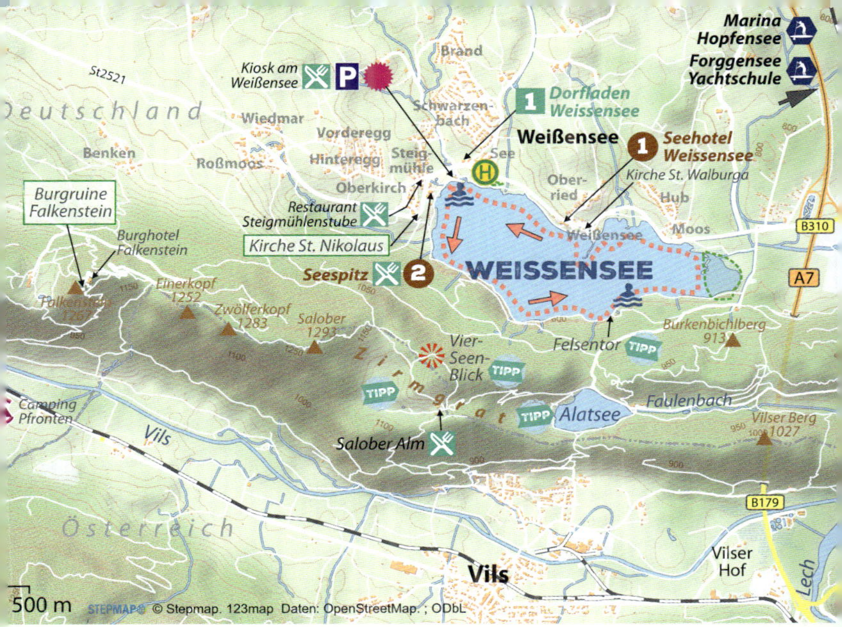

EXTRA-TIPPS

» Der zweistündige **Rundgang um den See** führt auch durch das imposante **Felsentor,** vermutlich eines der beliebtesten Fotomotive im ganzen Allgäu *(6,2 km).*

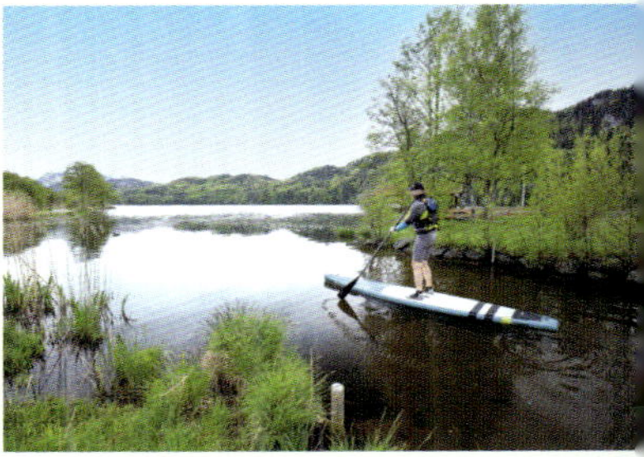

» Oberhalb vom Weißensee liegt der wunderschöne **Alatsee.** Er darf nicht bepaddelt werden, bietet sich aber wegen seiner Wasserfarben und dem schönen alten Waldbestand samt **Rundwanderweg** zum Besuch an. *Um ihn ranken sich viele Mythen, Sagen und Gerüchte, die auch zu dem Allgäu-Krimi „Seegrund“ der Reihe „Kommissar Kluftinger“ inspirierte.*

» Eine Wanderung über den **Zirmgrat** macht Spaß und führt zur empfehlenswerten **Salober Alm** *(Tel. +43 (0)5677 87 88, www.saloberalm.de)* und zum **„Vierseenblick“,** der eine tolle Aussicht über den Weißensee, zum Hopfensee, über den Forggensee bis hin zum Bannwaldsee bietet.

» Entdecke bei der Ganztagesrundtour **Königstraum Wanderung** zur **Burgruine Falkenstein** die Mythen und Sagen über König Ludwigs letzten Traum *(ca. 18 km, Start- / Endpunkt „Haus des Gastes“, Vilstalstr. 2 in Pfronten-Ried).*

TOUREN

1 RUND UM DEN WEISSENSEE

(mit Tourbeschreibung Seite 47)

Vom Badeplatz Tiefgraben entlang der Uferlinie im Uhrzeigersinn einmal rund um den See.

| **LÄNGE** ca. 5 km | **DAUER** 1:30 h

EIN- & AUSSTIEG

Leichter Ein- und Ausstieg über eine Wiese samt Strand am Rande der Badestelle.

SUP-VERMIETUNG

Vor Ort gibt es leider keine Vermietungsstationen!

Wer kein eigenes Board hat, kann sich eines an den zahlreichen Nachbarseen mieten.

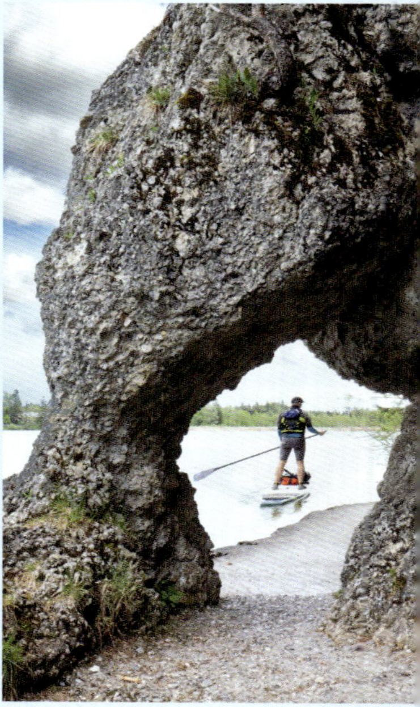

EINKEHR

1 DORFLADEN WEISSENSEE

Seeweg 4 (Ortsteil See)
87629 Füssen-Weißensee
Tel. (08362) 929 79 59
www.sennerei-lehern.de
Mo-Sa ab 7 Uhr

KLASSIKER Regional einkaufen – Käse, Wurst, Kuchen, Brotzeit. Highlight sind sicherlich die täglich wechselnden Mittagsgerichte.

ÜBERNACHTUNG

1 SEEHOTEL WEISSENSEE

Pfrontener Str. 23 (Ortsteil Weißensee), 87629 Füssen-Weißensee
Tel. (08362) 93 01 70
www.seehotel-füssen-weissensee.de

2 APPARTEMENTHOTEL SEESPITZ (Ortsteil Oberkirch)

Pfrontener Str. 45, 87629 Füssen-Weißensee, Tel. (08362) 388 99
www.seespitz.de

1 KLEINE TOUR ZUM „FELSENTOR“

Schon wenn man sein Brett vom Strand abstößt, das lange Paddel ins klare Wasser des **WEISSENSEES** taucht und auf die bewaldeten Berge blickt, weiß man, dass dies ein besonders lohnender Ausflug wird. Seinen Namen bekam der saubere See wahrscheinlich von den hellen Kalkablagerungen am Seeboden.

Rechter Hand folgen wir zunächst dem von Schilf bestandenen Ufer, das bald in dichten Wald übergeht. Mal zeigt er sich als Laubwald mit einer Mischung aus Buchen und Ahorn, dann wieder als Bergmischwald mit zusätzlich eingesprenkelten Tannen und Fichten. Alte Bäume wetteifern darum ihre Kronen möglichst weit über die Wasseroberfläche zu strecken. Zwei ausgeprägte Felsformationen aus hellem Kalkstein ragen direkt über dem Seeufer auf und verleihen dem Ort etwas Wildes und Archaisches. Hier befindet sich ein kleiner **MARMORBRUCH**, wo früher der sogenannte **BENKENER MARMOR** gebrochen wurde. Einer der Felsen ist zu einem Tor verwittert – dem bekannten **„FELSENTOR“** –, durch dass man zwar nicht paddeln, aber immerhin auf einem Wanderpfad hindurchlaufen kann. Ein derart ursprüngliches Ufer gibt es in dieser Ausdehnung im Allgäu nur hier. Aus dem Wald rinnen bei feuchtem Wetter überall kleine **WASSERFÄLLE** und gluckern gemütlich vor sich hin.

Dann tritt der Fels zurück und macht einem flachen, leicht kiesigen **STRAND** Platz, der zum Anlanden einlädt. Jetzt ist eine kleine Badepause eine schöne Idee. Außerdem versteckt sich im Wald eine kleine Unterstandshütte, in der man schlechtes Wetter abwarten könnte.

Wieder auf dem Wasser werden wir bis zum Seeende weiter von Wald begleitet. Eine **BOJEN-REIHE** markiert den Bereich, der **NICHT BEFAHREN** werden soll, denn in dem **SCHILFGEBIET** brüten unter anderem Haubentaucher, Blesshühner und Tafelenten. Das Wasser wird schnell flach und man paddelt nun hinüber zum nördlichen Ufer. Dort steuern wir auf die Spitze der **PFARRKIRCHE VON WALBURGA** zu, wo am Ufer eine Sitzbank oberhalb des flachen Kiesstrandes und etwas versteckt dahinter eine hölzerne Chaiselongue unter einem Wetterschutzdach zum Pausieren einlädt. Gut wer eine Brotzeit dabeihat! Entlang der kleinen, länglichen Schilfzunge geht es wieder in Richtung Seemitte, bis wir an deren Ende das Board drehen und dem Ausgangspunkt der Tour entgegenpaddeln. Inzwischen ist es heiß geworden und die Attraktion des Tages ist natürlich das **ÖFFENTLICHE STRANDBAD**. Die ersten Badegäste genießen das erfrischende Wasser und auch kleine Kinder finden im flachen Uferbereich ideale Bademöglichkeiten.

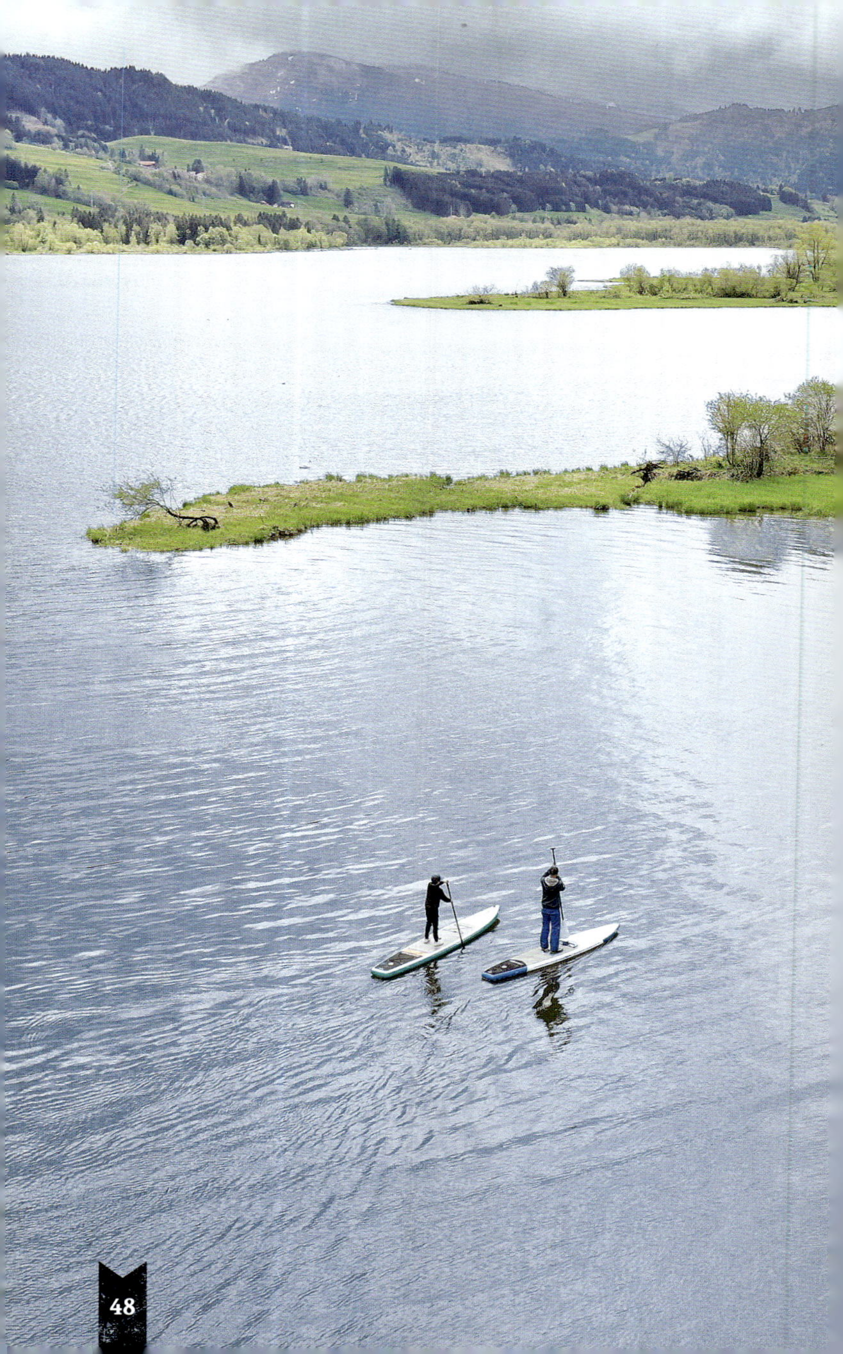

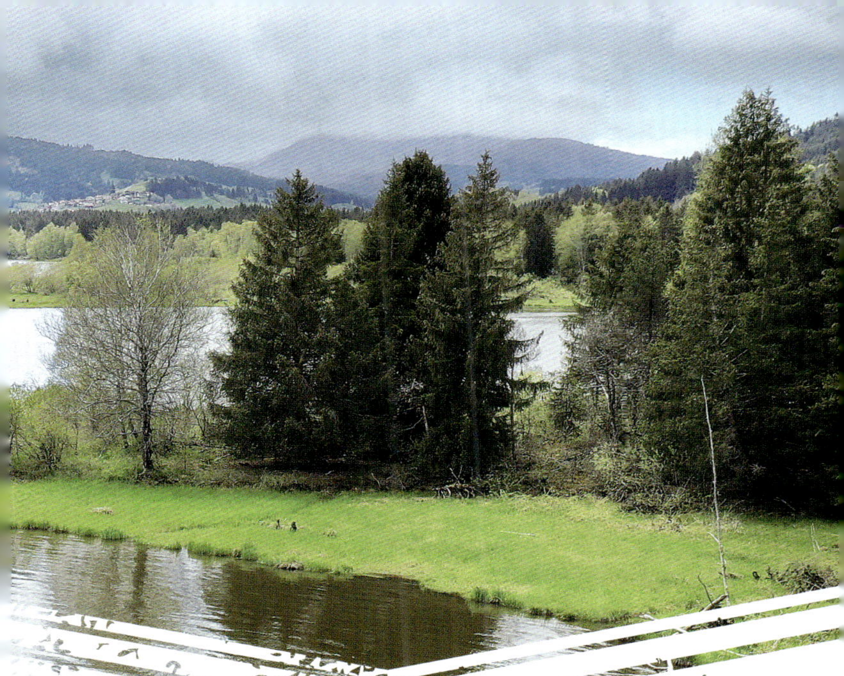

GRÜNTENSEE

ANSPRUCH

EINKEHR

Das Gewässer ist ein kleines Paradies für Wassersportler und somit auch ein hervorragendes Stand up-Paddelrevier. Es fällt wie viele der Allgäuer Spots unter das Motto: „Klein aber fein". Hier lassen sich schöne Aussichten auf die Berge mit Naturerlebnissen auf dem Wasser in idealer Weise verbinden.

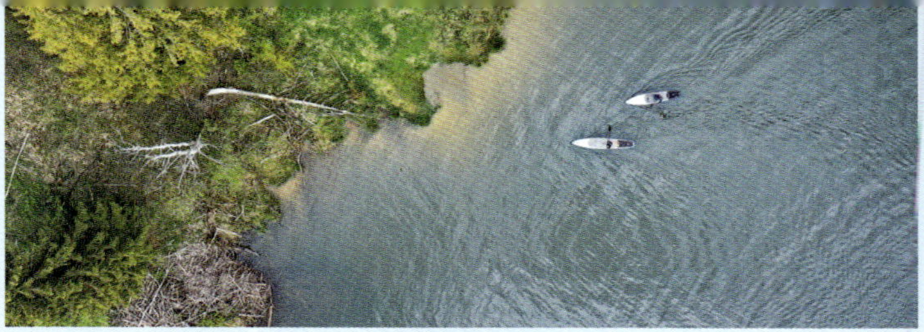

WIND & WETTER

Auch wenn der See klein ist, sollte man das Risiko aufkommender, **thermischer Winde**, die das Paddeln erschweren können, nicht unterschätzen.

Bei sich anbahnenden **Gewittern** hilft glücklicherweise die gute Rundumsicht aufmerksamen Beobachtern, diese schnell auszumachen.

ANFAHRT MIT DEM PKW

Auf der A7 bis zur Abfahrt Oy-Mittelberg. Ab hier der B310 nach Haslach folgen. Dort dann nur noch der Beschilderung zum Kletterwald am Nordostende des Sees folgen.

PARKEN

Größerer kostenpflichtiger Parkplatz vor dem Kletterwald Grüntensee.

ANREISE MIT ÖPNV

Mit der Regionalbahn (RB73) nach *Wertach-Haslach*. Vom Bahnhof zur Einsetzstelle 1 km Fußweg.

BADEN

» Am **Camping Grüntensee** befindet sich ein Naturbadeplatz mit großer Liege- und Spielwiese, 30 Meter Erlebnis-Steg, Spielplatz, Restaurant und Tretbootverleih.

» Schöne Badestelle in der **Haslacher Bucht.**

TOUREN

1 DIE GRÜNTENSEE-RUNDE

(mit Tourbeschreibung Seite 52)

Eine schöne Seerunde in herrlicher Natur, fast zu Füßen des Grünten – dem „Wächter des Allgäus“.

| **LÄNGE** 5 km | **DAUER** 1,5 h

EIN- & AUSSTIEG

Etwa 150 Meter vom Parkplatz über die Wiese zum Kiesstrand.

SUP-VERMIETUNG

1 SEEHAUS AM KLETTERWALD

Am Kletterwald 1
87466 Oy-Mittelberg
Tel. (08361) 92 52 56
www.kletterwald-gruentensee.de

2 CAMPING GRÜNTENSEE

Grüntenseestr. 41
87497 Wertach/Oberallgäu
Tel. (08365) 375
www.camping-gruentensee.de

EXTRA-TIPPS

- Im **Kletterwald Grüntensee** tobt man sich im **Familienhochseilgarten** auf 11 unterschiedlich schweren Parcours aus. *www.kletterwald-gruentensee.de*
- Wer gern per Pedes unterwegs ist, findet auf der neun Kilometer langen **Wanderung um den Grüntensee** eine schöne und zugleich einfache, auch für Familien geeignete Rundtour. Unterwegs kommt man zum **Fischereilehrpfad** an der Fischerhütte. Auf 14 farbigen Bildtafeln wird viel über die Fische im Grüntensee gezeigt. *Weitere Themenwege in und um Wertach: www.wertach.de/natuerlich-erleben/wandern/themenwege*
- Unterhalb des Grüntensees können auf dem Flüsschen **Wertach** wildwasserfeste Kajak- oder Stand up-Paddler von der Römerbrücke (Haslach – Gschwend) bis zur Brücke Görisried – Siedlung Barnstein, Wildwasser der Kategorie I-II in einsamen Waldschluchten erfahren. **Mit Hindernissen wie Steinen und umgefallenen Bäumen ist zu rechnen.** Für SUP ist ein Mindestpegel von 90 cm anzuraten.

EINKEHR

1 SEEHAUS

Am Kletterwald 1
87466 Oy-Mittelberg
Tel. (08361) 92 52 56
www.seehaus-allgaeu.de
Sa, So & Feiertag ab 10 Uhr,
Jul-Mitte Sep tägl.

KLASSIKER Einfache, aber leckere vegetarische Gerichte

2 BURONHÜTTE

Buronhütte 1, 87497 Wertach
Tel. (08365) 290 & 01522-428 30 55
www.buronhuette.de

KLASSIKER Die selbstgemachten Kässpätzle in urigem Ambiente

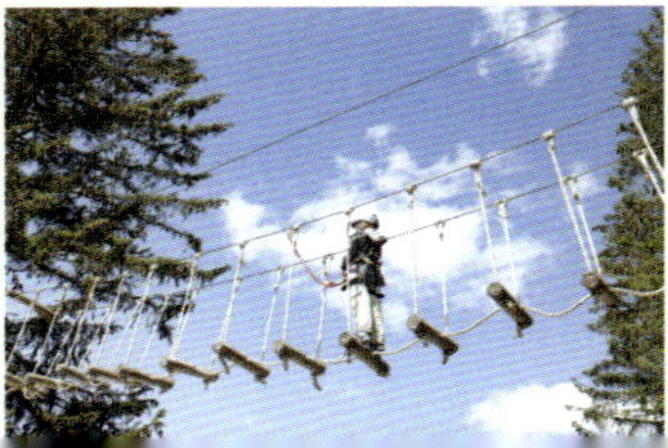

ÜBERNACHTUNG

1 CAMPING GRÜNTENSEE

(Zelt, Holz-Iglus, Schlaffässer, Appartements, FeWo)
Grüntenseestr. 41
87497 Wertach/Oberallgäu
Tel. (08365) 375
www.camping-gruentensee.de

2 WERTACHER HOF

(Pension & Camping)
Grüntenseestr. 10/12
87466 Oy-Mittelberg
Tel. (08361) 924 76 71 – Pension
Tel. (08361) 770 – Campingplatz
www.wertacher-hof.de
www.campingplatzwertacherhof.de

3 WOMO-STELLPLATZ BURON

Grüntenseestr. 44, 87497 Wertach
Tel. (08365) 70 35 36
www.buron-wohnmobilvermietung.de

1 WO DER URLAUB BEGINNT

Der 1.738 Meter hohe **GRÜNTEN**, der „Wächter des Allgäus“, steht besonders markant in der Landschaft. Von ihm hat man einen traumhaften 360-Grad-Panoramablick über den gesamten Landkreis **OBERALLGÄU** und die **ALLGÄUER ALPEN**.

Wir drehen dem Bergrücken aber erstmal den Rücken zu und halten auf die drei kleinen, aber beachtenswerten **BUCHTEN AM NORDENDE** des Sees zu. Dort lässt sich eine riesige Biberburg am Ufer ausmachen. Erst jetzt drehen wir die Boards, paddeln in Richtung der Berge und schauen versonnen auf den Felszacken am Horizont. Fast verpasst man somit das schöne Ufer, das mit offenen, moorigen Wiesenabschnitten aufwartet. Im Hintergrund wachsen Weiden, Birken und Fichten. Schwäne brüten auf den losen Ufergrünflächen. Ein Stückchen weiter rückt der Fichtenwald näher ans Wasser, was einem das Gefühl eines kleinen Waldspaziergangs auf dem Wasser vermittelt. Schon bald erreichten wir das **SÜDENDE** des **GRÜNTENSEES**, wo die **WERTACH** einmündet. Hier gibt es flache Stellen und einige Steine im Wasser, so dass man ein wenig auf seine Finne aufpassen sollte. Der lange Steg am östlichen Ufer gehört zu einer öffentlichen **BADEWIESE**, die direkt vor dem **CAMPING GRÜNTENSEE** 1 liegt. Gelegenheit für eine kleine Auszeit! Zum einen lädt

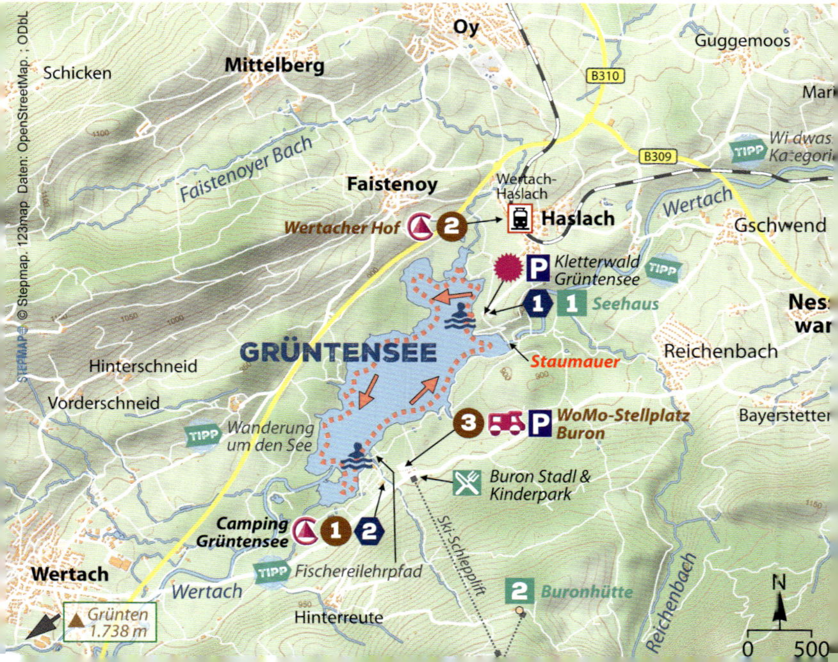

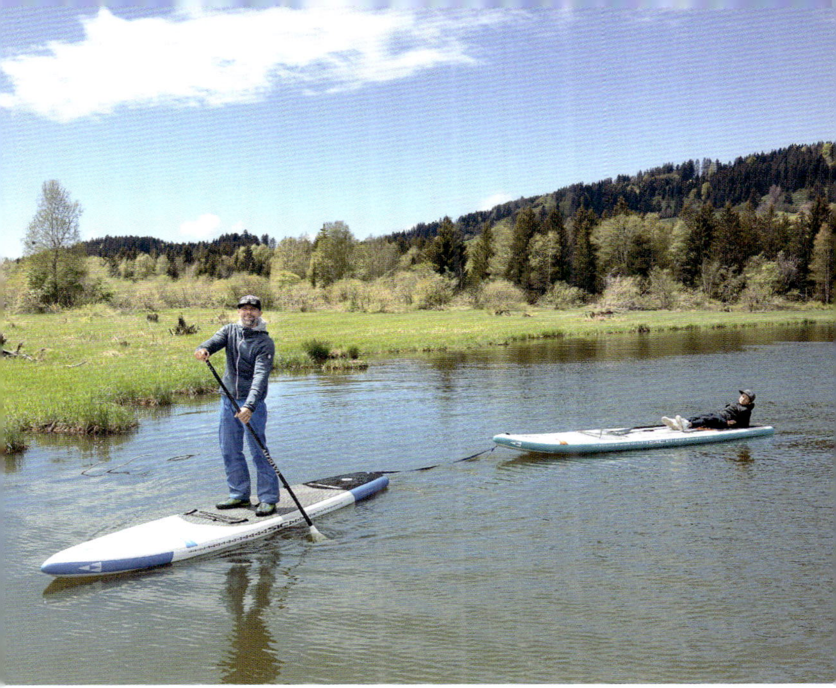

die Badestelle und die Wiese dazu ein, eine Pause einzulegen und die Sonne zu genießen, zum anderen locken Apfelstrudel oder deftige Gerichte im angeschlossenen **RESTAURANT**. Wer Kinder hat, könnte den nahegelegenen **KINDERPARK** mit Restaurant **BURON STADL** besuchen.

Auf dem Weg entlang des Ostufers in Richtung Norden passieren wir eine lange Reihe am Ufer vertäuter Angelkähne. Kein Wunder, denn unter den Anglern ist der zweieinhalb Kilometer lange und 11 Meter tiefe See äußerst beliebt, nicht zuletzt auch wegen seiner guten Bestände an Forellen, Zandern und Karpfen. Ein kleines Wäldchen an unserer Seite, treiben wir das Board voran und erreichen die **STAUMAUER**, die sich durch ihre regelmäßige Form vom Ufer abhebt. Über ihre Krone kann man laufen und erfährt dabei auf Infotafeln wie so ein Stausee entsteht und wie damit im kleinen Wasserkraftwerk Strom erzeugt wird.

Nur noch ein paar kräftige Paddelschläge und wir sind zurück am Startpunkt. Wer mag, kann die Tour auf der Terrasse des **RESTAURANTS SEEHAUS** 1 kulinarisch ausklingen lassen. Wer noch überschüssige Kraft in den Armen hat, könnte diese aber auch nebenan im **KLETTERWALD** lassen.

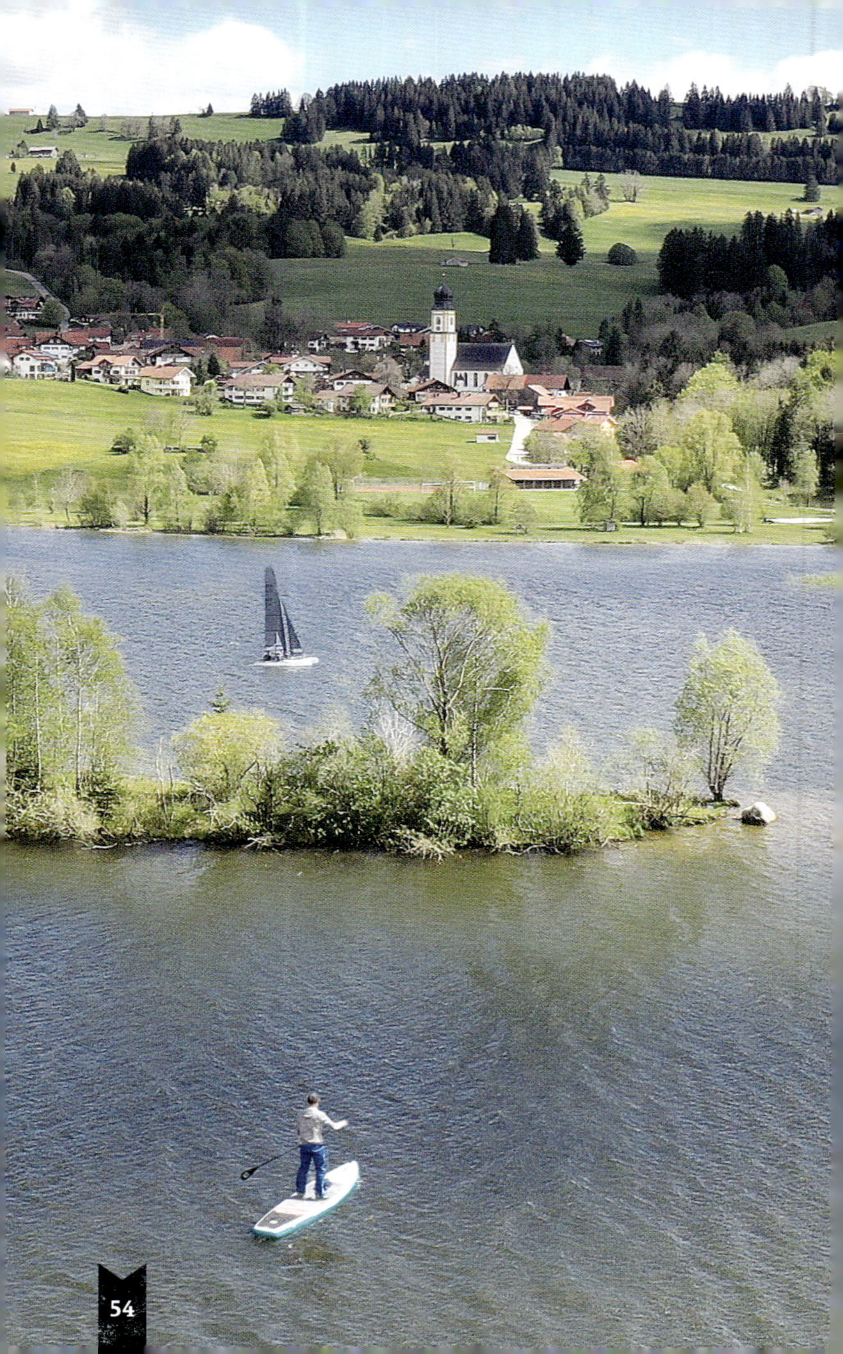

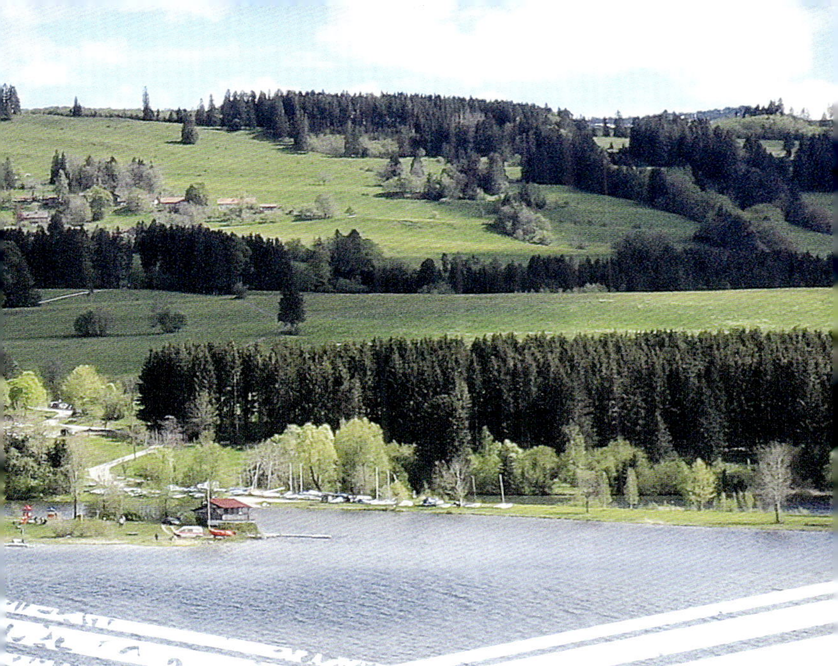

ROTTACHSEE

ANSPRUCH

EINKEHR

Eingebettet in die idyllische Hügellandschaft des Allgäuer Alpenvorlandes ist dessen größter Badesee ein Garant für grandiose Blicke auf die Bergspitzen der Allgäuer Hochalpen. Mit etwa drei Quadratkilometern Fläche, ist er etwas größer als seine Nachbarseen und die naturbelassenen Ufer lassen einen kaum glauben, auf einem Stausee unterwegs zu sein.

WIND & WETTER

Durch seine langgezogene Form ist er etwas mehr den **Thermikwinden** der Gegend ausgesetzt, so dass man hier sogar einen Spot für Windsurfer vorfinden kann.

BEFAHRUNGSREGELN

Für die Befahrung durch jegliche Wasserfahrzeuge ist der schmale **nördliche Teil des Sees und ein Stückchen der östlichen Nebenbucht gesperrt.**

Auch die Fläche im **Bereich der Staumauer** ist für Wassersportler tabu.

ANFAHRT MIT DEM PKW

Von der A 7 nimmt man die Ausfahrt Oy-Mittelberg. Dann folgt man gleich nördlich der Autobahn der B 309 um kurz vor Oberzollhaus nach links in Richtung Petersthal abzubiegen. Gleich hinter dem Dorf biegt man rechts zum Seeparkplatz ab.

PARKEN

Großer gebührenpflichtiger Parkplatz am Sporthafen. Auch die anderen Parkplätze rund um den See sind kostenpflichtig.

ANREISE MIT ÖPNV

Schwierig. Regionalbahn (RB 73) bis *Zollhaus-Petersthal*. Oder von *Kempten* mit dem Bus 30 nach *Moosbach*.

BADEN

Das Wasser kann im Sommer angenehme 23 °C erreichen.

» Öffentliche **Badestellen** in **Petersthal, Bisseroy** und **Moosbach**.

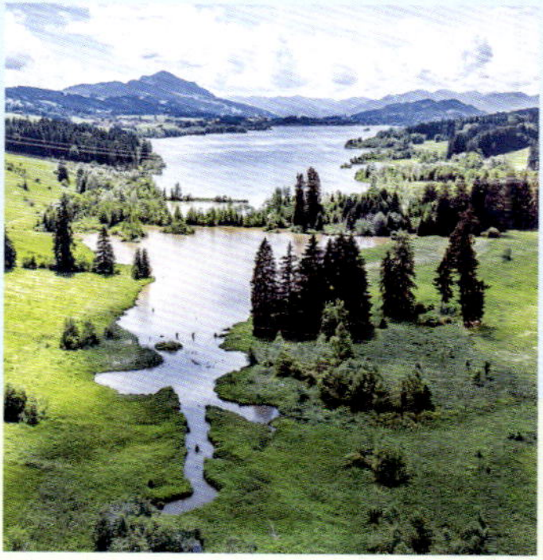

SEHENSWERTES

» Manche zählen die **Pfarrkirche St. Peter und Paul** in **Petersthal** *mit ihrem mächtigen Hochaltar und dem holzgeschnitzten romanischen Palmesel (14. Jh.)* zu den schönsten Dorfkirchen des Allgäus.

» Die **Ruine Sulzberg** südlich des gleichnamigen Ortes bietet an den Wochenenden ein mittelalterliches Abenteuer im lauschigen Burghof, auf dem Turm und im kleinen Museum *(www.burgfreunde-sulzberg.de)*.

EXTRA-TIPP

» **Rottachsee-Rundweg:** Ein schöner **Rad-/Wanderweg** von 14 Kilometern Länge führt rund um den See und lädt dazu ein, das Gewässer auch aus einer anderen Perspektive zu betrachten.

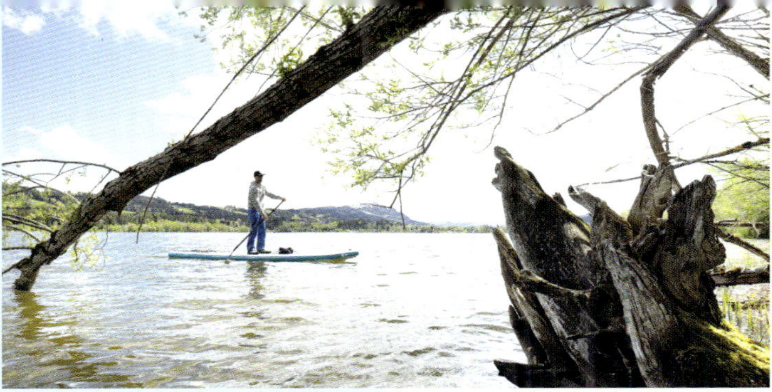

TOUREN

1 RUND UM DEN ROTTACHSEE

(mit Tourbeschreibung Seite 58)

Eine nette Seerunde – grandiose Ausblicke auf die Bergspitzen der Allgäuer Hochalpen garantiert. Dass man auf einem Stausee unterwegs ist, mag man kaum glauben. **Wegen der Thermikwinde besser nicht für blutige Anfänger.**

| **LÄNGE** 8 km | **DAUER** 2 h

EIN- & AUSSTIEG

Etwa 100 m vom Parkplatz am flachen Wiesenufer.

SUP-VERMIETUNG

1 SUP-MIETSTATION AM KIOSK
Am Petersbach 21
87466 Oy-Mittelberg (Petersthal)
Tel. 01516-459 66 37

2 WAGENBAUER SUP
Mobile Board-Vermietung
Tel. 01511-471 74 80
www.facebook.com/Wagenbauer-SUPTouren

EINKEHR

1 KIOSK PETERSTHAL AM ROTTACHSEE

Am Petersbach 21
87466 Oy-Mittelberg (Petersthal)
Tel. 01516-459 66 37
Tägl. ab 10 Uhr

KLASSIKER
Spinatknödel mit Tomatensugo

2 GASTHOF ZUM ENGEL

Bgm.-Herz-Platz 4
7477 Sulzberg (OT Moosbach)
Tel. (08376) 10 15
Di, Mi, Fr-So 11.30-14 & 17-20.30

KLASSIKER Hirschkalbsgulasch mit Schwammerl

ÜBERNACHTUNG

1 ROTTACHSTUBE'N
Grottenweg 3, 87477 Sulzberg (OT Moosbach), Tel. (08376) 16 58
www.rottachstuben.de

2 3 CAMPINGPLÄTZE AM ÖSCHLESEE & AM GRÜNTENSEE

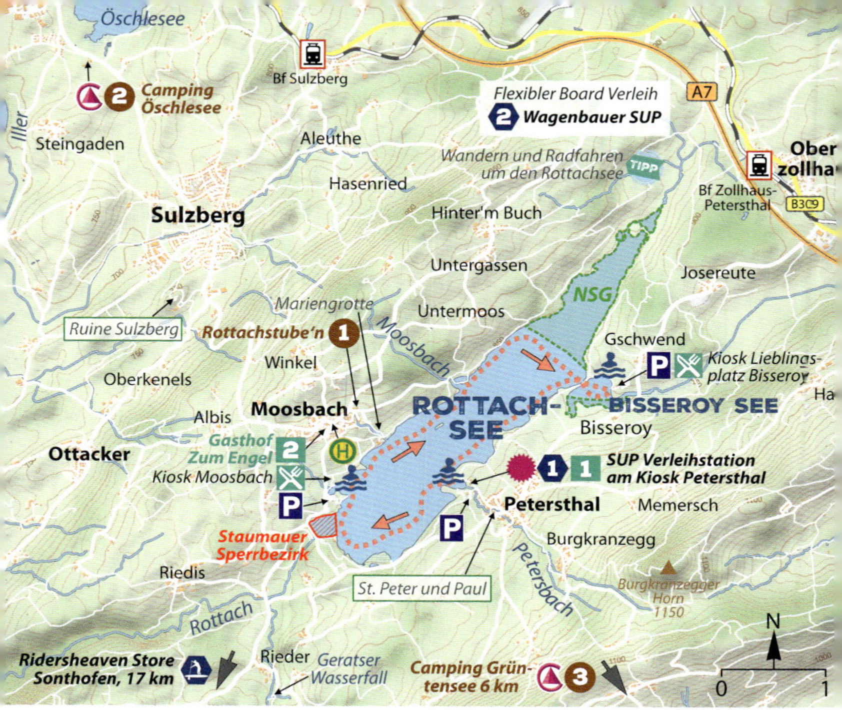

1 BADESEE & GRANDIOSE AUSBLICKE

Die Ortschaft **PETERSTHAL**, mit ihrer reich verzierten **KIRCHE ST. PETER UND PAUL** und einem großen Parkplatz am Sporthafen, ist Ausgangspunkt unserer schönen Tour. In der **KLEINEN BUCHT** setzen wir mit Blick auf das Holzhäuschen der Wasserwacht ein. In diesem geschützten Seebereich kann man sich erstmal ein paar Meter warmpaddeln, ehe es nach links auf die offene Seefläche hinausgeht. Schon bald breitet sich hinter dem grünen Waldmantel ein atemberaubendes Alpenpanorama aus. Kaum zu schlagen ist dieser Blick vom Board auf die im Frühjahr noch schneebedeckten Berge. Der Kontrast zwischen den frisch ausgetriebenen Pflanzen und dem **GRÜNTEN – DEM WÄCHTERBERG DES ALLGÄUS** – könnte man als geradezu malerisch bezeichnen. *Hätte der erst 1992 in Betrieb genommene Rottachspeicher schon zu Zeiten der Expressionisten Wassily Kandinsky und Franz Marc existiert, die mit ihren Alpenmalereien und dem Projekt „Blauer Reiter" in der süddeutschen Kunstszene den Ton angaben, wäre diese Allgäuer Landschaft sicher auch zu einem ihrer Motive geworden.*

Kurz vor Ende des Sees halten wir etwas Abstand zur **STAUMAUER**, die durch gelbe Bojen gekennzeichnet wird. Der Damm ist von der Seeseite her ziemlich unscheinbar und am besten durch das hutförmige Fachwerktürmchen kenntlich, das über eine Brücke mit dem Land verbunden ist. *Begründet wurde sein Bau mit einer Verbesserung des Hochwasserschutzes und der Erhaltung der Trinkwasserqualität. Außerdem sollte so auch der Zugang zum Kühlwasser für das Kernkraftwerk Gundremmingen sichergestellt werden.* Was auch immer man von den Argumenten der Erbauer halten mag, kann man nicht leugnen, dass der noch sehr junge See schnell ein Anziehungspunkt für Badegäste, Wassersportler und Naturliebhaber geworden ist.

Gleich nach Erreichen der westlichen Seeseite blicken wir am Ufer auf die **BADESTELLE MOOSBACH**, die sich wegen des danebenliegenden großen Parkplatzes oder bei Anreise mit ÖPNV (Bus 30 von Kempten) auch hervorragend als Alternative zum Start der Tour eignet. Ein schöner Platz für eine Pause ist die einladende Liegewiese allemal. Von den neuen Betreibern des **KIOSK MOOSBACH** *(www.kiosk-moosbach-rottachsee.de)* kann man sich außerdem verköstigen lassen. Currywurst, Pommes oder Kuchen gefällig?

Gut ausgeruht geht es anschließend weiter am Nordostufer des Rottachsees entlang. Je nachdem, wie nah man am Ufer unterwegs ist, sieht man die Kirchturmspitze des Dorfes **MOOSBACH** hinter einer grünen Wiese herausragen.

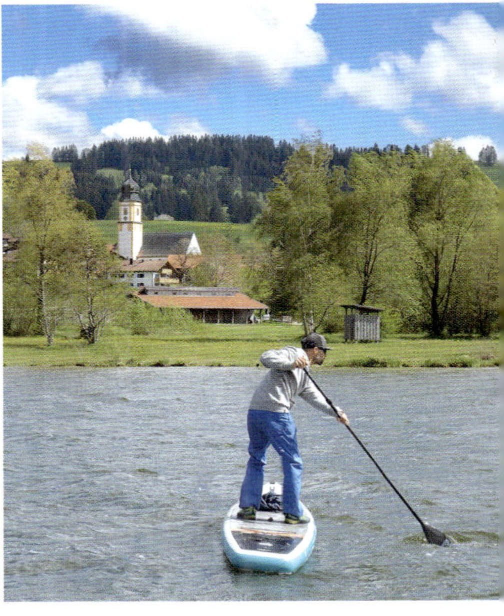

Angler, die ihre Leinen weit ausgeworfen haben, sind auf der Jagd nach Zander, Hecht, Barsch und Aal, die hier im See leben. Wir kommen an einer Bootsvermietung vorbei. Wer hier anlandet, kann auf der grünen Wiese nördlich davon die **MARIENGROTTE** entdecken, die in einen großen natürlichen Felsen eingearbeitet wurde.

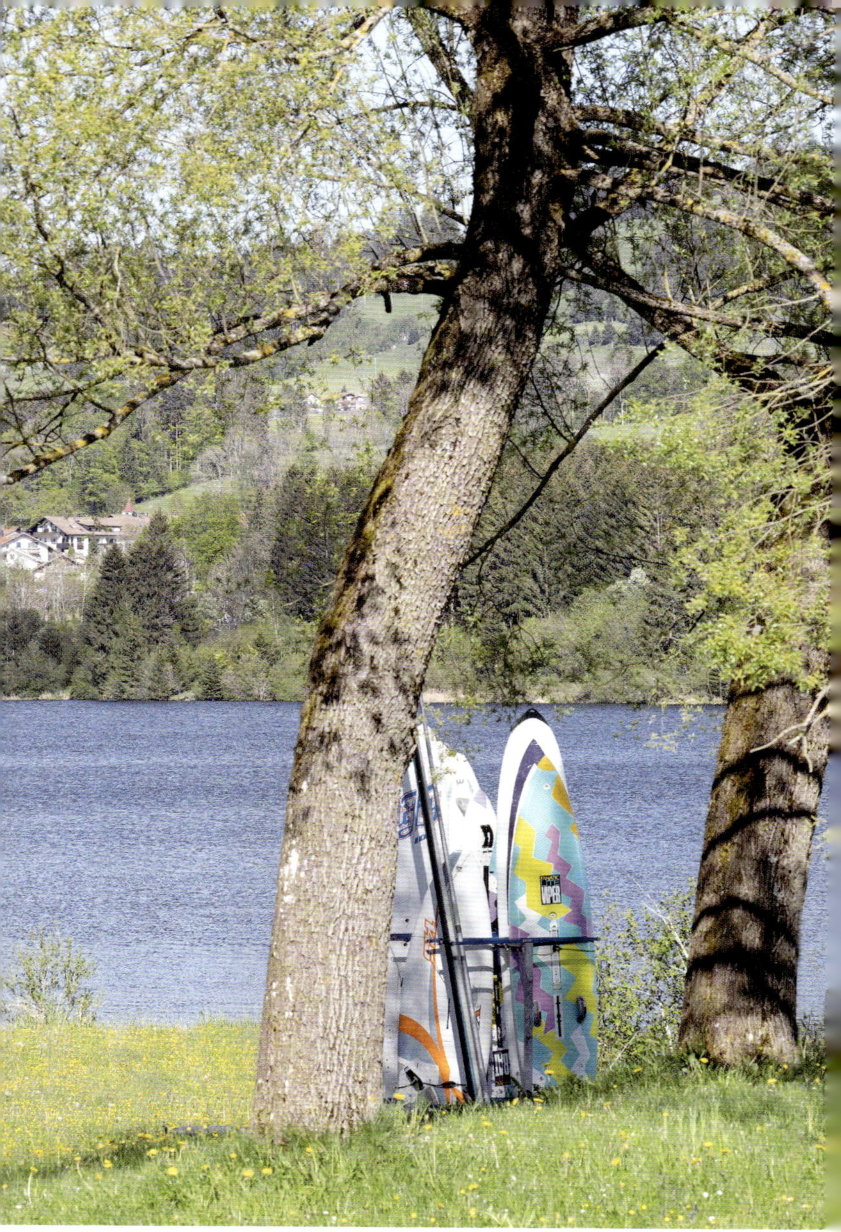

Auch in der Folge sorgt ein Heckenrain am Ufer für das Gefühl, im Herzen der Natur unterwegs zu sein. Nur auf den dahinterliegenden sanft gewellten Hügeln leuchten die roten Dächer respektabler Bauernstellen inmitten sattgrüner Weiden. Nun passieren wir eine von Erlen bewachsene hübsche, längliche **INSEL** und lassen uns danach in einer kleinen, ruhigen Waldbucht auf dem Brett liegend einfach mal ein paar Minuten treiben. Über uns segelnde Möwen am weiß-blauen Himmel, während die Blätter der Uferbäume im sanften Wind rascheln. Herrlich!

Gleich hinter dem auf einem Hügel liegenden Drei-Häuser-Dorf **UNTERMOOS** kommen wir zu einem Wald. Weiter nach Norden sollte man nun nicht mehr paddeln, denn hier beginnt sich der See zu verengen und die ausgewiesene **SCHUTZZONE** erstreckt sich quer über den Speicher. Stattdessen nehmen wir Kurs auf das gegenüberliegende Ufer, um nach der kleinen Querung an der Brücke einen Übergang in den **BISSEROY SEE** zu finden. Ist der Wasserstand niedrig, muss man hier die Boards einmal umheben, um auf die andere Straßenseite zu gelangen. Linker Hand besteht die Möglichkeit, im kleinen See am **BADEPLATZ** (Hundestrand) anzulegen, um sich am **KIOSK LIEBLINGSPLATZ BISSEROY** zu erfrischen. Auch hier wäre ein guter Startpunkt, denn nur wenige Meter entfernt befindet sich ein Parkplatz. Das Südufer des Bisseroy Sees meiden wir aus Naturschutzgründen und kehren dann wieder auf den Hauptsee zurück.

Der letzte Kilometer führt uns entlang eines satt bewaldeten Ufers. Sollte ein thermischer Wind aus den Bergen wehen, dann muss man auch schon mal kräftiger paddeln, bis man in der kleinen Bucht den Ausgangsort **PETERSTHAL** erreicht. Paddler sollten nicht nur deswegen immer die Wind- und Wettervorhersage vorab einer Tour im Blick haben. Nicht umsonst ist der **ROTTACHSPEICHER** auch ein beliebter Spot unter den Windsurfern der Region. Zum Abschluss belohnen wir uns in dem kleinen **KIOSK PETERSTHAL** 1 mit einem leckeren Stück Kuchen.

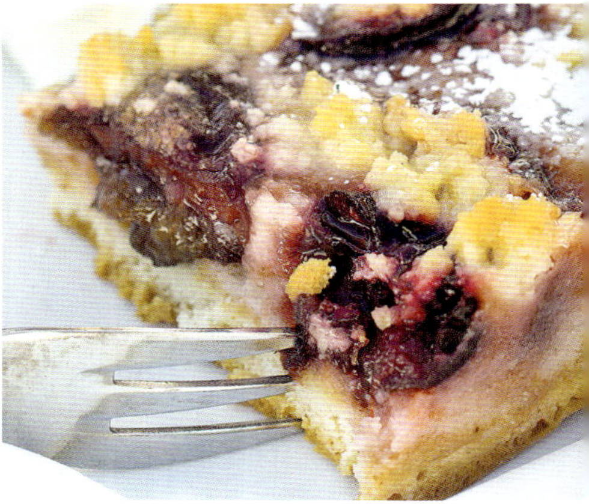

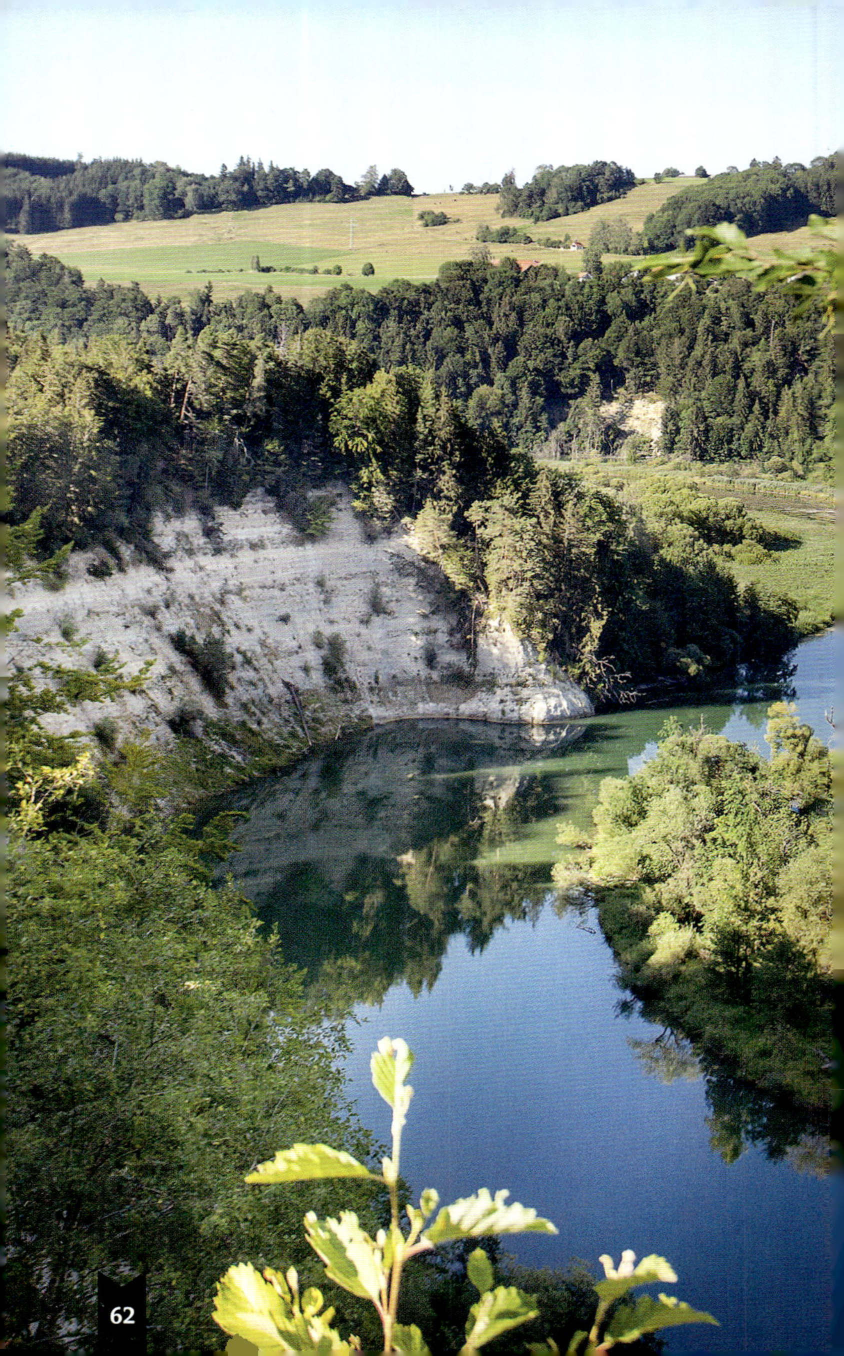

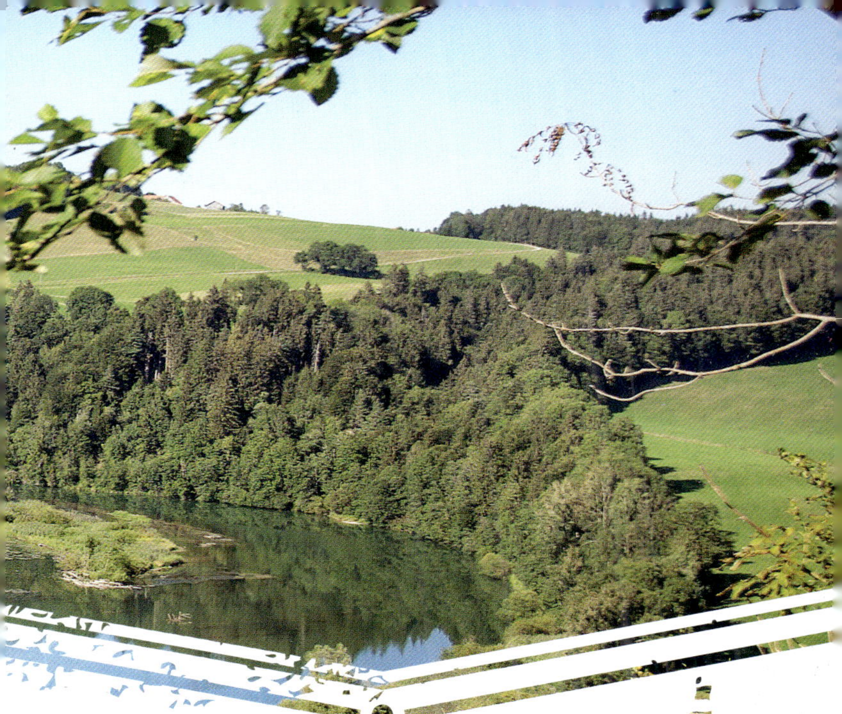

ILLER UNTERLAUF

ANSPRUCH | EINKEHR

Obwohl der Unterlauf der Iller von Wasserkraftanlagen aufgestaut wird, findet man schöne Abschnitte. Naturnahe Ufer mit canyonartigen Kalksteinwänden und schöne Wälder – hier erlebt man Einsamkeit und Natur zugleich. Auf dem Abschnitt zwischen Altusried und Legau muss ein Stauwerk linksseitig umtragen werden.

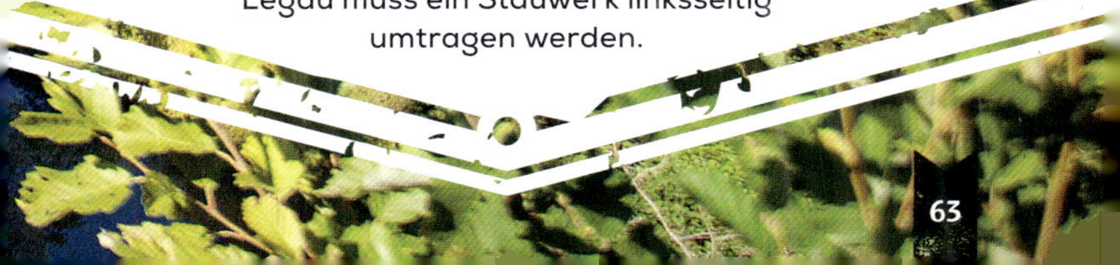

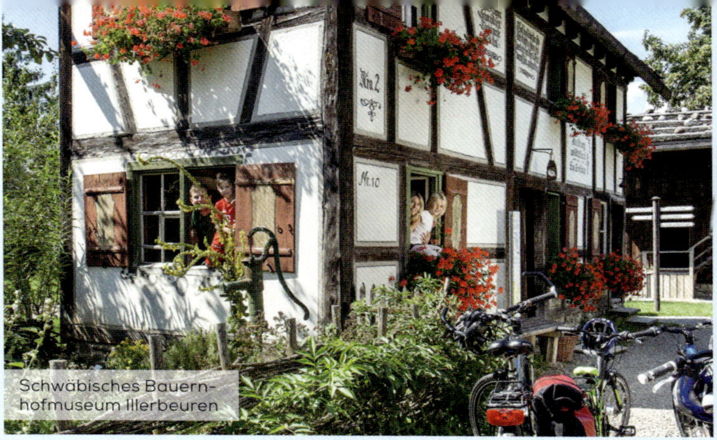

Schwäbisches Bauernhofmuseum Illerbeuren

WIND & WETTER

Wegen der **geschützten Lage** ist der Wind ein wenig bedeutender Faktor, was nicht heißt, dass an Starkwindtagen nicht auch mal kräftiger **Gegenwind** herrschen kann.

Der **Wasserstand** ist vom vorhergehenden Regen abhängig. Dieser Teil des Unterlaufes kann aber meist auch im Sommer befahren werden.

BEFAHRUNGSREGELN

An einigen Flussabschnitten ist aus **Naturschutzgründen** das Anlanden nicht gestattet.

ANFAHRT MIT DEM PKW

A 7 bis Ausfahrt 132 Dietmannsried, dann folgt man erst der St 2377, dann der St 2009 nach Altusried. Von hier aus über Feldwege nördlich nach Fischers zur Iller-Hängebrücke fahren.

ZURÜCK ZUM PKW

Entweder mit zwei Autos machbar. Oder man radelt mit einem zuvor am Ziel deponierten Fahrrad durch die lohnende hügelige Landschaft.

PARKEN

Am Startpunkt am Weiler Fischers nördlich von Altusried sind einige kostenlose Parkplätze direkt am Fluss neben der Hängebrücke.

Der Waldparkplatz am Ziel bei Legau ist ca. 700 Meter entfernt vom Aussetzpunkt links neben der Staumauer beim Anglerverein.

ANREISE MIT ÖPNV

Schwierig: Von *Kempten* Bus 66 bis *Rathausplatz, Altusried*, dann 3 km zu Fuß bis zum Weiler *Fischers*.
An der Aussetzstelle kein ÖPNV.

BADEN

- Schöne **Flussbadestelle** am Einsetzpunkt neben der **Iller-Hängebrücke.**
- **Erlebnisbad Aqua Mundo**, Center Park Allgäu (südlich von Leutkirch im Allgäu) www.centerparcs.de

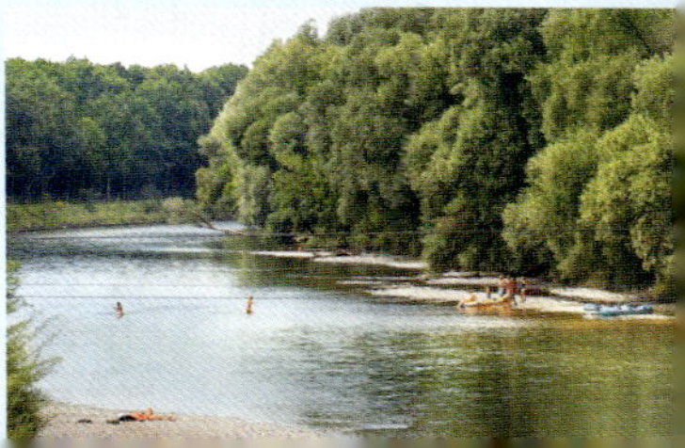

SEHENSWERTES

» **Das Schwäbische Bauernhofmuseum Illerbeuren** *(Foto links)* ist das älteste Freilichtmuseum in Süddeutschland und vermittelt in Dauer- und Sonderausstellungen Wissenswertes zum bäuerlichen Leben von gestern und heute. www.bauernhofmuseum.de

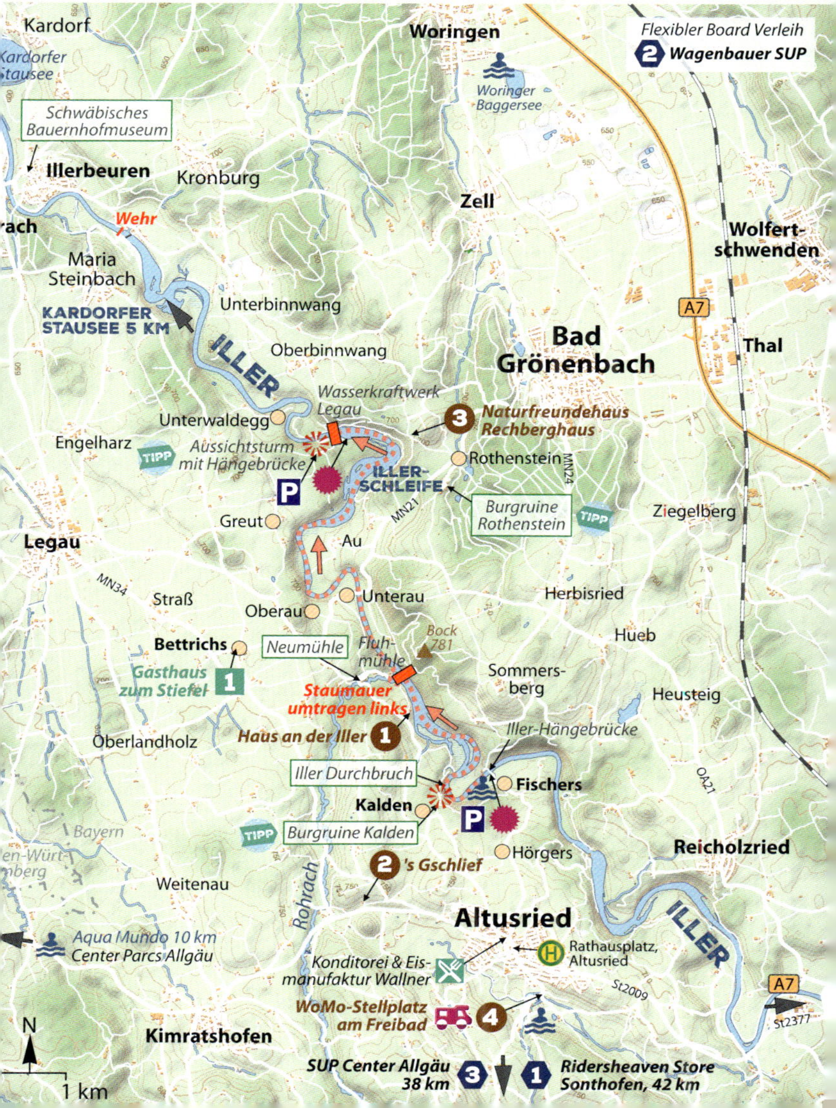

1 FLUSSTOUR VON ALTUSRIED NACH LEGAU

(mit Tourbeschreibung Seite 68)

Von der Iller-Hangebrücke entlang naturnaher Ufer mit canyonartigen Kalksteinwänden und schönen Wäldern durch voralpine Flusslandschaft. Einsamkeit, Natur und eine Umtragung an der Fluhmühle.

➔ | **LÄNGE** 10 km | **DAUER** 3 h

EIN- & AUSSTIEG

EINSTIEG Am flachen Flussufer an der Hängebrücke beim Altusrieder Weiler Fischers.

AUSSTIEG Links vor der Staumauer des Wasserkraftwerks Legau. Im Spätsommer eventuell starker Bewuchs von Wasserpflanzen, der das Durchkommen zum kleinen Steg etwas erschwert.

UMTRAGUNG

Auf der Tour gibt es eine Umtragestelle am Laufwasserkraftwerk Fluhmühle. Hier müssen die Boards über 200 Meter entlang eines Schotterweges und ein paar Stufen um die Staumauer getragen werden. Der Zugang erfolgt über die linke Flussseite.

VERLÄNGERUNG DER TOUR

Wer gewillt ist die Boards öfter zu umtragen und viel Kondition hat, könnte die Tour leicht bis zum **Kardorfer Stausee** bei Lautrach ausdehnen.

SUP-VERMIETUNG

1 RIDERSHEAVEN STORE

Shop, Vermietung und Kurse

Immenstädter Str. 9
87527 Sonthofen
Tel. (08321) 96 90 92 00
www.ridersheaven.com/SUP-Verleih

2 WAGENBAUER SUP

Mobile Board-Vermietung

Tel. 01511-471 74 80
www.facebook.com/Wagenbauer-SUPTouren

3 SUP-CENTER ALLGÄU

(Shop, Vermietung erst wieder 2024)

Am Kreuzbach 3
87509 Immenstadt / Rauhenzell
Tel. (08323) 968 22 27
www.sup-allgaeu.de

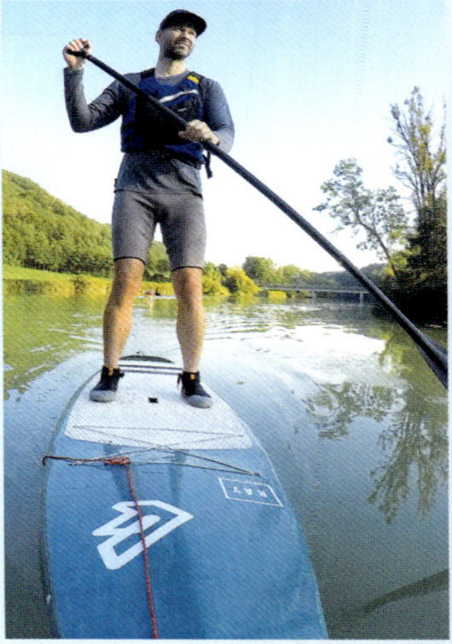

EXTRA-TIPPS

- Der kleine **Burgstall** der **Ruine Kalden** befindet sich direkt über dem Illerdurchbruch am Rande einer Wiese, wo es auch einen der schönsten **Aussichtspunkte** über die Iller gibt.
- Östlich des Wasserkraftwerkes Legau befindet sich südlich des Ortes **Rothenstein** die gleichnamige **Ruine** mit beeindruckenden Mauerresten.
- Gleich flussabwärts des Stauwerks Legau finden wir die **Hängebrücke „Iller-Erlebnissteg"** mit 23 Meter hohem **Aussichtsturm** aus Stahl sowie eine **Kneippanlage.**

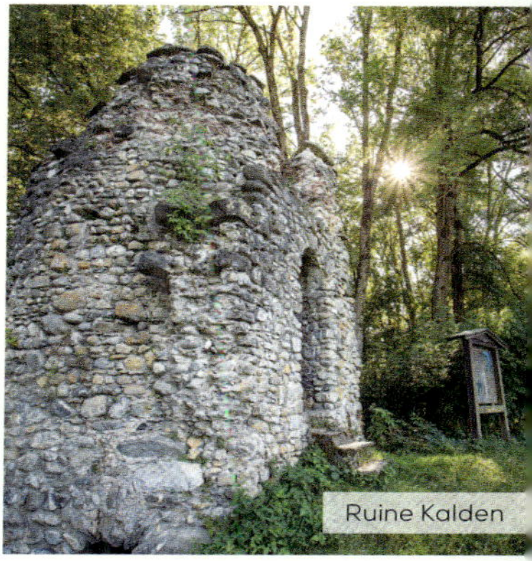

Ruine Kalden

EINKEHR

1 GASTHAUS ZUM STIEFEL

Bettrichs 154, 87764 Legau
Tel. (08330) 378
www.gasthaus-stiefel.de
Do ab 17, Sa ab 16.30, So ab 11 Uhr

KLASSIKER Die besten Brathendl im weiten Umkreis

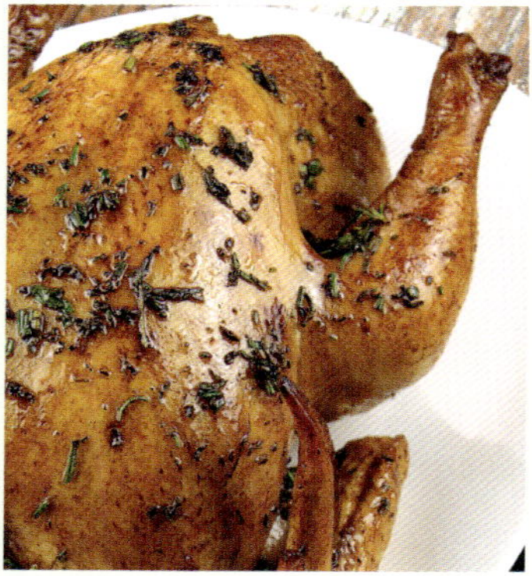

ÜBERNACHTUNG

1 HAUS AN DER ILLER
(ab 2 Nächte, 1 Nacht vorab anfragen)
Wurms 2, 87452 Altusried
Tel. (08373) 438 99 88 & 0156-781 455 94
www.hausanderiller.de

2 'S GSCHLIEF
Gästehaus und Frühstückspension
Binzen 13 a, 87452 Altusried
Tel. (08373) 987 59 70
www.gschlief.de

3 NATURFREUNDEHAUS RECHBERGHAUS
Rechberg 2, 87730 Bad Grönenbach
Tel. (08331) 640 04 76
www.naturfreunde.de/haus/naturfreundehaus-rechberghaus

4 WOMO-STELLPLATZ AM FREIBAD in Altusried
www.altusried.de

1 IM SPEKTAKULÄREN ILLERDURCHBRUCH

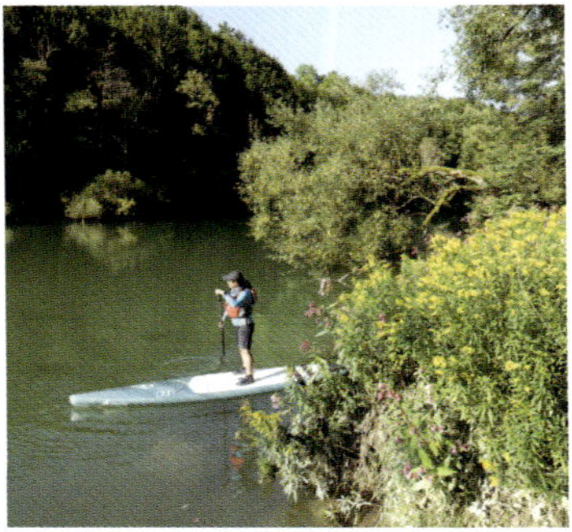

Der **ILLER UNTERLAUF** scheint fast ein wenig vergessen in der grünen Allgäuer Hügellandschaft zu liegen. Der Fluss hat sich in vielen Schleifen ein kleines Paradies gegraben und wird begleitet von Kiesbänken und kleinen Wäldchen. Viele Anfahrtsstraßen zum Wasser sind für die öffentliche Nutzung gesperrt und lediglich für die Angestellten der Wasserwirtschaft zu nutzen.

So sind wir froh, an der **ILLER-HÄNGEBRÜCKE** von **KALDEN** im kleinen Weiler **FISCHERS** einen Parkplatz direkt am Flussufer zu finden. Über einen kleinen Strand sind die Bretter schnell ins Wasser gebracht. Die Iller strömt hier gemütlich durch ein sehr ruhiges, tief eingeschnittenes Waldtal in dem man die typischen Weiden- und Erlenwälder einer voralpinen Flusslandschaft antreffen kann, aber auch eindrucksvolle Schuttwälder mit Edellaubhölzern und naturnahe Buchenwälder. Im Wald finden aufmerksame Beobachter auf dem kalkreichen Untergrund Orchideenarten wie den Frauenschuh – ganz nach dem Herzen Entspannung Suchender.

Mit der Strömung nähert man sich schon bald dem landschaftlichen Höhepunkt der Tour, dem **ILLERDURCHBRUCH**. Hier hat sich die Iller tief in den Molasseuntergrund eingegraben und so eine etwa 80 Meter hohe Wand geformt

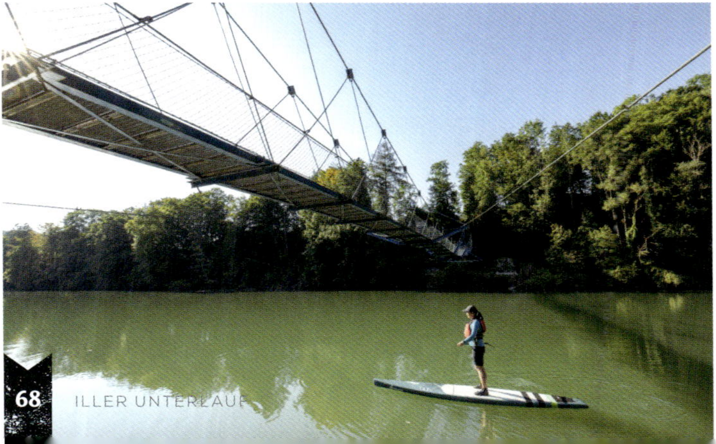

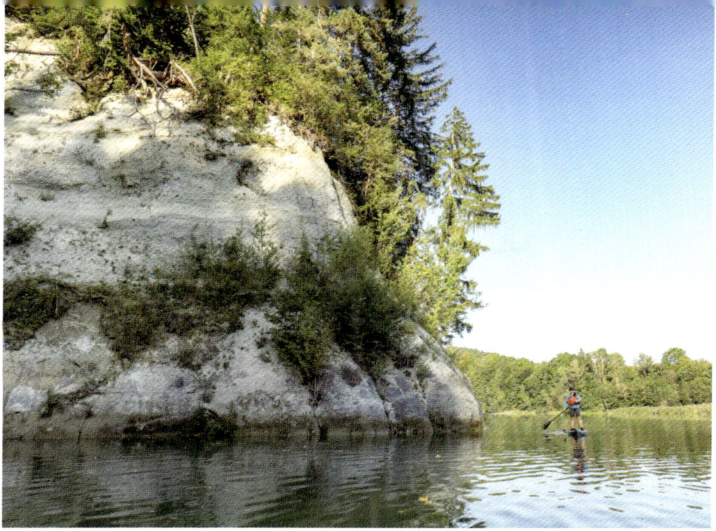

unter der man mit in den Nacken gelegtem Kopf staunend entlangpaddelt. In Kombination mit den ständigen, natürlichen Überschwemmungen ausgesetzten Auwaldstreifen sowie den zu Tage tretenden Kiesbänken, ergibt sich hier eine Vielfalt faszinierender Biotope. Im klaren Wasser tummeln sich geschützte Fischarten wie Groppe und Huchen. Am Ufer lebt die stark gefährdete Gelbbauchunke.

Hinter dem Durchbruch teilt eine Kiesinsel den Fluss in zwei Arme. Da im linken Arm Treibholzstämme und Flachwasser das Paddeln erschweren, bleibt man besser auf der rechten Seite. Auf den Kiesbänken erblicken wir den Flussregenpfeifer auf der Suche nach Nahrung entlanghuschen. Die Strömung nimmt merklich ab und die Staumauer des **LAUFWASSERKRAFTWERKS FLUHMÜHLE** kommt in Sicht. Wir landen auf der linken Flussseite neben den Kähnen an der Rampe des Angelvereines an und tragen Boards und Pausenrucksack über einen Schotterweg und ein paar Stufen auf die andere Seite der Staumauer. Hier münden auch die interessante Fischtreppenkonstruktion sowie das Bächlein **ROHRACH** in den Fluss, der deutlich kühleres Wasser aufweist als die Iller selbst. *Einst sollen sich fast zwanzig Wasserräder am Ufer der 16 Kilometer langen Rohrach gedreht haben, die Energie für Sägewerke, Kornmühlen und Knochenstampfmühlen lieferten.* Wer nochmal mit dem Rad oder zu Fuß die Landschaft um die Rohrach herum entdecken will, die sich hier tief eingefräst zwischen wilden, senkrechten Steilwänden hindurchschlängelt, sollte sich die vorbildlich restaurierte **NEUMÜHLE** anschauen.

Unterhalb der Staumauer kommen wir dank zunehmender Strömung wieder mühelos voran und schon bald erblicken wir die **ILLERBRÜCKE** von **AU (UNTERAU).** Dahinter schlängelt sich die Iller wieder entlang der von Wald gesäumten Ufer. Kleine Nagelfluh-Felsen leuchten aus dem Grün des Dickichts hervor und Kiesbänke fallen je nach Wasserstand trocken. Stärkere Ansammlungen von Wasserpflanzen machen es manchmal nötig, steuernd einzugreifen und auch die ein oder andere flache Stelle will umschifft werden. Hinter Au erreichen wir in der **ILLERSCHLEIFE** die nächste 180 Grad Kurve des nun kaum noch strömenden Gewässers. Im Bereich der offenen Kiesbänke passieren wir mit ruhigen Bewegungen ein **VOGELSCHUTZGEBIET**, um ein Aufscheuchen der Kormorane, Reiher und Gänse zu vermeiden. Besonders im Winterhalbjahr rasten hier große Gruppen von Entenvögeln und Gänsen.

Der schöne Buchenwald zwischen dem sich abermals eine weiße Wand emporhebt, läutet die letzte Kurve der Tour ein. Die **STAUMAUER** vom **WASSERKRAFTWERK LEGAU** taucht vor uns auf und wir zielen mit unseren Boardspitzen ans linke Ufer. Im Spätsommer erschweren Wasserpflanzen, die sich gern in den Finnen der Boards verfangen, das Anlanden. Man folgt am bestem dem etwas schwierig zu erkennenden Kanal, den die Angelboote hier geschaffen haben. Da ein Parken an der Staumauer offiziell nicht erlaubt ist, müssen wir unsere Bretter 500 Meter eine leichte Kuppe hinauf zum Parkplatz tragen.

Gleich hinter der Staumauer kann man noch dem **ILLER-ERLEBNISSTEG** sowie dem 23 Meter hohen **AUSSICHTSTURM** einen Besuch abstatten.

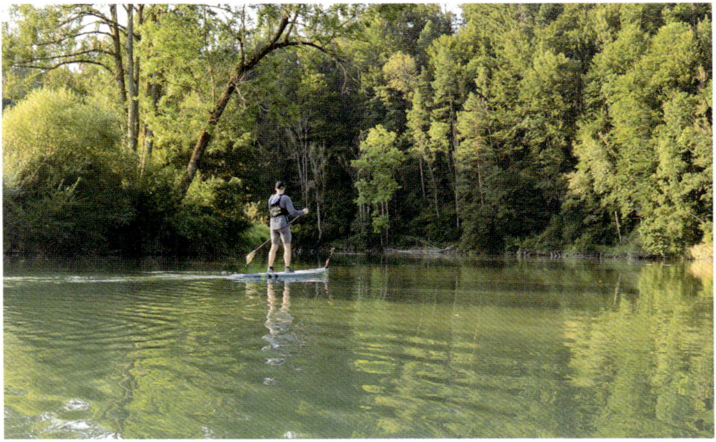

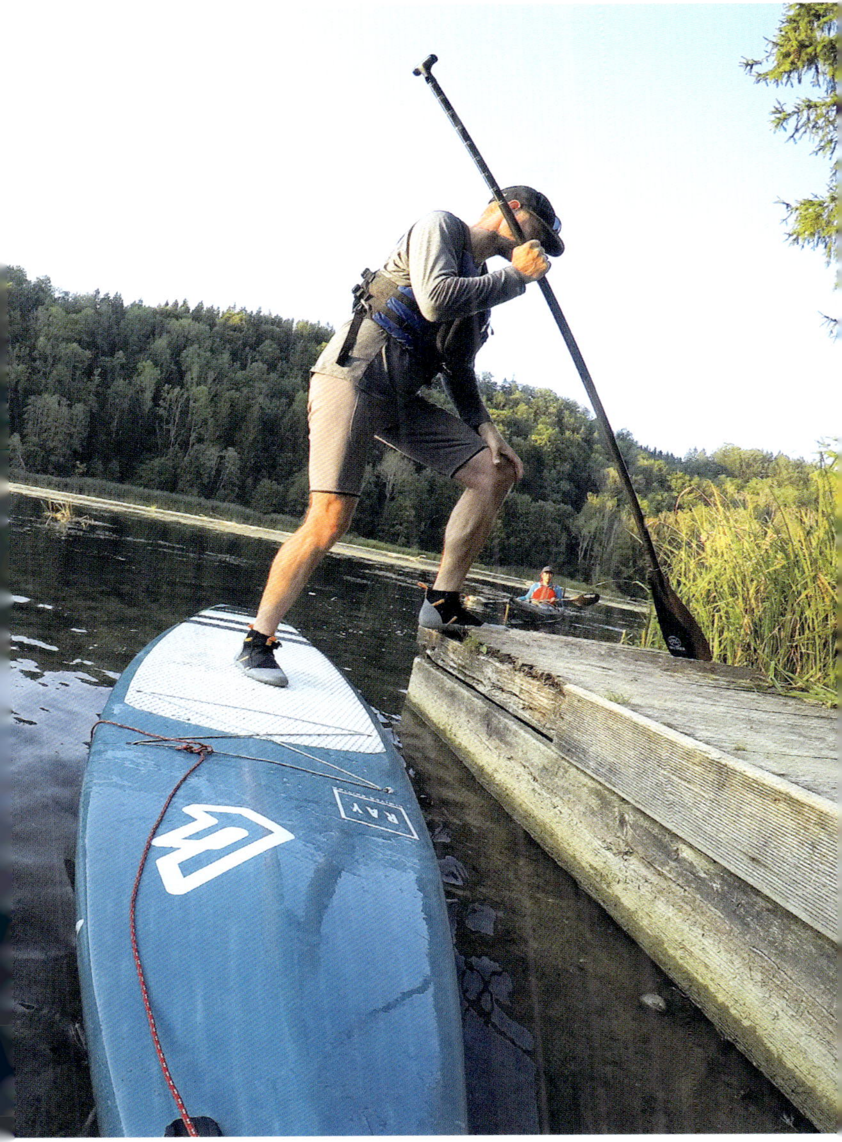
RAY

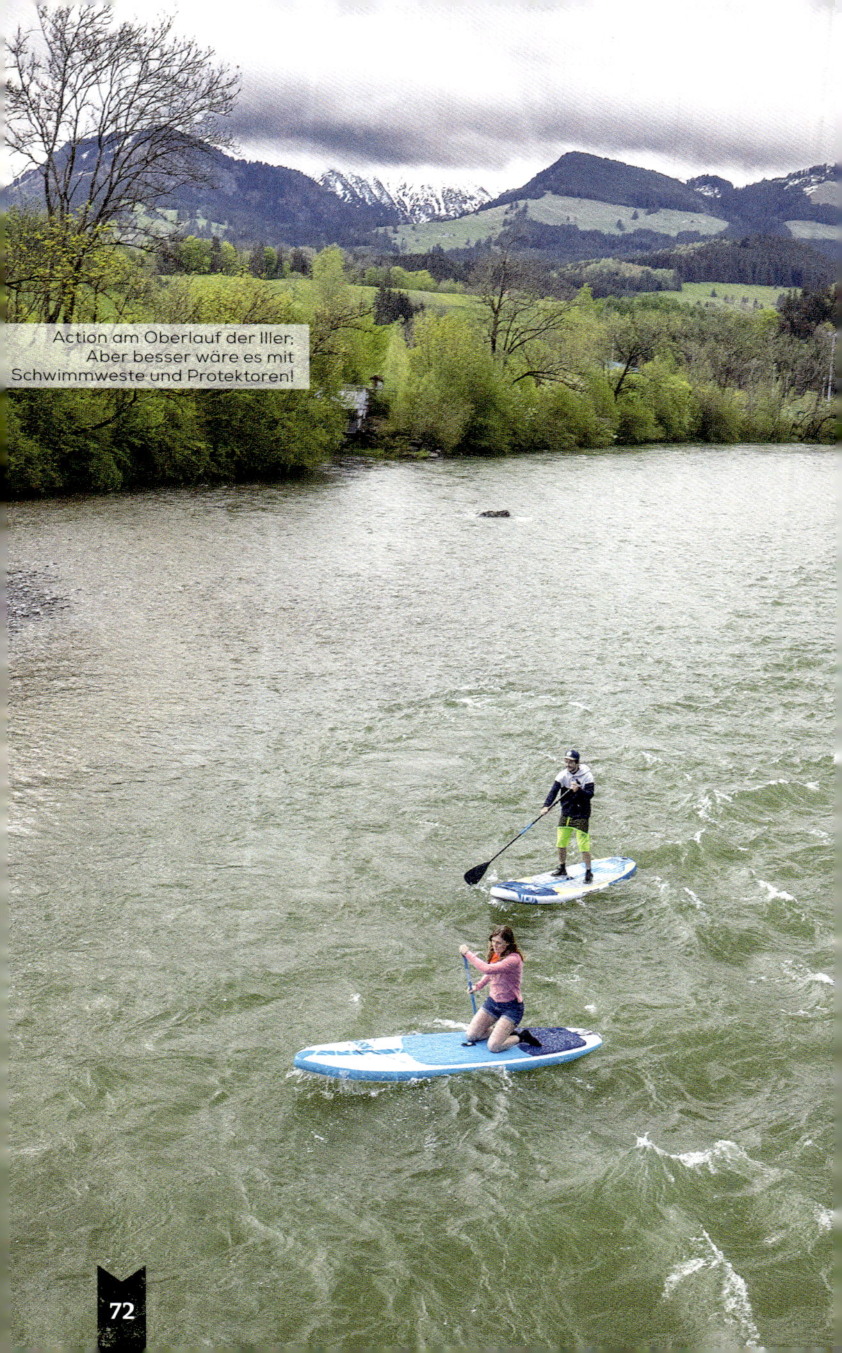

Action am Oberlauf der Iller:
Aber besser wäre es mit
Schwimmweste und Protektoren!

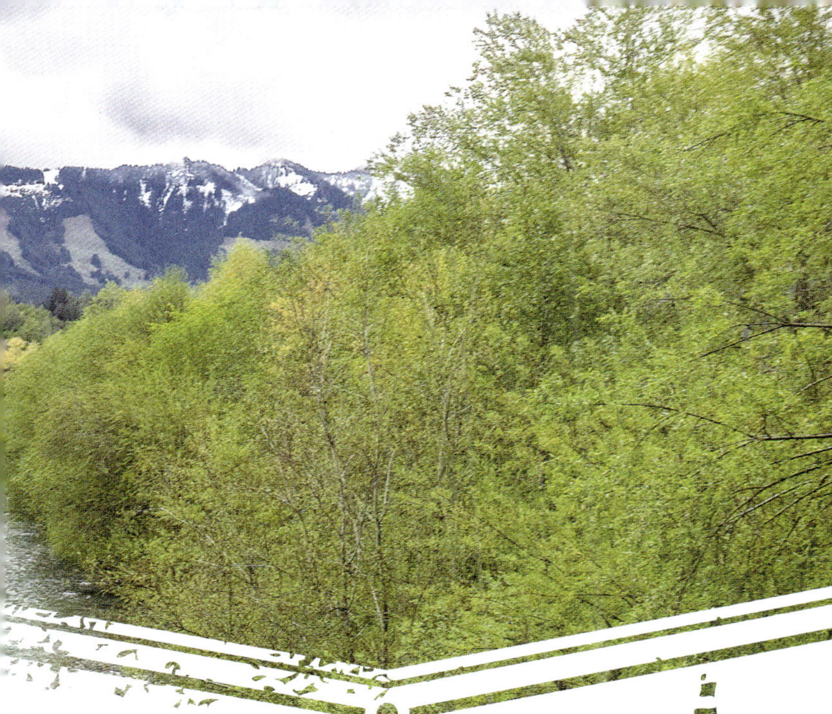

ILLER OBERLAUF

ANSPRUCH

EINKEHR

Auf smaragdfarbenem Wasser kurven wir durch Stromschnellen – die schon bei Normalwasserstand die Schwierigkeitsstufe II der Wildwasserskala erreichen –, vorbei an Kiesbänken und Weidendickichten, immer die hohen Berge im Rücken. Ein echtes Schmankerl, das aber nur gut geschulten und gut ausgerüsteten Paddlern vorbehalten bleibt.

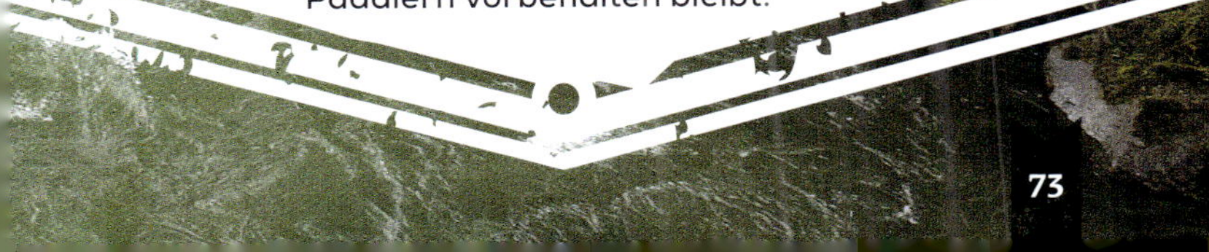

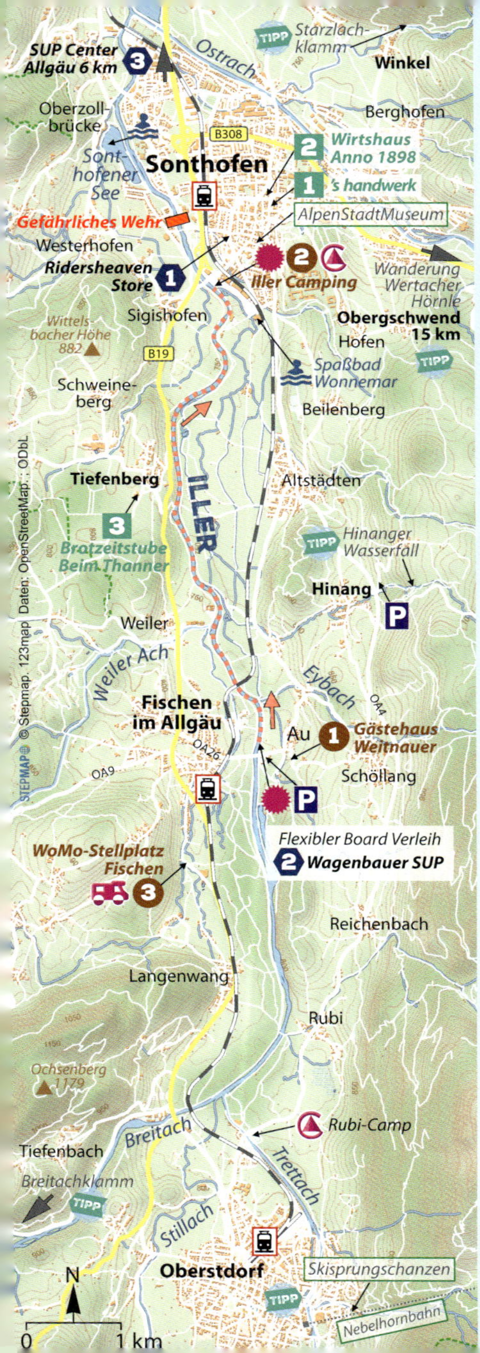

WIND & WETTER

Wegen der Nähe zu den Alpen ist mit Aufkommen **plötzlicher Gewitter** zu rechnen.

Wind spielt wegen der Fließgeschwindigkeit und der **geschützten Lage** nur eine sehr untergeordnete Rolle.

ANFAHRT MIT DEM PKW

Über die B 19 nach Fischen im Allgäu. Dort abbiegen und über die Kreisstraße OA 26 (Berger Weg/Burgstr./Illerstr.) zur Illerbrücke.

PARKEN

Parken am „Rafting Einstieg Fischen" an der Illerbrücke. *Navi: Illerstr. 7, 87538 Fischen im Allgäu.*

AN-/ABREISE MIT ÖPNV

EINSTIEG Der Bahnhof von Fischen ist 800 Meter entfernt.

AUSSTIEG Zum Bahnhof Sonthofen läuft man 1,3 km.

Ständig verkehrt eine Regionalbahn.

BADEN

- **Badestelle** am stadtnahen **Sonthofener See.**
- **Spaßbad Wonnemar –** Erlebnisbad mit Rutschen uvm für Kinder sowie großer Thermalbereich und Saunawelt. Stadionweg 5, 87527 Sonthofen, Tel. (08321) 78 09 70 www.wonnemar.de/sonthofen

1 SPRITZIGES WILDWASSER IM OBERLAUF DER ILLER

(mit Tourbeschreibung Seite 78)

Auf smaragdfarbenem Wasser mit Stromschnellen, die bei Normalwasserstand Wildwasser Stufe II erreichen. Vorbei an Kiesbänken und Weidendickicht, immer die hohen Berge im Rücken. **Nur für geschulte und gut ausgerüstete SUPer!**

➔ | **LÄNGE** 6 km | **DAUER** 2 h

EIN- & AUSSTIEG

EINSTIEG in Fischen im Allgäu etwa 200 Meter unterhalb der Brücke rechts hinter dem Blockwurfwehr. **Achtung:** Der Einstieg ist an der Steinkante etwas steil!

AUSSTIEG in Sonthofen am rechten Ufer gleich hinter der ersten Brücke an der Kiesbank. **Achtung:** Flotte Strömung! Weiter sollte man nicht paddeln, denn später folgen unfahrbare Blockwurfwehre.

ZURÜCK mit der Bahn (+Fußweg).

SUP-TIPP ZUM WARMPADDELN

Wer sich ortsnah etwas aufwärmen möchte, könnte das am kleinen **Sonthofener See** tun. Im Sommer ist er ein stylischer SUP-Treff vor der grandiosen Grünten-Kulisse.

SUP-VERMIETUNG

1 RIDERSHEAVEN STORE
Shop, Vermietung und Kurse
Immenstädter Str. 9, 87527 Sonthofen
Tel. (08321) 96 90 92 00
www.ridersheaven.com/SUP-Verleih

2 WAGENBAUER SUP
Mobile Board-Vermietung, Touren
Tel. 01511-471 74 80
www.facebook.com/Wagenbauer-SUPTouren

3 SUP-CENTER ALLGÄU
(Shop, Vermietung erst wieder 2024)
Am Kreuzbach 3, 87509 Immenstadt/Rauhenzell, Tel. (08323) 968 22 27,
www.sup-allgaeu.de

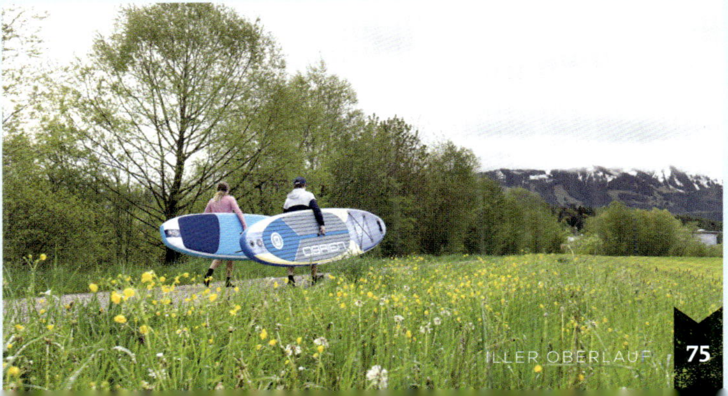

EINKEHR

1 S'HANDWERK CRAFT FOOD & BEER

Rathausplatz 1
87527 Sonthofen
Tel. (08321) 800 19 66
www.shandwerk.de

KLASSIKER Craft Beer Schnitzel vom Landschwein in Brezenpanade

2 WIRTSHAUS ANNO 1898

Schnitzer-Straße 3
87527 Sonthofen
Tel. (08321) 780 98 50
www.hotel-deutsches-haus-sonthofen.de Di-Sa 16-23 Uhr

KLASSIKER Die Burger

3 BROTZEITSTUBE & HOFLADEN "BEIM THANNER"

Tiefenberg 13, 87527 Ofterschwang
www.beim-thanner.de
Sa 13.30-19, So 12-19 Uhr

KLASSIKER Brotzeitteller mit Käse und Wurst aus eigener Herstellung

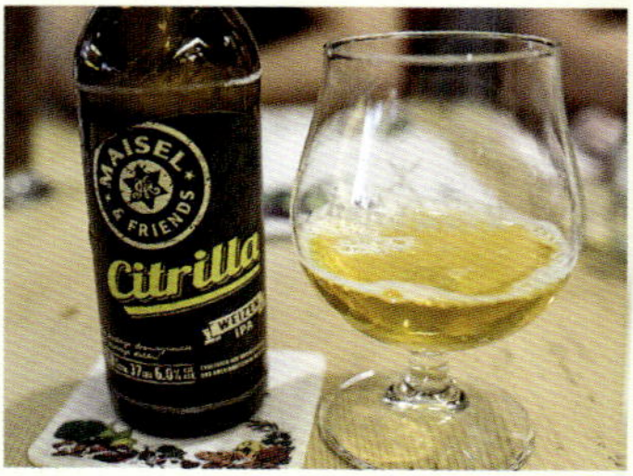

ÜBERNACHTUNG

1 GÄSTEHAUS WEITNAUER

Am Burgstall 12
87538 Fischen im Allgäu
Tel. (08326) 78 91
www.haus-weitnauer.de

2 ILLER CAMPING

Sinwagstraße 2
87527 Sonthofen
Tel. (08321) 23 50
www.illercamping.de

3 WOMO-STELLPLATZ FISCHEN

Mühlenstraße 24, 87538 Fischen
Tel. (08326) 364 60

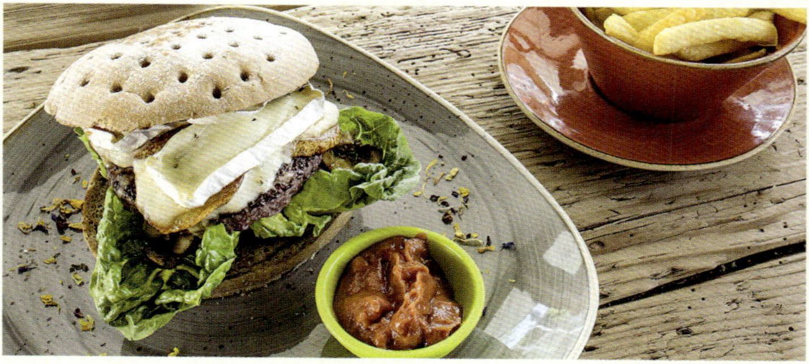

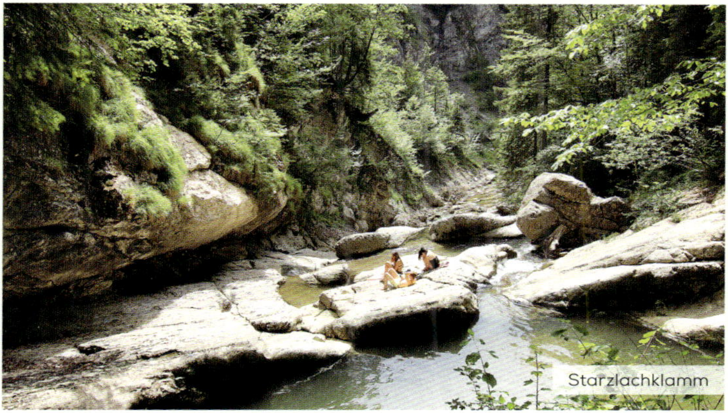

Starzlachklamm

SEHENSWERTES

» Das **AlpenStadtMuseum** in **Sonthofen** erzählt „Heimatgeschichten" in verschiedenen Themenbereichen und spannt den Bogen von der Geschichte Sonthofens bis hin zur jüngsten Entwicklung der Stadt im Kontext mit dem Allgäu. *www.alpenstadtmuseum.de*

EXTRA-TIPPS

» Nicht nur Wintersportfans sollten einmal die die riesigen **Skisprungschanzen** von **Oberstdorf** sehen. Der Eintrittspreis beinhaltet den Panoramalift zur **Aussichtsplattform** der Großschanze und Zutritt zum **Museum** im Hauptgebäude. *www.skisprungarena-oberstdorf.de*

» Die Fahrt mit der **Nebelhornbahn** von **Oberstdorf** aus bietet sich für die ganze Familie an. *(www.ok-bergbahnen.com/bergbahnen/nebelhornbahn)*

» Die **Breitachklamm** bei **Oberstdorf** gehört zu den faszinierendsten **Felsenschluchten** Deutschlands. *www.breitachklamm.com*

» Ein spritziges Vergnügen der anderen Art ist ein Besuch in der spektakulären **Starzlachklamm** unterhalb des Grünten beim Sonthofener Örtchen **Winkel.** *www.starzlachklamm.de*

» Der **Hinanger Wasserfall** ist ideal in Verbindung mit einer kleinen **Wanderung**, auch gut mit Kindern zu gehen und beliebig verlängerbar. Dann z. B. mit einer Jause auf der **Alpe Altstädter Hof** *(www.altstaedter-hof.de)*.

» Von **Obergschwend/Unterjoch** leichte, aussichtsreiche **Bergwanderung** *(hin & zurück 8,7 km, 650 hm, ca. 4 h)* **zum Wertacher Hörnle** (1.695 m) und **Hörnlesee.** Unterwegs Einkehr auf der **Buchel Alpe** *(www.buchelalpe.de)*.

1 SPRITZIGES WILDWASSER IM OBERLAUF DER ILLER

Die Iller ist auf der **STRECKE** zwischen **FISCHEN** und **SONTHOFEN** meist nur im Frühjahr oder Herbst nach ausgiebigem Regen befahrbar. Das Problem sind nicht unbedingt die Stromschnellen, sondern längere, recht flache und steinige Passagen, die mitunter über den ganzen Fluss reichen. Auch bei guten Wasserständen ist ein Steinkontakt immer möglich. Hinzu kommt: Hochwasser können die Topografie des Bachbettes stark verändern, somit gibt es keine Garantie, den Fluss immer genau wie beschrieben anzutreffen.

Wer hier unterwegs ist, sollte sich daher mit **WILDWASSER DER SCHWIERIGKEITSSTUFE II** auskennen und in der Lage sein Kehrwasser anzupaddeln. Da der Sturz vom Brett bei Steinkontakt schmerzhaft werden kann, empfiehlt sich außerdem einen **HELM UND PROTEKTOREN** zu nutzen sowie einen **NEOPRENANZUG** zu tragen, der zusätzlich eine polsternde Wirkung hat.

Spätestens wenn das Brett im Wasser liegt und die ersten Schläge gemacht sind, merkt man, wie flott der Bergfluss strömt. Somit bleibt nicht viel Zeit auf Steine zu reagieren und gleichzeitig die Berglandschaft zu genießen. Die Paddelschläge sollten daher gut sitzen.

Unweit der Brücke über die **ILLER** zwischen den Dörfern **AU** und **FISCHEN IM ALLGÄU** startet man in das von Bergen umstandene Tal. Gute 200 Meter laufen wir erstmal von der Brücke aus auf dem die Iller begleitenden Radweg und setzen dann am rechten Ufer ● jenseits des Blockwurfwehres ein.

Schon nach dem ersten geraden Stück folgen ausgeprägtere Kiesbänke und der **EYBACH** bringt in der ersten Kurve etwas Zuschusswasser. Kurz darauf beschleunigt sich das Wasser der Iller direkt vor der Eisenbahnbrücke und schießt mit einigen Wellen durch eine Stromschnelle. Hinter der Brücke bleibt kurz Zeit zum Luftholen, auch wenn einzelne größere Steine Aufmerksamkeit erfordern. Wer einen Blick zurückwirft, erblickt die **BURGKIRCHE** von **SCHÖLLANG**, die auf einem Waldhügel thront. In der nächsten Kurve strömt das Wasser mittig durch eine Schnelle und dann knapp an Steinbuhnen vorbei, die man zum Kehrwasserfahren nutzen könnte. Kurz darauf, auf Höhe des Dorfes **WEILER**, bringen gleich zwei kleine Bäche Zuschusswasser. Die folgende langgezogene Kurve lässt erneut kurz Zeit zum Luftholen oder dem Einsammeln von verlorengegangenen Boards und Paddel. Dann aber geht es nochmals zur Sache. Ein **BLOCKWURF** aus großen Steinen, der sich über die gesamte Illerbreite erstreckt, versperrt den Weg, lässt aber **IN DER MITTE** ein breites V für eine **DURCHFAHRT** offen. Aber Vorsicht, je nach Wasserstand liegt auch genau in der Mitte ein dicker **STEINBROCKEN**, an dem man mit der Finne hängen bleiben könnte, wenn man nicht daran vorbeizirkelt.

Hinter der Stromschnelle wird der Fluss merklich ruhiger. Jetzt haben wir auch mal Gelegenheit den Blick in den das Ufer begleitenden Wald wandern zu lassen, oder auf den in der Sonne strahlenden weißen Kiesbänken die Flussläufer bei der Nahrungssuche zu beobachten. Selbstredend steht über allem die grandiose Alpenkulisse im Hintergrund und bald auch vor uns der mächtige **GRÜNTEN**, der Hausberg von **SONTHOFEN**. Eine **FUSSGÄNGERBRÜCKE** zeigt an, dass man nun schon die Hälfte der Tour hinter sich hat. Hier könnte man 650 Meter zu der am linken Ufer gelegenen **BROTZEITSTUBE „BEIM THANNER“** 3 *(geöffnet Sa+So, mit Hofladen)* hinauflaufen.

Auf den nächsten drei Kilometern bis Sonthofen mäandert die Iller in ihrem Bett je nach Wasserstand zwischen den Kiesbänken durch sanfte Kurven. Einzelne Steine und Verengungen im Flussbett fordern unsere Aufmerksamkeit, lassen das Adrenalin aber nicht mehr richtig ansteigen. Mehrere Buhnen auf der rechten Flussseite kündigen dann das nahende Ende an. Sofort hinter der **ERSTEN BRÜCKE** von **SONTHOFEN** legen wir am rechten Ufer an und tragen die Boards über den Fahrradweg zur Straße hinauf. Der „Ritt auf der Iller“ ist zwar ein kurzes, dafür aber intensives Vergnügen.

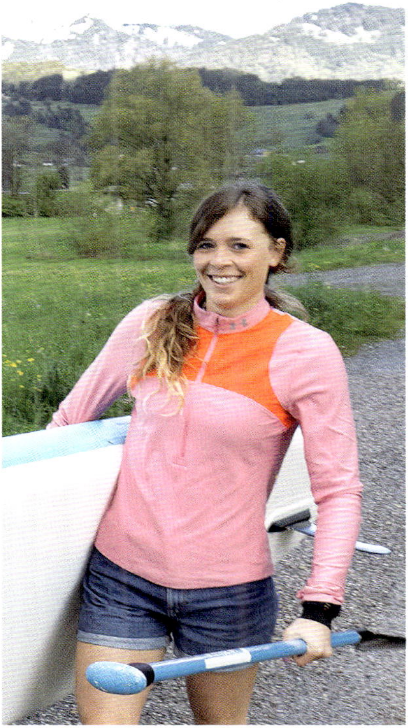

Wer weiterpaddeln würde, träfe bald auf ein unfahrbares Blockwurfwehr in das man keinesfalls hineingetrieben werden möchte.

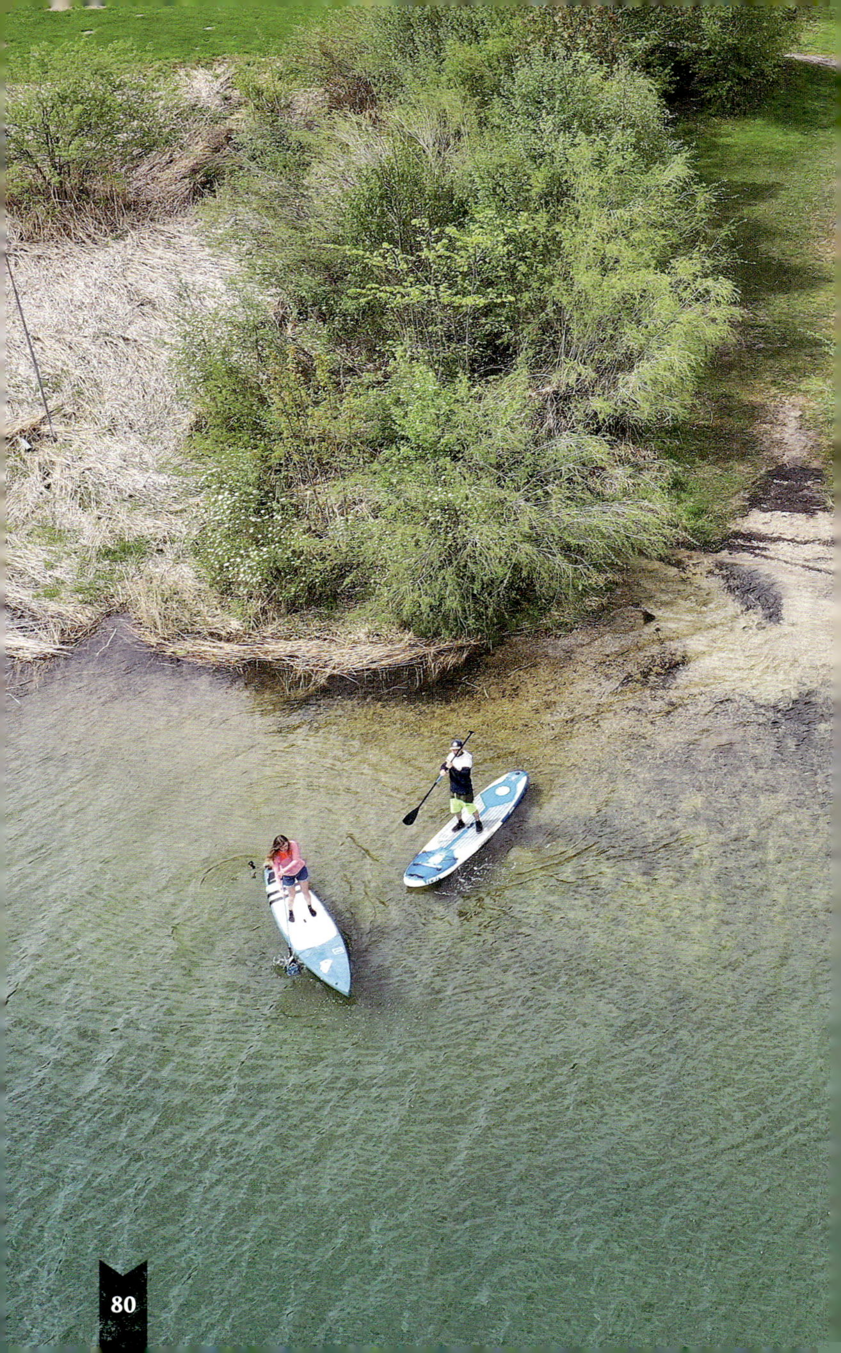

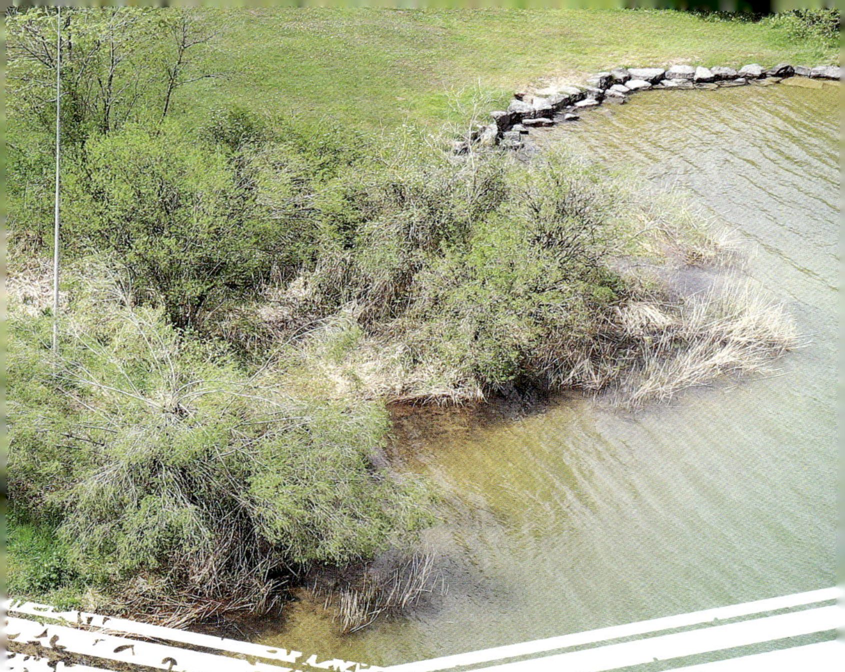

GROSSER ALPSEE BEI IMMENSTADT

ANSPRUCH

𝓅–𝓅𝓅

EINKEHR

🍺🍺

Kleine Sandstrände, versteckte Buchten und die idyllische Atmosphäre im kleinen Hafen von Bühl – und das alles vor der mustergültigen Kulisse der Allgäuer Bergwelt. Die rund acht Kilometer lange Uferlinie des zweieinhalb Quadratkilometer großen Alpenvorlandsees ist ein tolles Revier für Stand up Paddler.

WIND & WETTER

Durch die Ost-West-Ausrichtung des Großen Alpsees ist es hier oft **windig.** Daher ist er auch unter Seglern, Surfern und Kitern sehr beliebt. **Thermische Winde** und herannahende **Gewitter** sollte man im Blick haben.

BEFAHRUNGSREGELN

Im Bereich des in den See mündenden Baches **Konstanzer Ach** ist ein **Vogelschutzgebiet** ausgewiesen, das nicht befahren werden darf.

ANFAHRT MIT DEM PKW

Von der A 7 über die Ausfahrt Kempten Leubas auf die B 19 und diese nach Süden in Richtung Immenstadt fahren. Dort folgt man der B 308 durch die Stadt bis zum südwestlichen Ende des Alpsees *(Navi: Hintersee 1, 87509 Immenstadt im Allgäu).*

PARKEN

Am südwestlichen Ende des Großen Alpsees findet man entlang der Straße gute Parkmöglichkeiten in Wassernähe.

ANFAHRT ÖPNV

Mit der Bahn bis *Immenstadt*, weiter mit dem Bus 39 bis Haltestelle *Hintersee Landkreis-Badeplatz.*

BADEN

» **Badewiese** an der Einsetzstelle.

» Im **Süd-Osten des Sees** kann man entlang der B 308 an kleineren **Buchten** gut ins Wasser.

» Ein weiterer **Badestrand** befindet sich am östlichen Ende gleich nördlich von **Bühl**.

» Beheiztes **Freibad Kleiner Alpsee** in **Immenstadt,** Tel. (08323) 998 82 91, www.stadtwerke-immenstadt.de/baeder/freibad

SEHENSWERTES

» Im **Naturparkzentrum Nagelfluhkette** werden landschaftliche Zusammenhänge erklärt – eine Erlebnisausstellung für die ganze Familie. Das Haus selber wurde so naturverträglich wie möglich gestaltet, mit Naturparkcafé und nebenan dem Alpsee Skytrail. *www.nagelfluhkette.info/infozentrum*

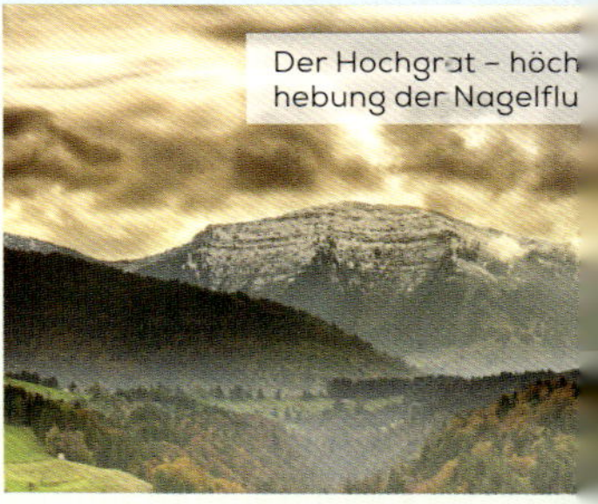

Der Hochgrat – höch
hebung der Nagelflu

» Das **Allgäuer Bergbauernmuseum** in **Diepolz** zeigt die Arbeitsweise der Bergbauern gestern und heute (*www.bergbauernmuseum.de*). Nebenan offeriert die **Bergkäserei Diepolz** neben Käse auch weitere leckere Produkte wie Öl, Essig, Senf, Honig uvm.(*www.bergkaeserei-diepolz.de*).
Do-So 11-17 Uhr kann man im **Sennereistüble Drei Köse Hoch** einkehren. Reservieren! *(Tel. 0151-41 90 21 39, www.sennereistueble-dreikaesehoch.de).*

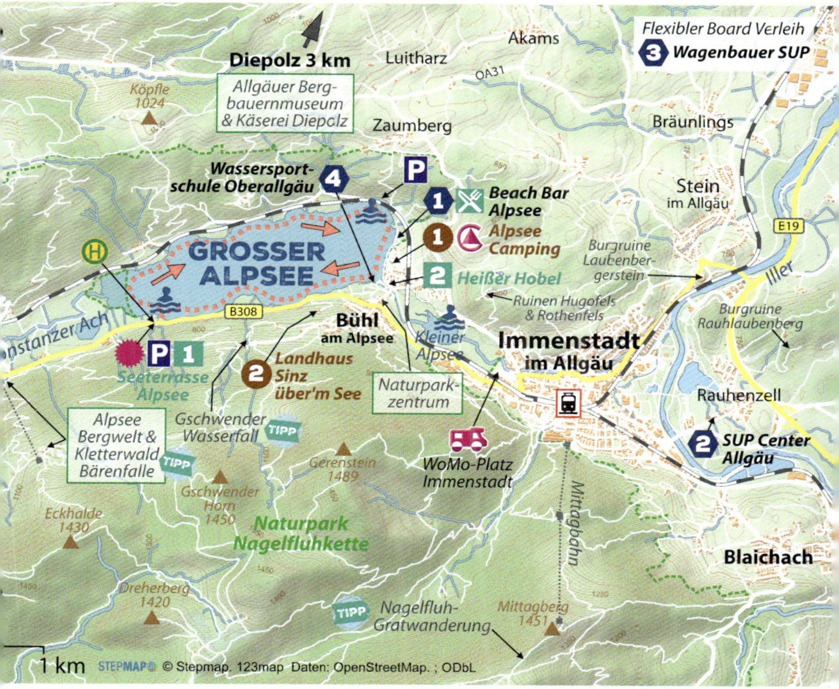

EXTRA-TIPPS

- In der **„Alpsee Bergwelt"** (*www.alpsee-bergwelt.de*) findet man Deutschlands längste Ganzjahres-Rodelbahn auf einem Hügel über dem Südufer des Sees sowie den **„Kletterwald Bärenfalle"** mit Bayerns größtem Hochseilgarten (*www.kletterwald-baerenfalle.de*).
- Ein Spaziergang führt zum **Großen Gschwender Wasserfall** am Südufer des Großen Alpsee.

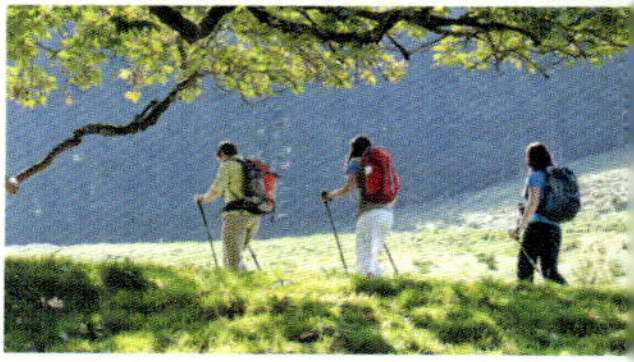

- Eine der schönsten **Bergwanderungen** Deutschlands führt über 8 Gipfel entlang des Grates der **Nagelfluhkette.** Sie beginnt an der **Bergstation Hochgratbahn**, wo auch „lauffaule" Zeitgenossen einen grandiosen Ausblick genießen können. Man läuft knapp 14 km, etwa 7 h *(Trittsicherheit & gute Kondition erforderlich)*, bis zum Mittagberg und fährt mit der **Mittagbahn** nach Immenstadt ab. *(Anfahrt zur Talstation Hochgratbahn in* **Oberstaufen-Steibis** *mit Bahn und Bus möglich, www.hochgrat.de).*

TOUREN

1 RUNDFAHRT UM DEN GROSSEN ALPSEE

(mit Tourbeschreibung Seite 85)

Eine schöne Runde für den Ruhe suchenden Paddler.

| **LÄNGE** 7 km | **DAUER** 2 h

EIN- & AUSSTIEG

An den „Alpsee Badewiesen“ am südwestlichen Ufer einfaches Einsteigen ins flache Wasser.

SUP-VERMIETUNG

1 BEACH BAR ALPSEE
(Vermietung nur vor Ort)
Albert-Rasch-Weg 4
87509 Immenstadt im Allgäu
www.beachbar-alpsee.de

2 SUP-CENTER ALLGÄU & INFLATABLE SUP VERLEIH ALPSEE
(Shop, Vermietung erst wieder 2024)
Am Kreuzbach 3
87509 Immenstadt / Rauhenzell
Tel. (08323) 968 22 27
www.sup-allgaeu.de

3 WAGENBAUER SUP
Mobile Board-Vermietung
Tel. 01511-471 74 80
www.facebook.com/Wagenbauer-SUPTouren

4 WASSERSPORTSCHULE OBERALLGÄU
Seepromenade 15, 87509 Immenstadt, Tel. (08323) 522 00
www.wassersportschule-oberallgaeu.de

EINKEHR

1 SEETERRASSE ALPSEE

Hintersee 1
87509 Immenstadt im Allgäu
Tel. (08323) 998 01 50
www.seeterrassealpsee.metro.bar

KLASSIKER Bodenständige Imbiss-Küche

2 HEISSER HOBEL

Seestraße 11-9
87509 Immenstadt im Allgäu
Tel. 0176-240 852 54
www.heisserhobel.berlin

KLASSIKER
Allgäuer Kässpätzle to go

ÜBERNACHTUNG

1 ALPSEE WELLNESS CAMPING
Seestraße 25
87509 Immenstadt-Bühl
Tel. (08323) 77 26
www.alpsee-camping.de

2 LANDHAUS SINZ ÜBER'M SEE
(ab 2 Nächte), Lindauer Str. 41
87509 Immenstadt im Allgäu
Tel. (08323) 31 51
www.landhaus-sinz.de

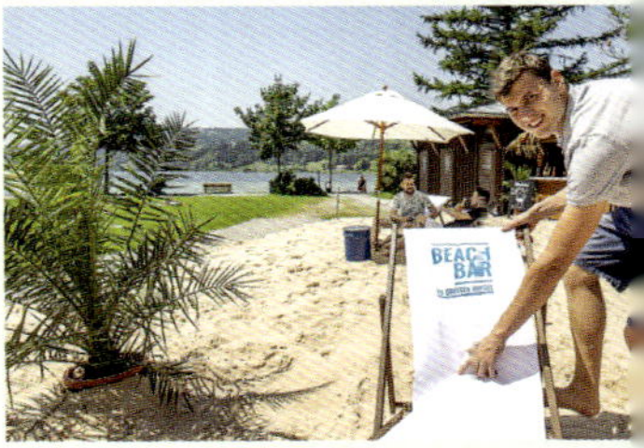

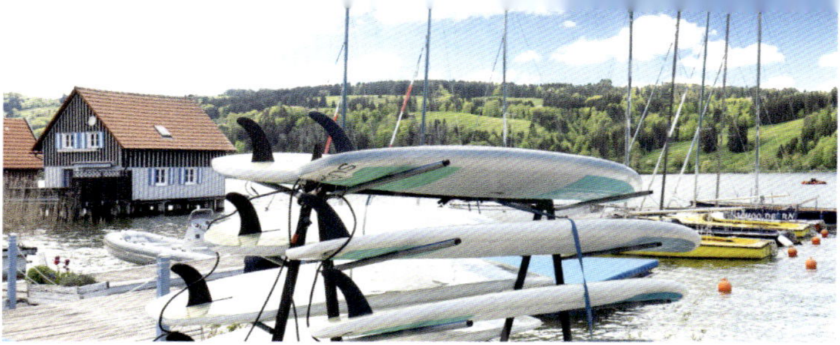

1 RUNDFAHRT UM DEN GROSSEN ALPSEE

Wer an einem schönen Sommertag recht früh am Parkplatz am westlichen Ende des **GROSSEN ALPSEES** erscheint, hat die Gewissheit auch einen Parkplatz zu bekommen. Später sind die begehrten Plätze oft heiß umkämpft.

Wer im Uhrzeigersinn um den See paddeln möchte, beginnt mit einer Querung ans **NORDUFER** und stellt dabei sicher, dass er nicht über die mit Bojen gekennzeichnete Grenze zum **NATURSCHUTZGEBIET** in der **MÜNDUNG DER KONSTANZER ACHE** kommt. Am grünen Nordufer passieren wir einige winzige Strände und folgen der Bahnlinie, die in Ufernähe verläuft, aber zum Glück in Richtung **IMMENSTADT** recht wenig befahren ist. Halbinselartige Ausbuchtungen wölben sich in den See, gesäumt von Wiesen und kleinen Stränden. Für den Ruhe suchenden Paddler genau das Richtige! So hat man Gelegenheit zu tiefen Blicken ins bis zu 22 Meter tiefe glasklare Wasser des größten natürlich entstandenen Sees des Allgäus.

In den schönen flachen Uferpartien bewundern wir Fische und Wasserpflanzen und legen uns dann einfach mal aufs Board und schauen den weißen Wolkenschiffchen auf ihrem Weg über den blauen Himmel zu. Das östliche Ende des **GROSSEN ALPSEE** schmückt sich mit einem längeren **BADESTRAND**. Hier könnte man es sich zum Beispiel in der **BEACH BAR** auf den Liegestühlen mit einem erfrischenden Getränk bequem machen. Hinter dem **ALPSEE WELLNESS CAMPING** 1, der sogar über eine Wellnessoase mit drei verschiedenen Saunen, ein **RESTAURANT** und einen Kiosk verfügt, kommen wir in den kleinen Hafen von **BÜHL**. An dessen Uferpromenade, wo sich Eisladen und Restaurants aneinanderreihen, bietet sich eine weitere gute Möglichkeit zum Einkehren. Entlang der **SEEBÜHNE** mit ihrer interessanten Zeltkonstruktion verlassen wir den Hafen wieder und kommen auf unserem Weg am südlichen Ufer an hübschen Bootshäusern, Segel- und Angelvereinen vorbei, bevor wir wieder den Ausgangspunkt unserer Tour erreichen.

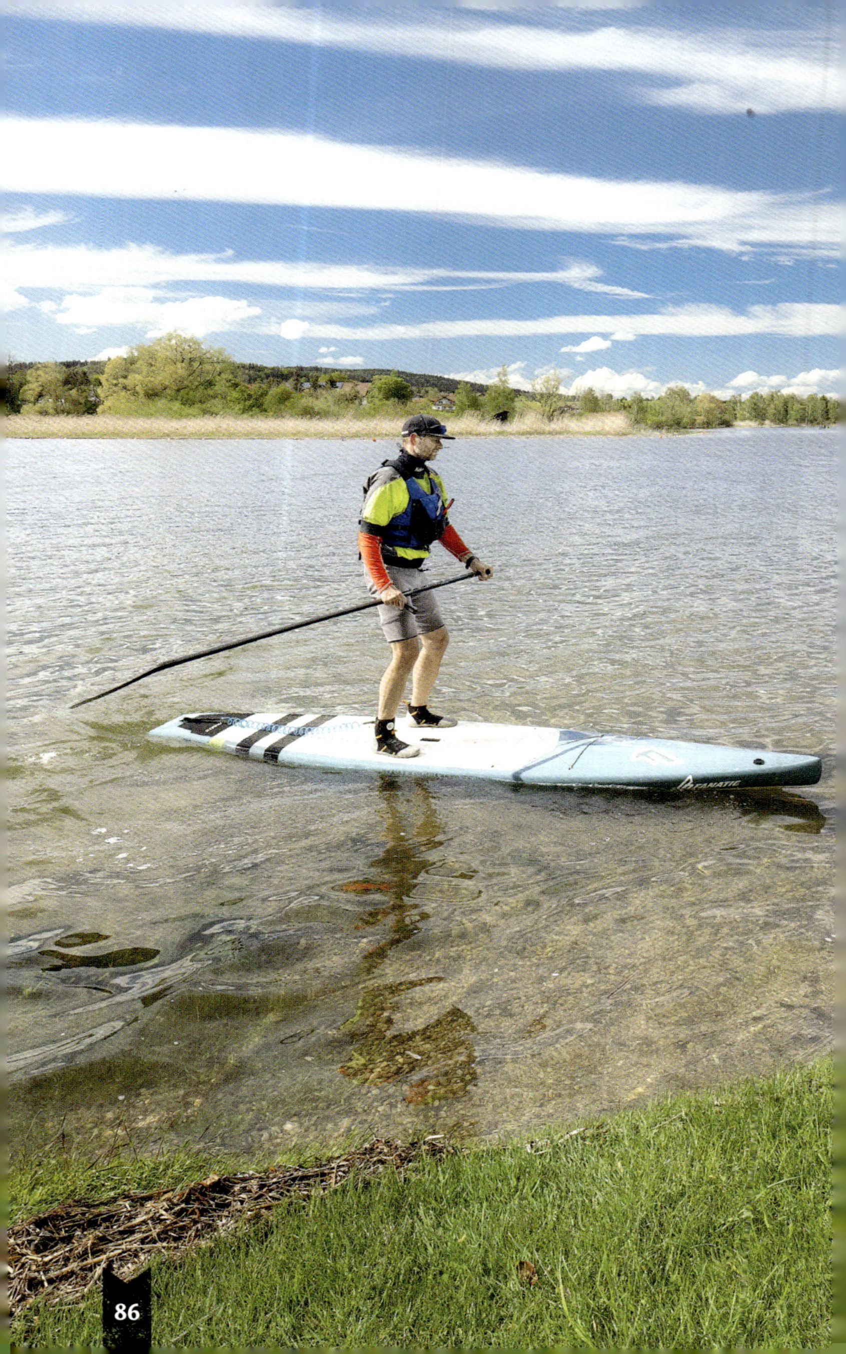

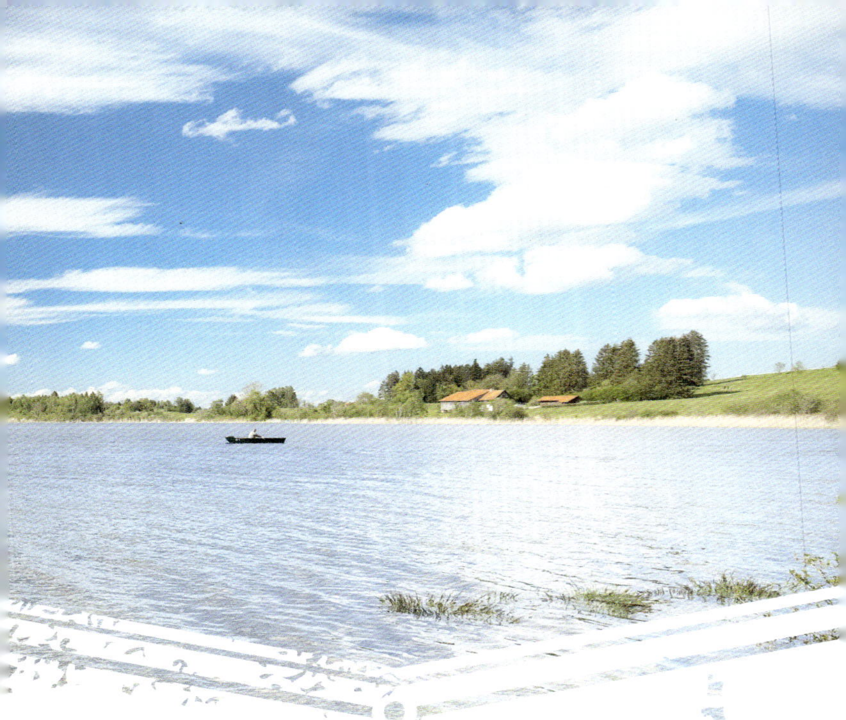

NIEDER-SONTHOFENER SEE

ANSPRUCH | EINKEHR

Der von den Allgäuern liebevoll „der Nieso“ genannte See liegt eingebettet in eine voralpine Hügellandschaft mit saftigen Wiesen, Schilfufer und grünen Wäldern. Eine SUP-Runde führt gut sechs Kilometer durch schönste Allgäuer Natur, die wir eigentlich nur an den Wochenenden in der Hochsaison mit Badegästen, Anglern, Ruderern, Seglern und Surfern teilen müssen.

WIND & WETTER

Wegen seiner langgestreckten Form können **thermische Winde** und aufkommende **Gewitter** das Paddeln erschweren.

BEFAHRUNGSREGELN

Im Bereich der Insel am **Nordende** des Sees ist ein **Vogelschutzgebiet** durch Bojen ausgewiesen, das **nicht befahren werden darf.**

ANFAHRT MIT DEM PKW

Von der A 7 am Dreieck Allgäu auf die A 980 wechseln und auf dieser bis zur Ausfahrt 3-Waltenhofen Richtung B 19 fahren. Beschilderung in Richtung Immenstadt folgen bis zur Ausfahrt Richtung Missen/Memhölz/Niedersonthofener See. Die Landstraße bis zum See fahren.

PARKEN

Am nordwestlichen Seeende liegen links und rechts des Segelclubs zwei kostenpflichtige Parkplätze.

ANREISE MIT ÖPNV

Mit der Regionalbahn zum Bahnhof *Martinszell*. Von dort 1,3 km Fußweg zum Badebereich Oberinselsee.

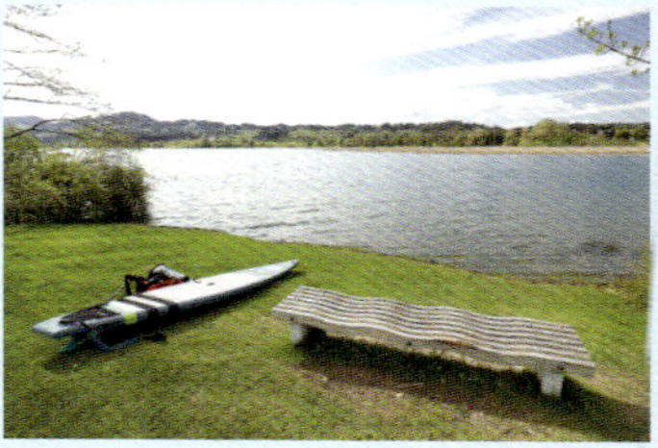

BADEN

Das Baden mit Hund ist am Niedersonthofener See an den offiziellen Badeplätzen NICHT erlaubt!

- **Niedersonthofen** (mit Kinderspiel- und Volleyballplatz).
- **Oberdorf/Kurzberg** (mit Kinderspiel- und Volleyballplatz).
- **Memhölz/Zellen.**
- **Badeplatz Gerats** am **Mitterinselsee/Geratser Weiher** (Spielplatz).

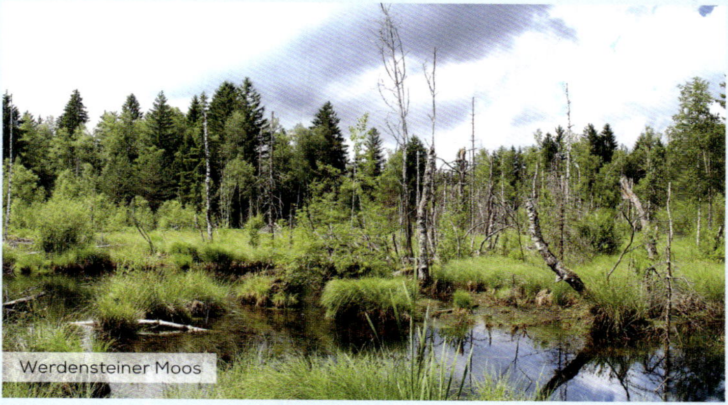

Werdensteiner Moos

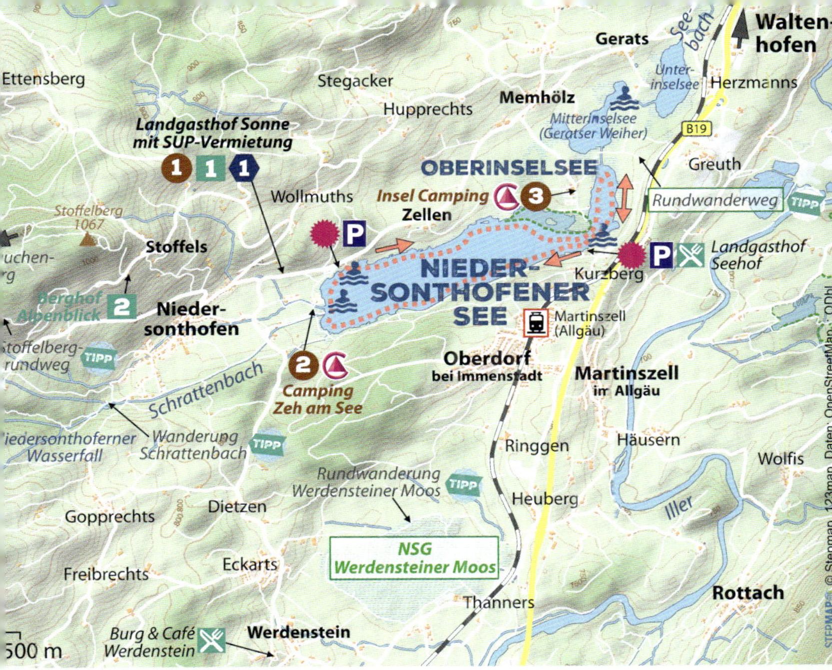

EXTRA-TIPPS

- Von **Niedersonthofen** aus ist man in einer Stunde auf dem 1.067 Meter hohen **Stoffelberg,** einem einfach zu besteigenden Wanderberg im Voralpenland. Nach einer Rast im **Berghof Alpenblick** *(Di+Mi Ruhetag)* erwartet einen der **Stoffelbergrundweg**. Wer eine größere Tour machen will, kommt in etwa zwei Stunden weiter zum **Hauchenberg,** mit grandiosen Aussichten auf die Allgäuer Hauptalpen.
- Vom kostenfreien Parkplatz in der Sonnenstraße gegenüber der Gästeinformation **Niedersonthofen** wandert man rund 3 Kilometer durch die **Hangschlucht des Schrattenbachs** in dichtem Wald bis zum imposanten **Niedersonthofener Wasserfall.**
- Ein **Rundwanderweg** von etwa 7 km Länge führt am Ufer des **Niedersonthofener Sees** entlang, der im nördlichen Teil in Streuobstwiesen übergeht.
- Von **Werdenstein** aus führt südlich des Sees ein 7,5 Kilometer langer wunderschöner **Spazierweg** durch das **Naturschutzgebiet Werdensteiner Moos** mit Infotafeln zum Lebensraum Moor. Kinder freuen sich vor allem über die vielen verschiedenen Erlebnisstationen, wie z. B. der **Barfußpfad,** die **Aussichtstürme** und die **Burgruine** in **Werdenstein.** Für eine Rast bietet sich nebenan das hübsch gelegene **Burg-Café Werdenstein** an.

TOUREN

1 UM DEN NIEDER-SONTHOFERNER SEE

(mit Tourbeschreibung Seite 91)

Eine prima Seerunde für Anfänger, durch schönste Allgäuer Natur, die man meist für sich alleine hat.

| **LÄNGE** 7 km | **DAUER** 2-3 h

EIN- & AUSSTIEG

Einfacher Ein- und Ausstieg über eine Wiese im Badebereich Segelhafen Niedersonthofen ins flache Wasser.

SUP-VERMIETUNG

1 LANDGASTHOF SONNE SUNNY SUP
Wollmuths 50, 87448 Waltenhofen
(OT Niedersonthofen)
Tel. (08379) 72 87 35
www.sonne-niedersonthofen.de

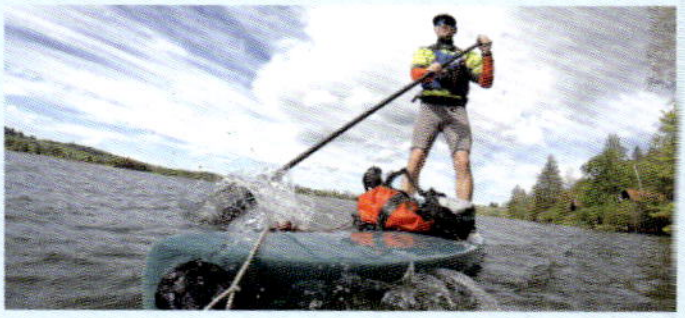

EINKEHR

1 LANDGASTHOF SONNE

Wollmuths 50, 87448 Waltenhofen
(OT Niedersonthofen)
Tel. (08379) 72 87 35
www.sonne-niedersonthofen.de
Mi, Fr, Sa 11-21, Do, So 11-17 Uhr

KLASSIKER Viele schwärmen vom „weltbesten" Zwiebelrostbraten

2 BERGHOF ALPENBLICK

mit eigenem Badesee, auch Pension
Stoffels 5, 87448 Waltenhofen (OT Stoffels), Tel. (08379) 74 09
www.berghof-alpenblick.de
Do-Mo 11-21 Uhr

KLASSIKER
Allgäuer Brotzeitteller mit Obstler, Pressack, Leberwurst, Speck & Käse

ÜBERNACHTUNG

1 LANDGASTHOF SONNE
Wollmuths 50, 87448 Waltenhofen
(OT Niedersonthofen)
Tel. (08379) 72 87 35
www.sonne-niedersonthofen.de

2 CAMPING ZEH AM SEE
Burgstraße 27, 87448 Waltenhofen
(OT Niedersonthofen)
Tel. (08379) 70 77
www.camping-zeh-am-see.de

3 INSEL CAMPING
(ohne direkten Seezugang)
Insel 32 3/4
87448 Waltenhofen
(OT Memhölz)
Tel. (08379) 881
www.insel-camping.de

1 EINE „SEEPERLE DES ALLGÄUS"

Die gelben Blüten der Hahnenfußgewächse sorgen für Farbtupfer in der grünen, von Bäumen umstandenen Wiesenlandschaft, über die wir unsere Boards am westlichen Ende des Sees zum Wasser hinuntertragen. Wir folgen dem nördlichen Ufer im Uhrzeigersinn, umgeben von Schilf, Weiden, Pappeln, Eichen und Ahornbäumen, hinter dem sich die sanft geschwungenen **VORALPENBERGE** erheben. Bei guter Sicht wird man mit Fernblicken auf die **ALLGÄUER ALPEN** belohnt. Besonders hübsch ist dies im Frühjahr, wenn auf den Gipfeln noch Schnee liegt, der Uferwald aber schon in frischem Grün erstrahlt. Richtung Osten, wo der Uferbewuchs mit Schilf zunimmt, stoßen wir auf Bojen, die Naturschutzflächen markieren und die wir selbstverständlich respektieren. Haubentaucher, Blesshühner, Stockenten, der seltene Gänsesäger – eine bunte Vogelwelt hat hier ihren Lebensraum.

Der **INSEL CAMPING** 3 ohne direkten Seezugang befindet sich nun in Sichtweite. *Das zum Platz gehörende Gehöft befand sich einst hier an dieser Stelle auf einer Insel. Später verlandete der See stark und somit erhielt der Campingplatz diesen Namen.* Wo sich der See stark verengt, erreichen wir die als **OBERINSELSEE** bezeichnete Bucht, an deren Ende ein großer Hafen mit Ruder- und Angelbooten auftaucht. In einer eigens geschaffenen Bucht finden die Boote Schutz vor heftigerem Wetter. Wir fahren die Bucht in einem Bogen aus und erreichen die **BADESTELLE VON OBERDORF**, die uns mit ihren ausgedehnten Wiesenflächen und dem **LANDGASTHOF SEEHOF** 1 Lust auf eine Pause macht. Wer mit **ÖPNV ANREIST** startet hier links der Badestelle.

Unsere Tour führt uns nun am südlichen Ufer des Sees entlang, vorbei an kleinen, idyllisch gelegenen Seehütten. Bayernfahnen wehen im Wind, Kinder schwimmen im Wasser, Familien haben sich um den Grill versammelt oder genießen einfach nur die Sonne – ebenso wie wir. Dann macht die Szenerie einem schönen Mischwald Platz, wo eine Sitzbank in einer kleinen Bucht zum Verweilen einlädt. Am westlichen Seeende, an der Badestelle hinter dem **CAMPING ZEH AM SEE** 2 stoßen wir auf einen **KIOSK** mit Eis und Erfrischungsgetränken. Nur noch wenige Paddelschläge trennen uns von der **BADESTELLE** neben dem **SEGELCLUB**, wo wir die Rundtour um diese Seeperle des Allgäus beenden.

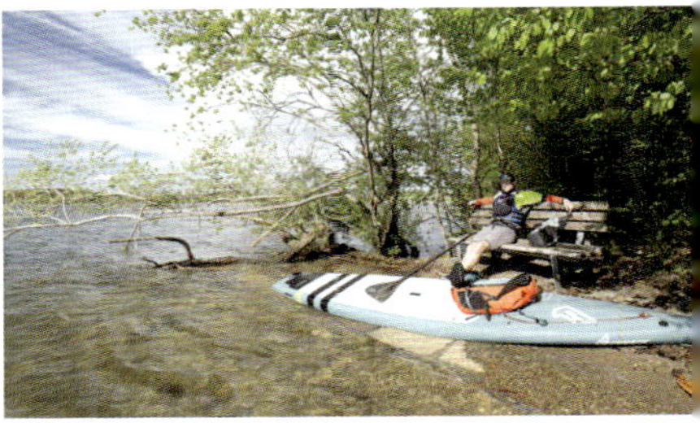

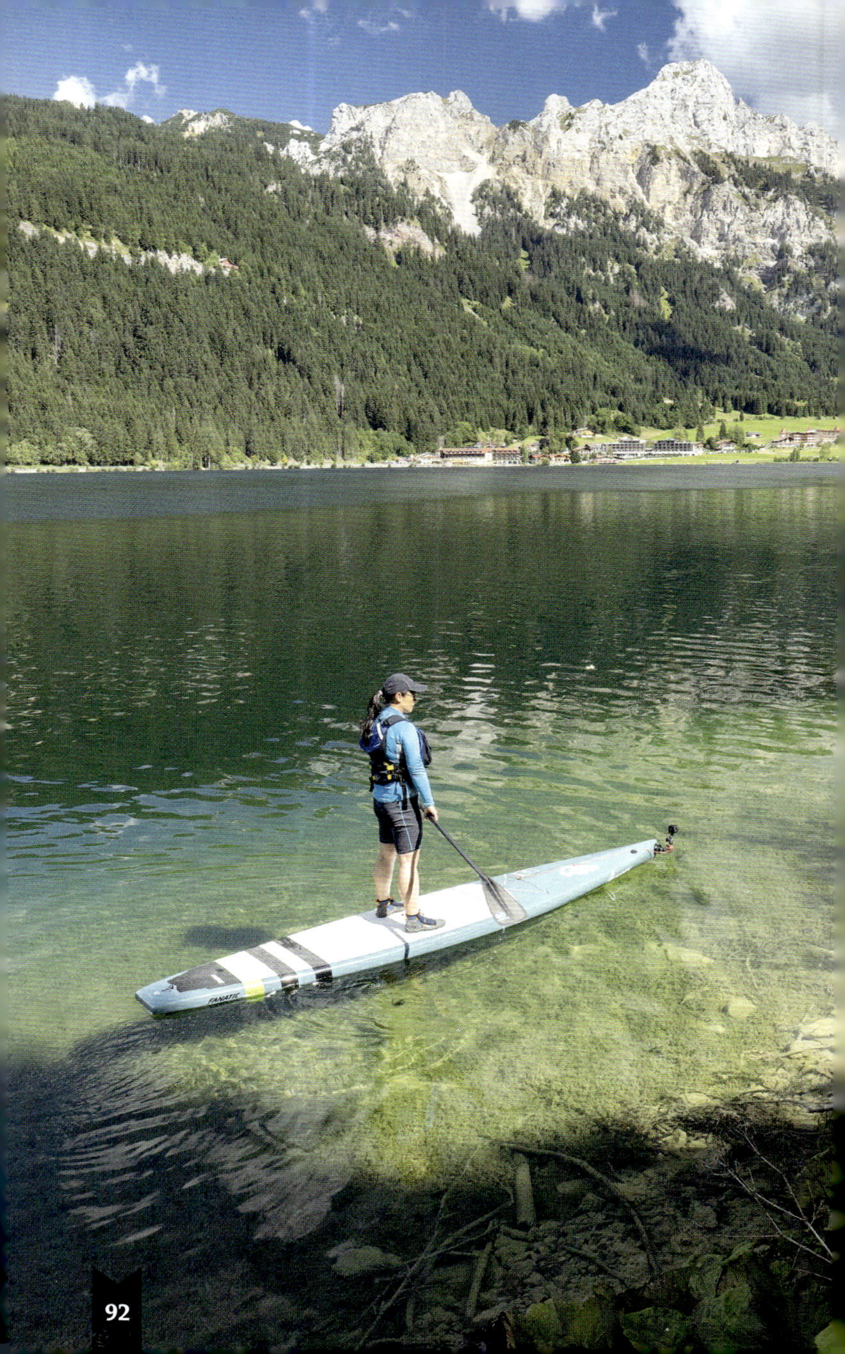

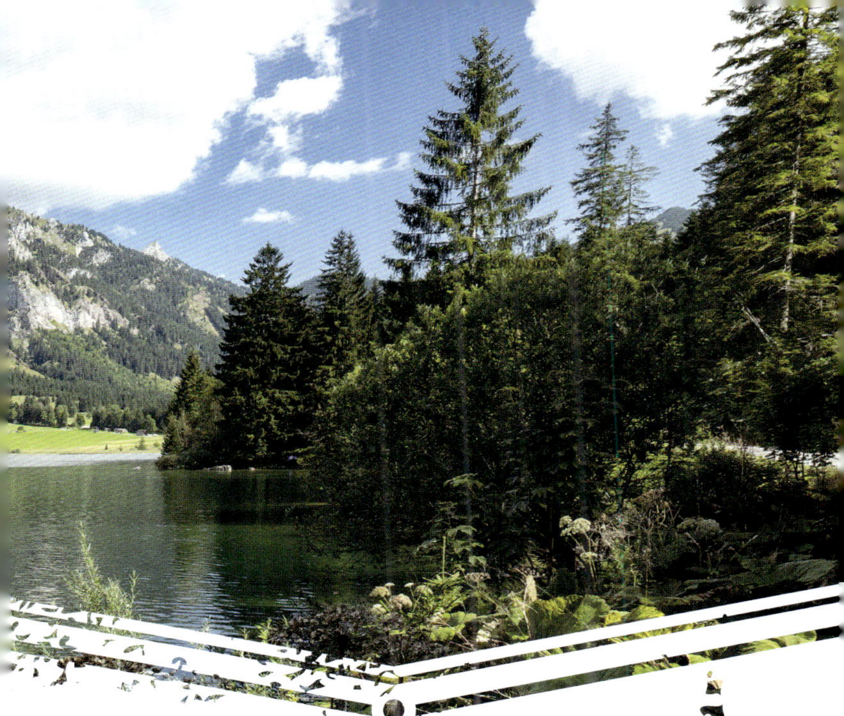

HALDENSEE

ANSPRUCH | EINKEHR

Der 73 Hektar große Bergsee liegt neben dem gleichnamigen Ort Haldensee im schönen Tannheimer Tal, inmitten dramatischer Alpenkulisse. Während das Ufer auf der Nord- und Südseite steil abfällt, ist es im Westen und Osten recht flach. Schonmal in Trinkwasser gebadet? Der See verfügt über eine Wassergüte, die kaum zu überbieten ist!

WIND & WETTER

Trotz der Tallage kann es auf der kleinen Wasserfläche zu **thermischen Winden** kommen, die das Paddeln erschweren können.

Aufkommende Gewitter sind wegen der umliegenden Berge schwerer zu lokalisieren.

BEFAHRUNGSREGELN

Am **Ostende** des Sees ist ein Schilfgebiet als **Naturschutzfläche** abgetrennt, die nicht befahren werden soll.

ANFAHRT MIT DEM PKW

Von der A 7 kommend verlässt man diese an der Ausfahrt Oy-Mittelberg und fährt auf der B310 und 308 und ab der österreichischen Grenze auf der B 199 (Tannheimer Straße) bis zum Haldensee.

Auf der A 95 aus Richtung München bis Oberau fahren. Von dort über die B 23 und die St 2060 zur österreichischen Grenze. Ab dort auf der L 255 vorbei am Plansee bis Reutte und die B 198 und B 199 (Tannheimer Straße) bis zum Haldensee.

PARKEN

Am Westende des Haldensees gibt es an der B199 (Tannheimer Straße) einen kostenpflichtigen Parkplatz direkt am Wasser.

ANREISE MIT ÖPNV

Mit der Bahn bis *Reutte in Tirol* (Österreich). Dort mit dem Bus 120 in einer halben Stunde zur Haltestelle *Haller* am Ostufer oder *Seeparkplatz* am Westufer des Haldensees.

BADEN

Der See hat die hervorragende Wasserqualität der Güteklasse I.

- Ein großer **Badeplatz** mit Liegewiese ist **am Ostende** des Haldensees angesiedelt.
- **Zahlreiche** kleine **Kiesstrände** laden außerdem zum Bleiben.
- **Freibadeanlage „Wasserwelt Haldensee“** im Westteil des Sees.

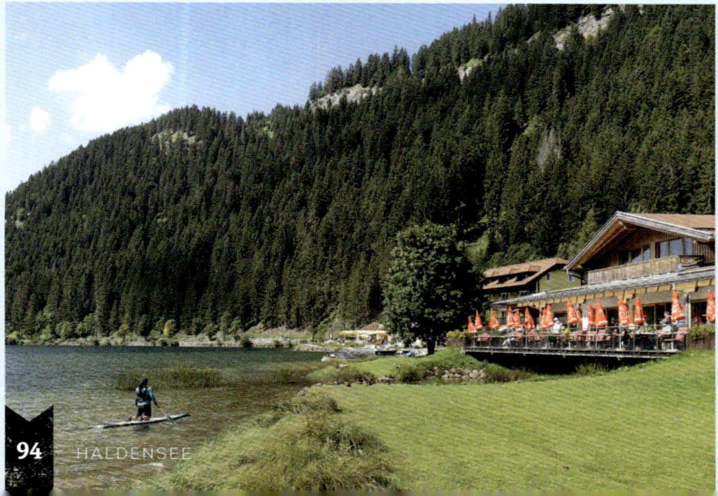

EXTRA-TIPPS

- Vom leichten Einsteigerparcours bis hin zum anspruchsvollen Parcours in bis zu 17 Metern Höhe, bietet der **Kletterwald Tannheimer Tal** für jeden den passenden Nervenkitzel. www.kletterwald-tannheimertal.at
- Mit der **Füssener Jöchle Bahn** erreicht man von **Grän** aus den **Gamskopf**. Wenige Gehminuten von der Bergstation bietet der größte drehbare Wanderhut der Alpen – der **Sonnenpanoramahut** – einen grandiosen Rundumblick. Von einem Spaziergang, oder dem GEOpfad mit 23 Stationen über das Entstehen des Gebirges, bis hin zur ausgewachsenen Bergtour über die Gratwege in Richtung Osten zum **Roten Flüh** ist das Bergerlebnis hier vielfältig. www.lifte-graen.com

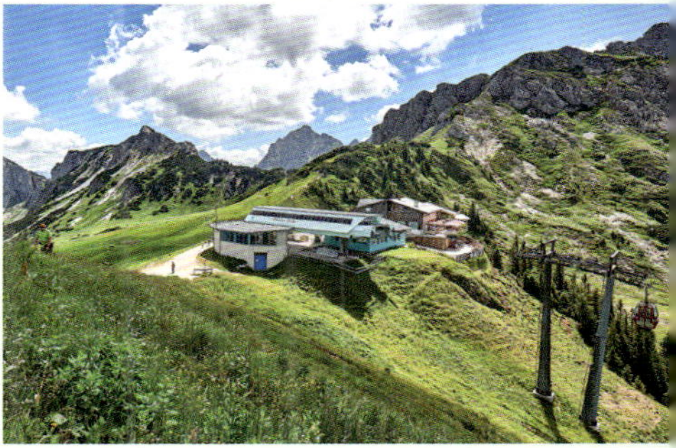

- Den **alpinen Rundweg** (4,6 km ab Parkplatz) durch den **Strindenbachtobel** zur **Edenbachalpe** *(Einkehr tägl. Mai-Okt)* kann man gut mit Kindern machen.
- **Canyoning-Touren** in der bis zu 80 Meter tief eingeschnittenen Schlucht **Strindenbachtobel** sind ein abenteuerliches Vergnügen. www.canyoningadventure.de/strindenbach
- Die vielseitigen **Klettersteige** der **Kalkfelswände** des **Tannheimer Tals** locken in dieses reizvolle Klettersteig-Revier. www.tannheimertal.com

TOUREN

1 RUNDTOUR HALDENSEE

(mit Tourbeschreibung Seite 96)

Wir paddeln eine Runde inmitten dramatischer Alpenkulisse um den kleinen See mit glasklarem Wasser im Tannheimer Tal auf der österreichischen Seite der Allgäuer Alpen. Hinterher gehts mit der Bergbahn zum Gamskopf mit Panoramablick.

| **LÄNGE** 9 km | **DAUER** 2:30-3:30 h

EIN- & AUSSTIEG

Im Westteil des Sees Einsetzen im flachen Wasser über eine Lücke im Schilfgürtel, 20 Meter vom Parkplatz.

SUP-VERMIETUNG

1 VIA SALINA

Haller 11, A-6672 Nesselwängle
Tel. +43 (0)5675 20 10 40
www.via-salina.at

EINKEHR

1 VIA SALINA
Hotel am See, Haller 11
A-6672 Nesselwängle (OT Haller)
Tel. +43 (0)5675 20 10 40
www.via-salina.at

KLASSIKER Toller Frühstücksbrunch am Sonntag. Reservieren!

2 TAUSCHER'S ALM
Seewiesenweg 10, A-6673 Haldensee
Tel. +43 (0)676 606 02 09
www.tauschers-alm.at
Tägl. 11-18.45 Uhr, Mi Ruhetag

KLASSIKER Die frisch geräucherten Renken aus dem Haldensee

ÜBERNACHTUNG

1 NATURCAMPING HALDENSEE
Seewiesenweg 12, A-6673 Haldensee
Tel. +43 (0)676 33 750 31

2 GÄSTEHAUS SCHÄDLE
Seestraße 14, A-6673 Haldensee
Tel. +43 (0)5675 63 85
www.unterkunft-schaedle.at

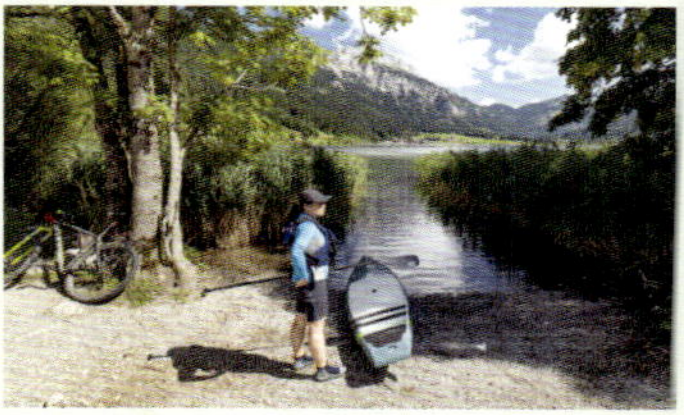

1 RUNDE AUF GLASKLAREM SEE

Schon der erste Ausblick auf den kleinen See durch die Lücke im Schilfgürtel und die dahinterliegenden hohen Berge zeigt die ganze Faszination dieser Tour. Auf dem Wasser lässt man den Trubel aus Wanderern und Radfahrern schnell am Ufer zurück – hier draußen ist man fast für sich allein. Auf immerhin 1.124 m Seehöhe liegt der See in den **TIROLER BERGEN** und ist bis zu 22 Meter tief und damit auch optimal für ausgedehnte Badefreuden. Wem der See zu kalt sein sollte, immerhin erwärmt er sich in den Sommermonaten auf 22 °C Wassertemperatur, kann auf das **SPASS- UND ERLEBNISBAD** des bald am Ufer auftauchenden **NATURCAMPING HALDENSEE** 1 ausweichen. Im äußerst klaren Wasser kann man den Weg des Paddelblatts besinnlich mitverfolgen und gerät somit fast in einen meditativen Zustand.

Hinter dem Campingplatz queren wir den *Mündungsfächer aus Kies, den der Strindenbach bei Hochwasserereignissen über die Jahrhunderte in den See gespült hat.* Auf dem nächsten Kilometer folgt das schönste Paddelstück. Wir bewegen uns entlang eines dichten Waldgebietes. Die Eindrücke sind überwältigend und man weiß fast nicht wohin zuerst schauen. Die markanten Gipfel der

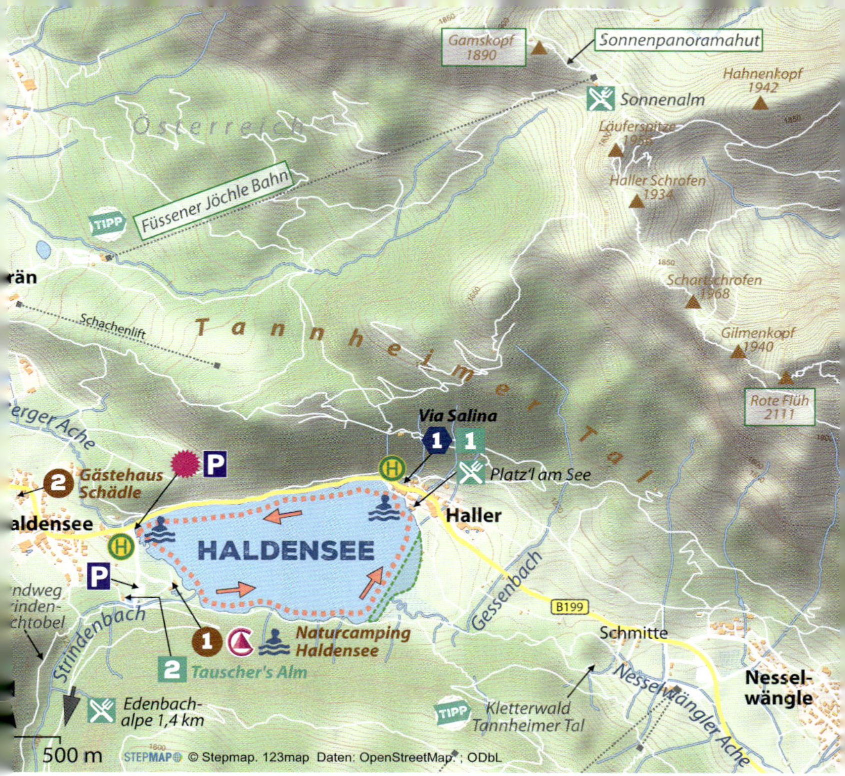

TANNHEIMER BERGE zeigen raue Felszacken, die sich im See spiegeln. Zu unseren Füßen leuchtet das Wasser smaragdfarben. Kalksteinfelsen im See formen eine faszinierende Unterwasserwelt und lassen tiefe Blicke in bis zu viereinhalb Metern Tiefe zu. Der uferbegleitende Wald beeindruckt mit seinen alten Bäumen, deren Äste sich weit über das Ufer neigen. Am östlichen Ende des Sees umpaddeln wir das mit Bojen gekennzeichnete **VOGELSCHUTZGEBIET**, indem wir direkt hinüber auf die andere Seeseite queren. Dort besteht an der **LIEGEWIESE** die Möglichkeit zur **EINKEHR** und somit gehen wir gut gestärkt den zweiten Teil der Tour an.

Das Ufer ist zunächst bewaldet und der Blick nach Süden zum Waldgipfel **KRINNENSPITZE** eröffnet ganz neue Perspektiven. Auf dem letzten Stück bringt die parallel zum Ufer verlaufende Landstraße leider etwas störende Verkehrsgeräusche mit sich. Am Westende angekommen ist dann die Lücke im Schilf wieder leicht gefunden.

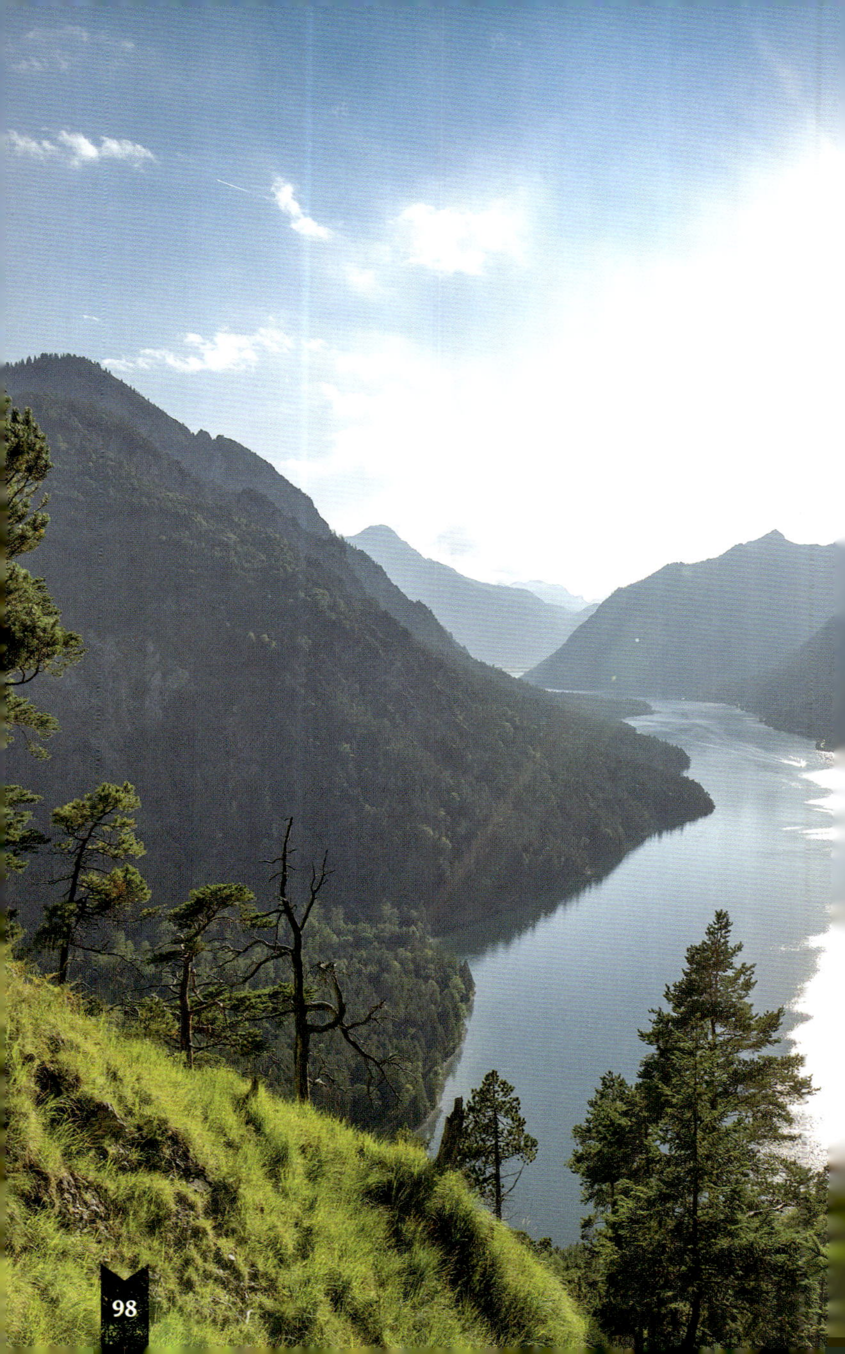

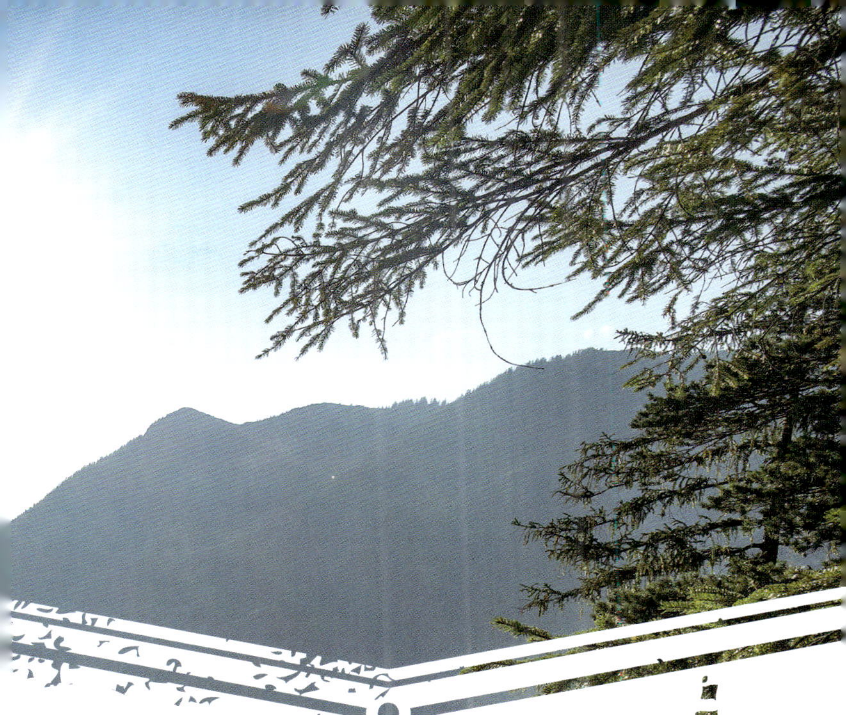

PLANSEE & HEITERWANGER SEE

ANSPRUCH

EINKEHR

Eingebettet in eine einzigartige Bergwelt leuchten die „Könige unter den Seen" wie die Karibik und locken uns zu manch' Badestopp. Das glasklare Wasser macht eine Sichtweite von 15 Metern möglich. Wegen ihrer Lage inmitten der Lechtaler Alpen und des Wettersteingebirges sind sie idealer Ausgangspunkt für tolle Bergtouren.

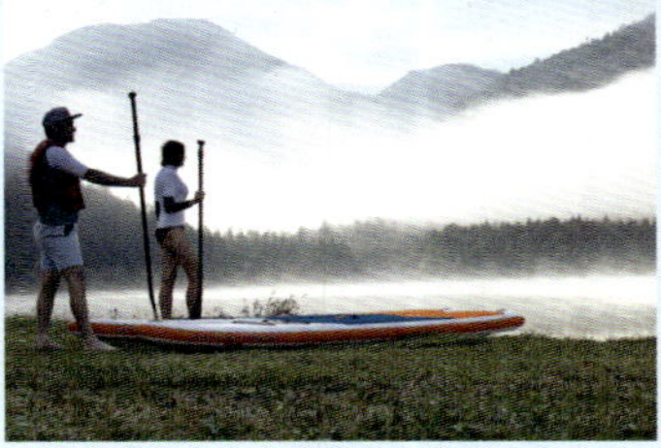

WIND & WETTER

Der See ist Garant für eine regelmäßige Thermik, die meist aber nur **3-4 Windstärken** erreicht. Dennoch sollten Stehpaddler mit der **Windvorhersage** planen und auch herannahende **Gewitter** im Auge haben, die wegen der eingeschränkten Weitsicht durch die steil aufragenden Berge recht unvermittelt aufziehen können.

BEFAHRUNGSREGELN

Von der **Staumauer** in der Bucht **Kleiner Plansee** halten wir mindestens 200 Meter Abstand.

Elektroboote zum Angeln sind erlaubt, private Motorboote verboten.

Die **Berufsschifffahrt** hat generell immer **Vorfahrt**.

ANFAHRT MIT DEM PKW

A7 bis zur österreichischen Grenze bei Reutte. Ab hier ist man auf der B179 unterwegs. Bei Breitenwang biegt man auf die L255 ab und folgt dieser zum See. Fast am östlichen Seeende rechts ab und vorbei am Camping Sennalpe bis zum Parkplatz.

Aus Richtung München fährt man auf der A95 bis Oberau. Dort rechts ab auf die B23 und später weiter auf der St2060 über die österreichische Grenze. Weiter auf der L255 zum Plansee. Dort links ab zum Parkplatz.

PARKEN

Östlicher Parkplatz am Plansee unweit des Camping Sennalpe an der Einmündung zur Straße Musteralpe Plansee. Außerdem gibt es entlang der Norduferstraße „Am Plansee" zahlreiche Parkbuchten, die sich direkt am Wasser befinden.

Im Fahrzeug zu übernachten, ist ausdrücklich im ganzen Gebiet verboten!

ANREISE MIT ÖPNV

Bis Bahnhof *Heiterwang-Plansee*. Von dort 1,8 km Fußweg zum Fischer am See (Westufer Heiterwanger See).

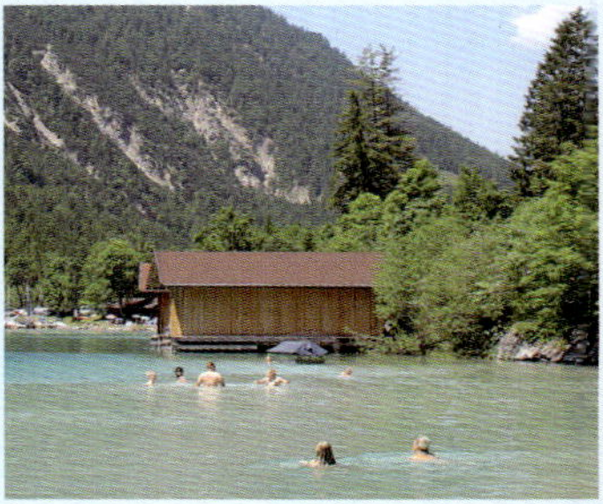

BADEN

Der Plansee erreicht in einem durchschnittlichen Sommer erfrischende 17 bis 21 °C.

» Ausgedehnte **Badestellen** mit Liegewiesen finden wir **am Nordost- und Nordwestende des Plansees** sowie zu **beiden Seiten des Heiterwanger Sees.**

» Bei schlechtem Wetter kann man es sich in der nahen **Alpentherme Ehrenberg Reutte** in Schwimmbad oder Sauna gutgehen lassen. www.alpentherme-ehrenberg.at

SEHENSWERTES

» Die **Burgenwelt Ehrenberg** ist mit ihrer mächtigen Burgruine und der 406 m langen und sich in einer Höhe von 114 m erstreckenden **„Highline 179“** – weltweit längste **Fußgänger-Hängebrücke** im Tibet-Stil – eine Attraktion! *www.ehrenberg.at*

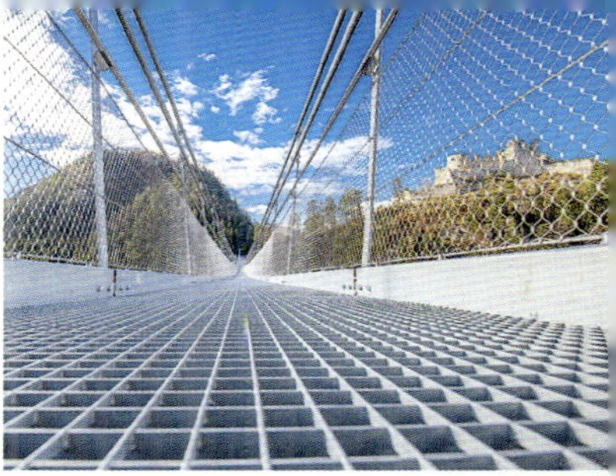

EXTRA-TIPPS

» Lange, aber leichte **Wanderung** (ca. 20 km, 300 Höhenmeter) um **Plansee** und **Heiterwanger See,** die dank der vier Ein- und Ausstiegsstellen mit der Schifffahrt abgekürzt werden kann.

» Hinter dem See **Kleiner Plansee** beginnt ein überaus reizvoller **Wanderweg entlang der Stuibenfälle** ins Tal hinein. Auf gesichertem Steig geht es an kleinen Wasserfällen und dem **Großen Stuibenfall** vorbei.

» Die **Stuibenfälle** sind ein klassischer wunderschöner **Einsteigercanyon**, den jeder einmal „von innen“ gesehen haben sollte. Die Bachwanderung begeistert mit Abseilern bis 30 Metern (optional), Sprüngen bis 10 Metern (optional) und kleinen Rutschen.

» Eine **Seerundfahrt** verschafft neue Perspektiven für alle, die mal nicht paddeln oder eine **Uferrundwanderung** machen wollen. *www.fischeramsee.at/seehotel/schifffahrt*

» Mit dem **Streichelzoo** und der **Schaukäserei** ist die **MusterAlpe** im Ort **Am Plansee** ein lohnenswertes Ausflugsziel für die ganze Familie. Durch eine große Glaswand werden jeden Donnerstag um 10 Uhr interessante Einblicke ins Handwerk des Käsemachens gewährt. *www.musteralpe-plansee.at/alpe*

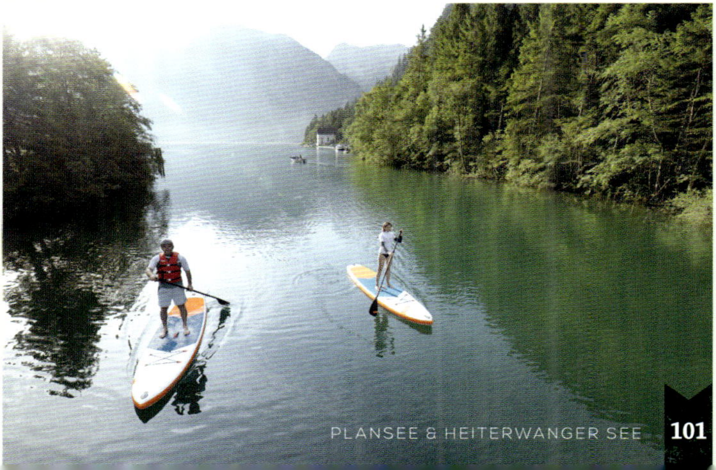

TOUREN

1 RUNDTOUR AUF PLANSEE & HEITERWANGER SEE

(mit Tourbeschreibung Seite 103)

Glasklares Wasser im Doppelpack: Fjordartige Landschaft & unglaubliche Sichttiefen bis zu 15 Metern – ein wahrer Augenschmaus mitten in der Tiroler Bergwelt.

| **LÄNGE** 18 km | **DAUER** Tagestour

EIN- & AUSSTIEG

ANREISE PKW Wenige Schritte vom östlichen Parkplatz am Plansee (Einmündung Musteralpe Plansee) über eine große Badewiese bis zum Einstieg ins flache Wasser.

ANREISE ÖPNV Wer mit der Bahn anreist, startet am Westufer Heiterwanger See beim Fischer am See.

SUP-VERMIETUNG

1 SUP 4 FUN

3 Vermietungsstationen am See
Kiosk Seespitze, Kiosk Sennalpe und Rezeption Hotel Forelle
Tel. +43 (0)676 545 66 57
www.sup4fun.at/plansee-verleih

2 SUP-STATION HEITERWANG

beim Hotel Fischer am See
Jul & Aug tägl. 10-18 Uhr,
Mai, Jun, Sep nur WoEnde & Feiert.
Fischer am See 1
A-6611 Heiterwang
Tel. +43 (0)680 243 45 84
www.stehpaddeln.tirol

EINKEHR

1 FISCHER AM SEE

Fischer am See 1
A-6611 Heiterwang
Tel. +43 (0)5674 51 16
www.fischeramsee.at
Tägl. 12-14.30 & 17-20.30 Uhr

KLASSIKER Die Gorihof Hauswurst vom „Original Braunvieh“

2 MUSTERALPE PLANSEE

Übernachtung in urigen Almzimmern, Schausennerei, Streichelzoo
Am Plansee 13, A-6600 Breitenwang (OT Am Plansee)
Tel. +43 (0)664 401 58 13
www.musteralpe-plansee.at

KLASSIKER Tiroler Krautkrapfen in Specksauce

ÜBERNACHTUNG

1 CAMPING SENNALPE

Am Plansee 9, A-6600 Breitenwang (OT Am Plansee)
Tel. +43 (0)5672 781 15
www.camping-plansee.com

2 CAMPING SEESPITZ

Am Plansee 2, A-6600 Reutte
Tel. +43 (0)5672 781 21
www.camping-plansee.com

3 SEEHOTEL FISCHER AM SEE & CAMPING HEITERWANGER SEE

Fischer am See 1
A-6611 Heiterwang
Tel. +43 (0)5674 923 51 16
www.camping-heiterwangersee.at

1 KARIBIKFEELING IN DEN ALPEN

Ein hervorragender Startpunkt im Norden des **PLANSEES** ist der Parkplatz am Waldrand hinter dem **CAMPINGPLATZ SENNALPE** 1, wo man nicht nur prima auf einer Wiese die Boards aufpumpen kann, sondern nebenan beim Camping auch eine **SUP-VERMIETUNG** 1, das **HOTEL FORELLE**, Spazierwege am Seeufer sowie die **MUSTERALPE** 2 mit **SCHAUKÄSEREI** vorfindet.

Wer gleich loslegt und die Rundtour gegen den Uhrzeigersinn paddelt, passiert zunächst die große Liegewiese vor dem Campingplatz und den kiesigen Mündungstrichter des **TORSÄULENBACHES**. Der Ort **AM PLANSEE** zeigt sich jetzt noch mit ein paar Hütten am Ufer und einer Reihe von Häusern. Dann folgen wir dem nördlichen Ufer in Richtung Südwesten. Da hier die Straße „Am Plansee" verläuft, die besonders an Wochenenden recht stark befahren sein kann, muss man mit Verkehrsgeräuschen rechnen. Immerhin zieht sie sich aber ein paar Meter oberhalb des Seespiegels dahin und bildet zusammen mit Felsen und Weidenbewuchs einen ansonsten schönen Uferstreifen.

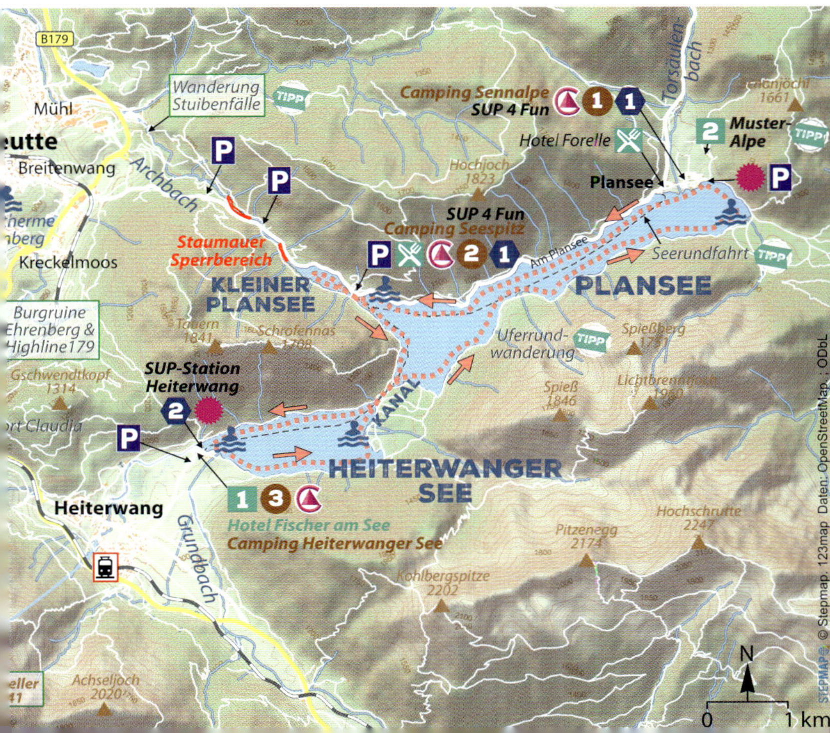

Voll entschädigt wird man dafür mit dem grandiosen Anblick des **THANELLER**, der mit 2.341 Metern Höhe fast 1.400 Meter über die Seefläche des Plansees hinausragt.

Eine grüne Liegewiese, vor der sich im Wasser Schwimmer und Surfer tummeln kündigt den **CAMPING SEESPITZ** 2 an. Hier kann man nicht nur übernachten, alternativ **EIN- & AUSSETZEN**, ein **SUP MIETEN** 1, sondern auch im **HOTEL SEESPITZE** einkehren. Dieser Ort ist idealer Ausgangspunkt für eine Wanderung zu den **STUIBENFÄLLEN** TIPP.

Ein kleiner Abstecher mit dem Board nach rechts unter der hölzernen Wanderbrücke hindurch führt in eine liebliche Bucht, die auch **KLEINER PLANSEE** genannt wird, in Richtung der **STAUMAUER DES ARCHBACHES**. Von der Mauer selbst halten wir am besten 200 Meter Abstand. Nach der Stippvisite folgt man dem grünen und nun endlich gänzlich autofreien Ufer in Richtung **HEITERWANGER SEE**.

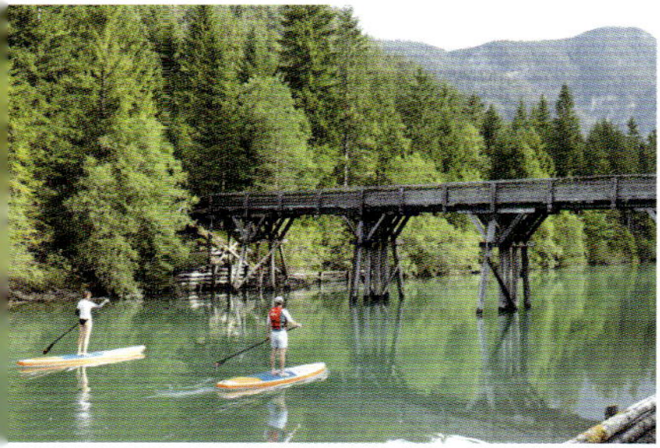

Der Übergang zeigt sich zunächst als breite Bucht und verengt sich anschließend zu einem gut 300 Meter langen **KANAL**. Unter der urigen Holzbrücke hindurch, paddeln wir ohne Gegenströmung direkt ins beeindruckende **SEERUND DES HEITERWANGER SEES**. Vor der Verbindung der beiden Seen durch den Kanal gab es hier einen Wasserstandsunterschied von etwa 70 Zentimetern und einen kleinen Bach. *Der Heiterwanger Seeteil ist etwas mehr als einen Quadratkilometer groß und bis zu 60 Meter tief. Aufgrund der hervorragenden Wasserqualität des ganzen Seensystems der Güteklasse Eins, hat man hier unglaubliche Sichtweiten von bis zu 15 Metern. Ein Highlight, das sogar Taucher anzieht.* Uns wird beim Blick in die Tiefen des Sees fast schwindelig, scheint man doch über dem Seegrund zu schweben. Unter den Boards können aufmerksame Beobachter Bachforellen, Renken, Seesaiblinge, Elritzen und Barsche entdecken. Am Seeende lädt oberhalb von **BADESTELLE** und Liegewiese der **CAMPING HEITERWANGER SEE** 1 und das **SEEHOTEL FISCHER AM SEE** 2 1 zum Bleiben ein. Bei der **SUP-STATION HEITERWANG** 1 kann man auch Boards mieten.

Nun folgen wir dem südlichen Ufer, an dem sich Schuttkegel in den See schieben, die das bei Wolkenbrüchen vom Berg herabstürzende Wasser hinterlässt, und eine geschwungene Uferlinie modellieren. Vor der Rückkehr in den

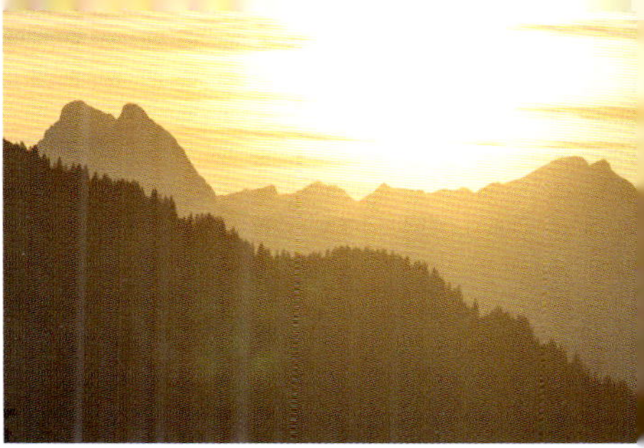

Plansee genießen wir nochmal an einer weiten Wiesenfläche ein Sonnenbad. Wieder auf dem **PLANSEE**, folgen wir dem wunderbaren Südufer, das nur von einem Wanderweg begleitet wird und tiefe Blicke in die Hangbergwälder am See erlaubt. Entwurzelte Bäume rutschen mit den unablässigen Schuttströmen die steilen Hänge hinab und werden zu Baumskeletten, die wiederum Lebensraum für seltene holzbewohnende Insekten bieten. Bergahorn und Ulmen kommen mit solchen Lebensbedingungen besser zurecht, so dass sie mitten in dem Steinchaos weiterwachsen können.

Die nächsten vier Kilometer entlang der Wälder und Schuttkegel sind extrem spannend. Die wilde Szenerie könnte so auch in Kanada vermutet werden. Irgendwann fällt unser Blick dann auf den Waldbuckel des Berges **SCHÖNJÖCHL**, der das Ostende des Plansee markiert. Hier wartet ein letztes Mal eine idyllische **BADEBUCHT** mit Kiesstrand, ehe wir die Seerunde mit ein paar Schlägen in Richtung des Parkplatzes beenden.

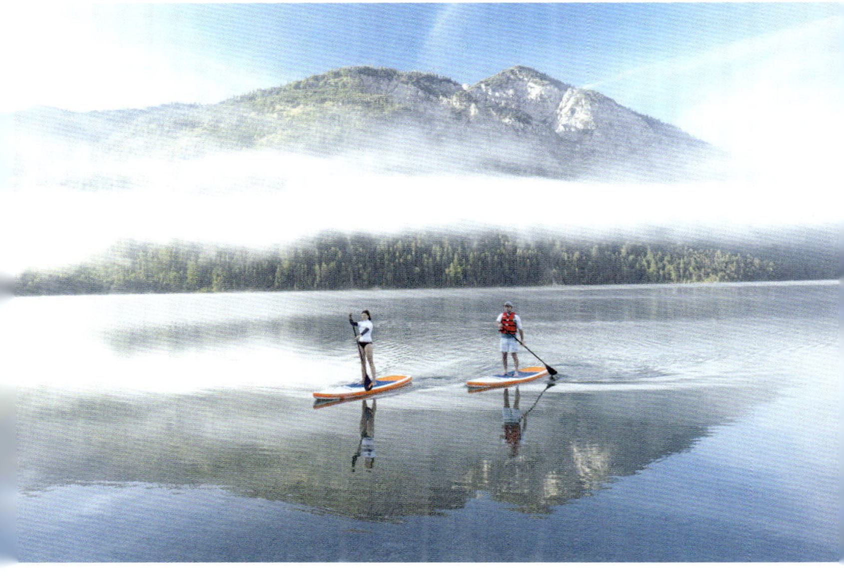

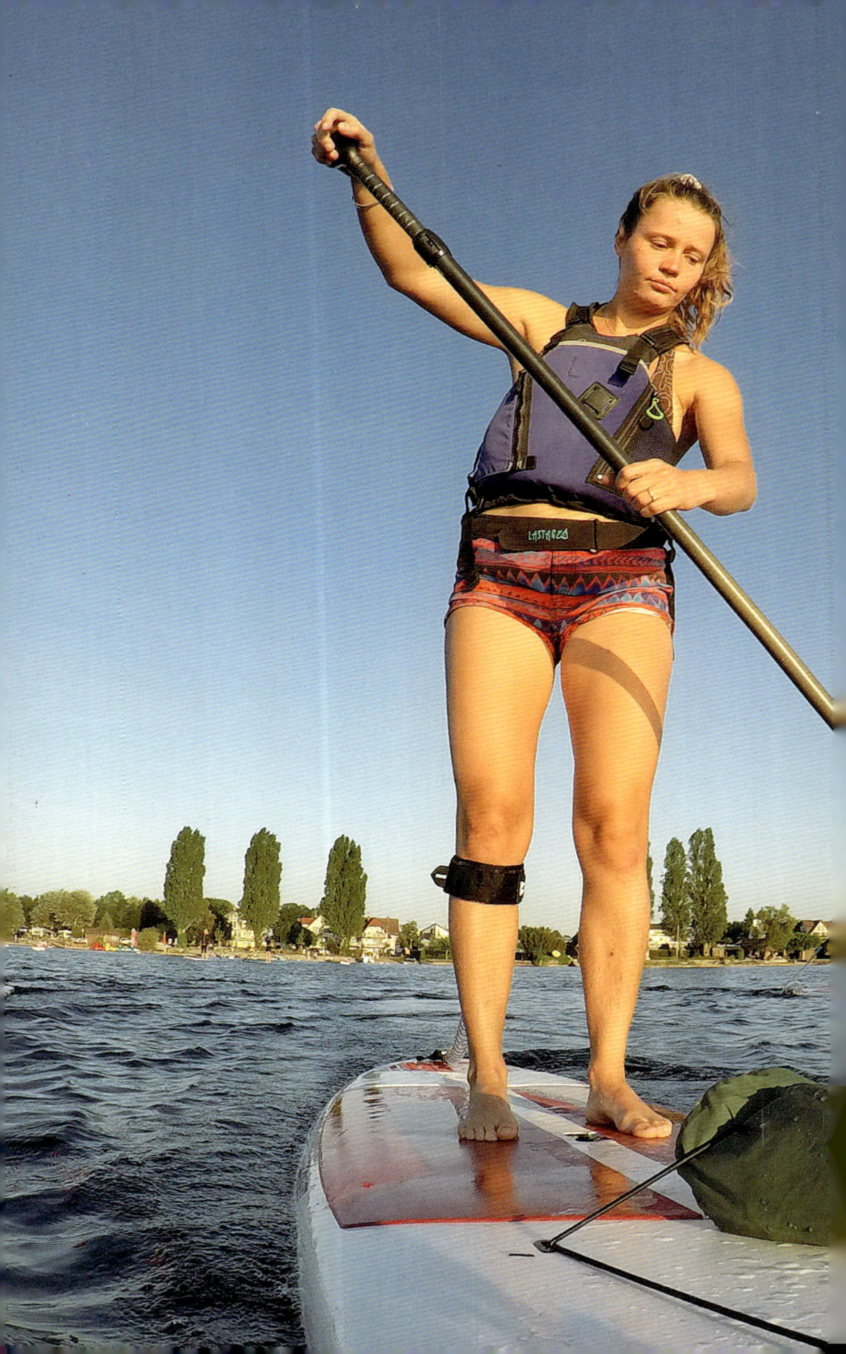

SUP-TOUREN BODENSEE

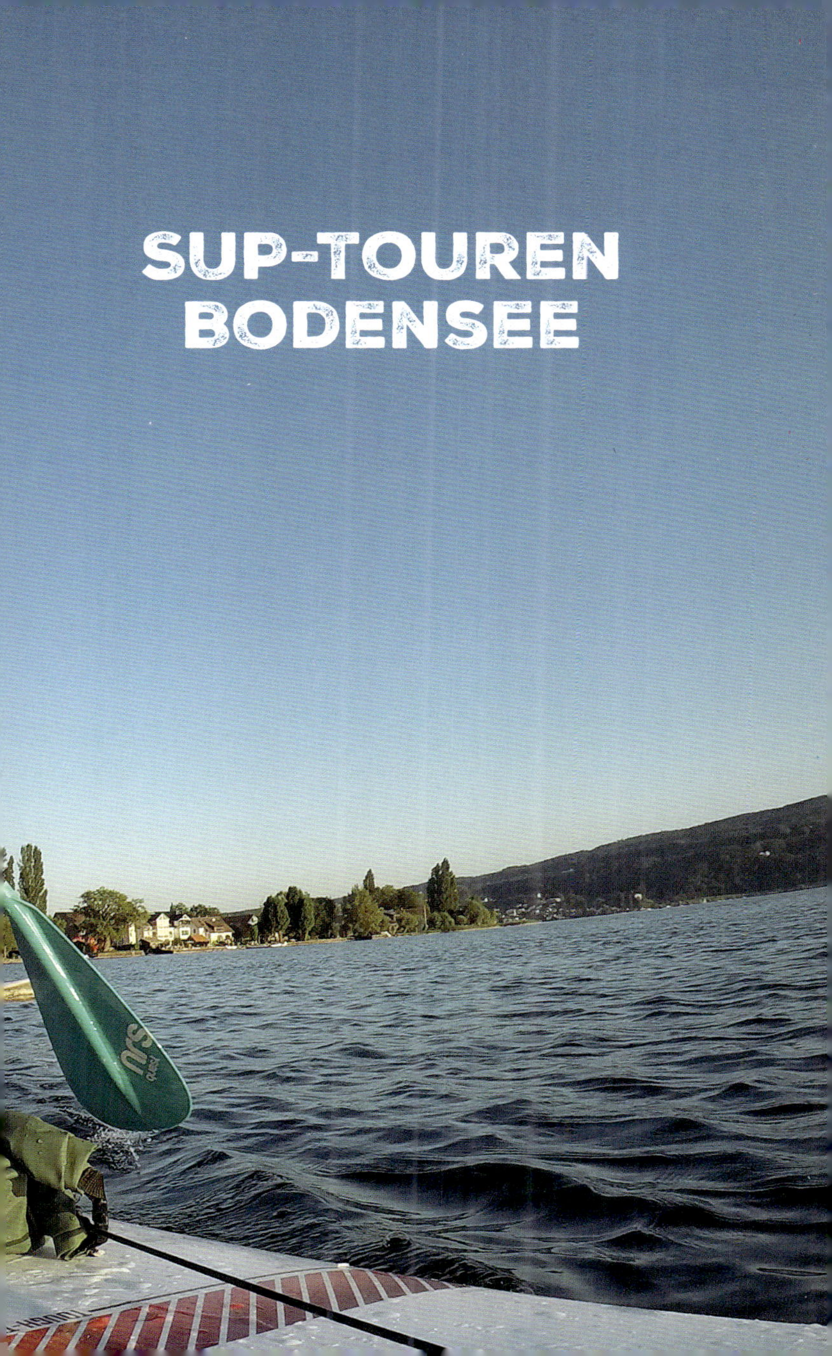

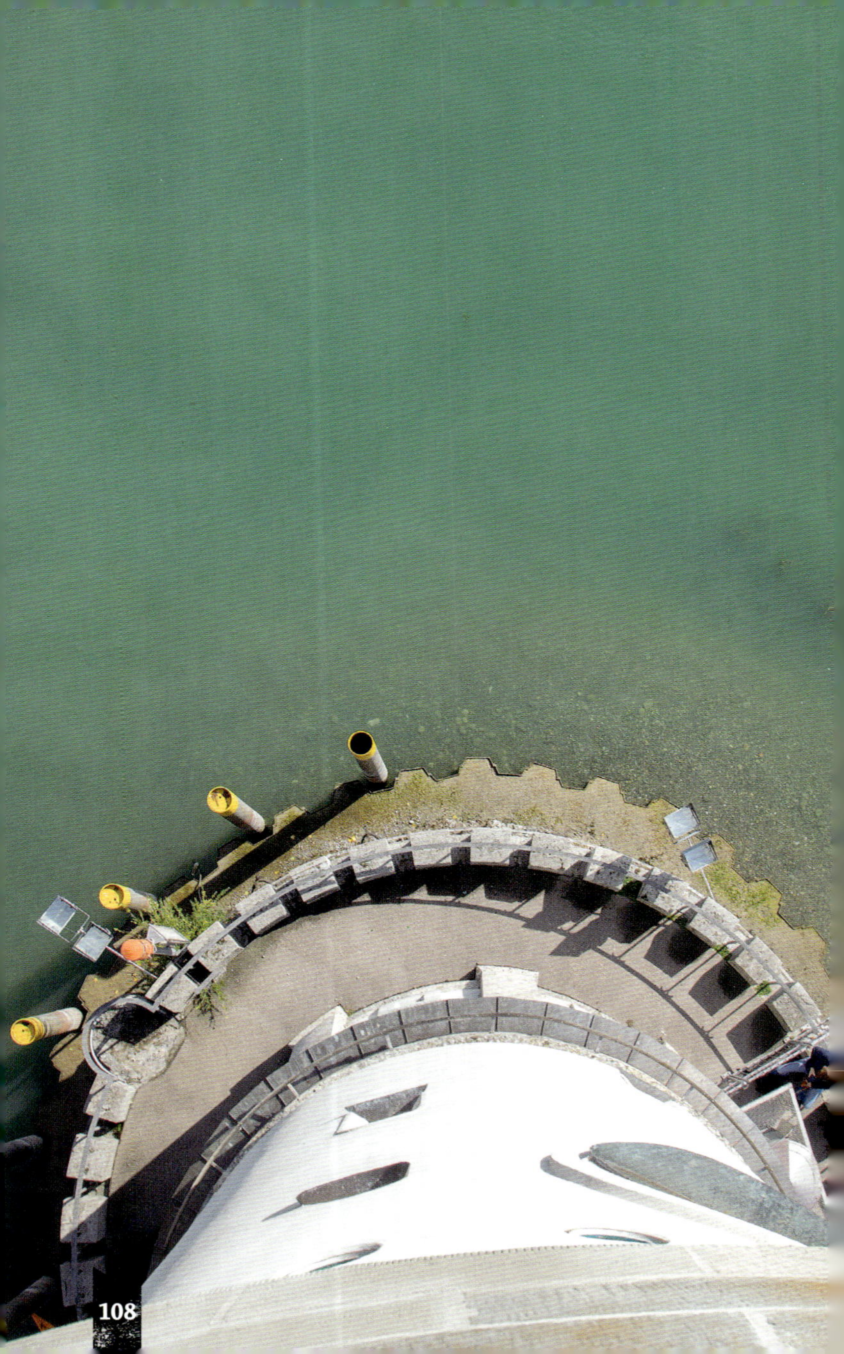

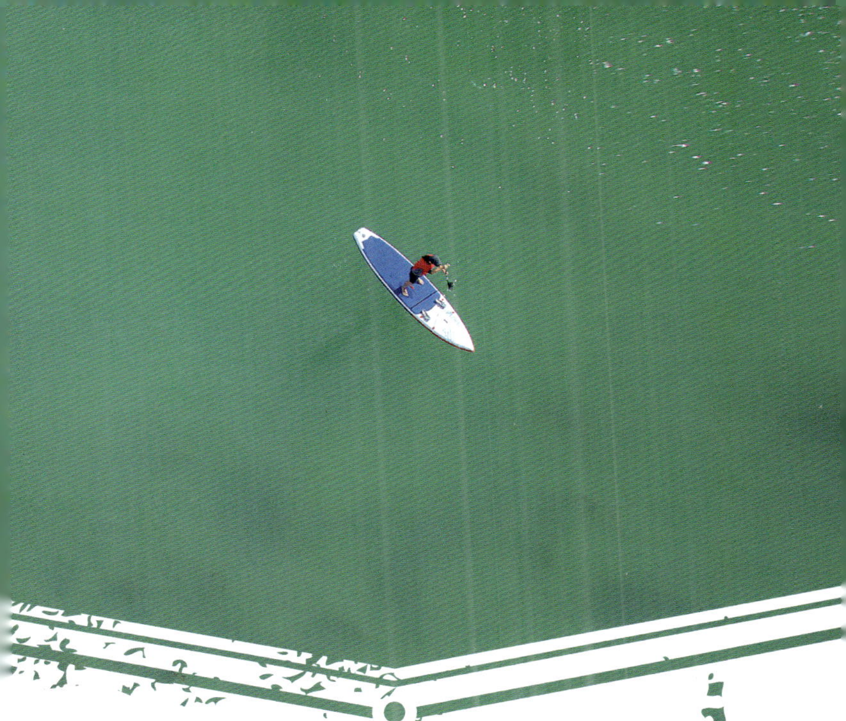

RUND UM LINDAU & BIS WASSERBURG

ANSPRUCH ⸺ 2 von 3

EINKEHR ⸺ 3 von 3

Auf Deutschlands größtem Trinkwasserspeicher paddeln wir entlang der historischen Altstadtinsel und bewundern an der „Bayerischen Riviera“, wie das Bodenseeufer bei Lindau genannt wird, noble Schlösschen, zauberhafte Gärten und prunkvolle Villen, die wie an einer Perlenkette aufgereiht am Ufer liegen.

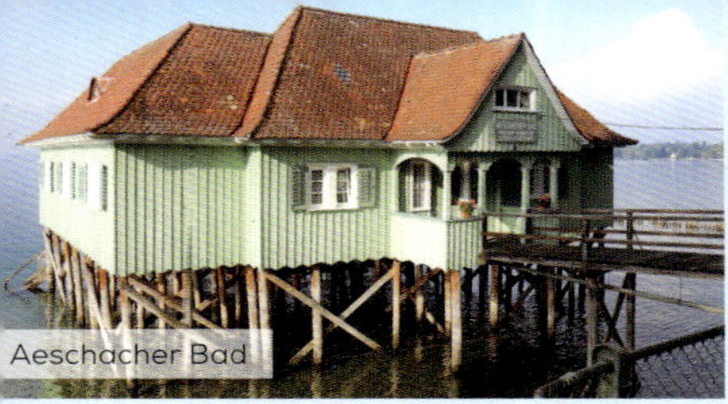

GEFAHREN

Die Stadt- und Ufermauern erzeugen öfter **Reflektionswellen**, die die Paddelbedingungen erschweren können.

Lindau wird von zahlreichen großen **Fährlinien** und **Ausflugsschiffen** angefahren. In **Hafennähe** ist erhöhte **Aufmerksamkeit** geboten.

BEFAHRUNGSREGELN

Die Bucht hinter dem **Ort Wasserburg** ist **Naturschutzgebiet** und darf nicht befahren werden.

ANFAHRT MIT DEM PKW

Über die A 96 bis Ausfahrt Lindau. Auf der Bregenzer Straße (B 12) geht es in die Innenstadt. Am Kreisverkehr nach links in die Inselstraße und dann zum ausgeschilderten Parkplatz am Karl-Bever-Platz (P3), der direkt vor der Altstadt liegt.

PARKEN

Der Parkplatz am Karl-Bever-Platz (P3) vor der Altstadtinsel ist kostenpflichtig, aber groß und wassernah.

ANREISE MIT ÖPNV

Mit der Bahn bis *Lindau-Reutin*. Von dort 1 km Fußweg zur Einsetzstelle.

Wer eine Board mieten möchte, fährt bis *Enzisweiler* und läuft 1,4 km zum Strandcafé Lindenhof.

BADEN

» An einigen Stellen der Stadtmauer kann man als Stand up Paddler anlegen und sich einfach ins kühle Nass stürzen.

» Kostenlose Liegewiese beim **Strandcafé Lindenhof.** www.strandcafe-lindenhof.de

» Das unmittelbar am Bodensee gelegene **Freibad Aquamarin** in **Wasserburg** lädt von Mai-Sep mit großer Liegewiese und einem Schwimmbecken inklusive Panoramablick auf den See und zu der mächtigen Bergkulisse der österreichischen und Schweizer Alpen ein. www.wasserburg-bodensee.de

» Wenn Sie schon immer mal nostalgisch baden wollen – das Badehaus **Aeschacher Bad** ist ein historisches Pfahlbad im Bodensee, ein Ort für Ruhesuchende & Nostalgiker (Mo-Fr 10-19, je nach freien Plätzen, Tel. +49 (0)8382 234 46).

» Sollte das Wetter mal nicht mitspielen, findet man in der luxuriösen **Therme Lindau** auf 13.000 Quadratmetern einen einzigartigen Ort für Wellness und Entspannung. www.therme-lindau.com

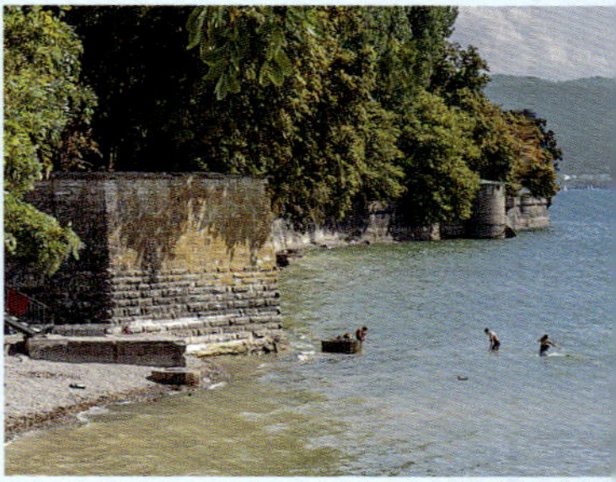

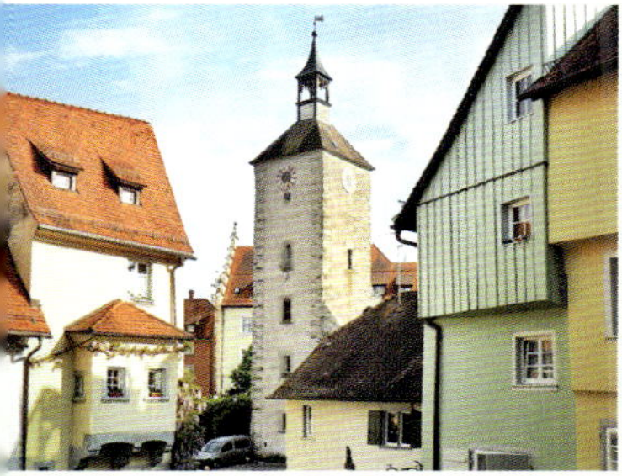

SEHENSWERTES

» **Lindaus** malerische **mittelalterliche Altstadtinsel** mit Kirchen, Stadtmauer, Mangturm, dem 1380 errichteten Diebsturm, dem Hafen mit seinem Bayerischen Löwen und dem Leuchtturm ist unbedingt einen Besuch wert. www.lindau.de

» Der 1840 entstandene 7,5 ha große **Lindenhofpark** im Stadtteil **Bad Schachen** ist die bedeutendste Parkanlage am Lindauer Villenufer. *Der Düsseldorfer Gartenkünstler Maximilian Fried. Weyhe gestaltete das ursprünglich aus 40 Reb- & Obstgärten bestehende Gelände in einen Park nach der Mode des frühen 19. Jahrhunderts.* Der Park ist ohne zeitliche Beschränkung täglich geöffnet.

» Das beschauliche **Wasserburg,** auf einer in den Bodensee ragenden Halbinsel gelegen, besticht mit seinem Renaissance-Schloss, dem Malhaus – *beide aus dem 16. Jh. und der Kirche St. Georg mit barockem Hochaltar.*

TIPP EXTRA-TIPPS

» Egal ob Wandern oder einfach einen Spaziergang machen – Lindau ist idealer Ausgangspunkt, um die Region **zu Fuß zu erkunden**. Neben verwinkelten Gassen, historischen Gebäuden, Parks und Gärten bietet die **Lindauer Insel** und das nahe Festland auch ein vielfältiges Angebot an **Kunst und Natur.**

» Mit Fähre und Fahrrad von Lindau oder Wasserburg nach **Rorschach** in der Schweiz. Von dort **mit dem Rad 35 km** über Bregenz zurück.

» Die **Bodenseefischerei Kaulitzki** in **Wasserburg** fängt und verarbeitet fangfrischen Fisch in der 3. Generation. Die Rotaugen und Egli/Kretzer sowie die geräucherten Fische aus der Region erfreuen sich großer Beliebtheit bei Touristen und Einheimischen. www.bodenseefischerei.com

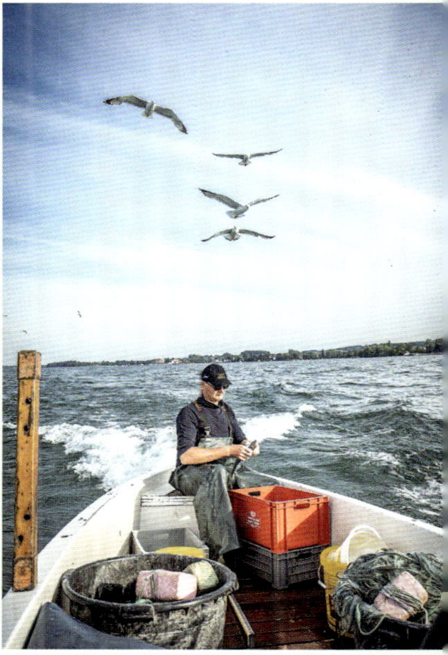

1 VON LINDAU NACH WASSERBURG UND WIEDER ZURÜCK

(mit Tourbeschreibung Seite 114)

An der „Bayerischen Riviera", wie dieser Abschnitt aufgrund der zahlreichen Villen auch genannt wird.

| **LÄNGE** 13 km | **DAUER** 3-4 h

2 RELAXTE TOUR MIT TOLLEM FLAIR UM DIE ALTSTADTINSEL

(ohne Tourbeschreibung)

Rund um die historische Altstadtinsel mit Blick auf vielleicht Deutschlands schönsten Leuchtturm.

| **LÄNGE** 4 km | **DAUER** 1,5 h

EIN- & AUSSTIEG

Vom Parkplatz P3 am Karl-Bever-Platz in Lindau sind es etwa 200 Meter bis zum Wasser, wo man das Board einsetzen kann.

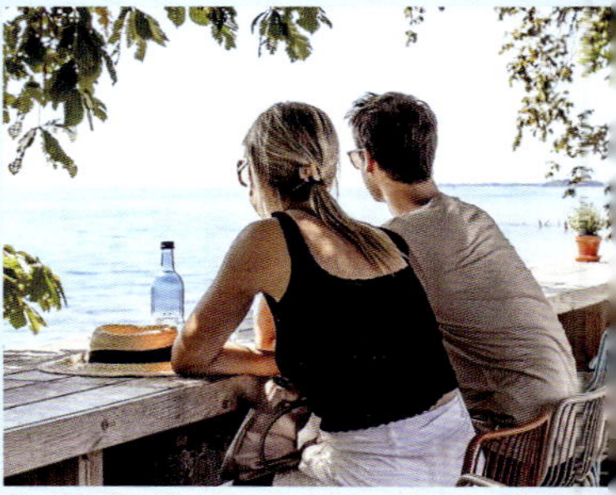

SUP-VERMIETUNG

1 STRANDCAFÉ LINDENHOF
Lindenhofweg 41
88131 Lindau
Tel. (08382) 911 13 16
www.strandcafe-lindenhof.de

2 SURFSCHULE WASSERBURG
Reutenerstr. 12
88142 Wasserburg
Tel. 0177-774 43 30
www.surfschule-wasserburg.de

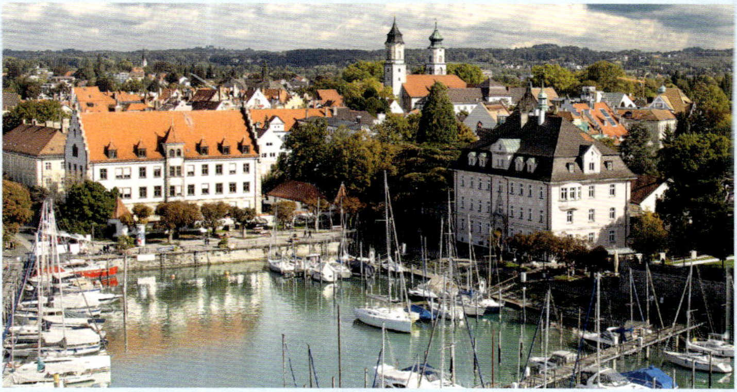

EINKEHR

1 STRANDCAFÉ LINDENHOF

Lindenhofweg 41
88131 Lindau
Tel. (08382) 911 13 16
www.strandcafe-lindenhof.de

KLASSIKER Leckere Burger, auch vegan und vegetarisch

2 KARRER'S KAFFEERÄDLE

Am Aeschacher Ufer zwischen Bahnschranke und Aeschacher Bad
Tel. 01578-495 31 41
www.kaffeeraedle.de

KLASSIKER Bester Kaffee aus handwerklicher Röstung, serviert an der Fahrradrikscha

3 SCHÜTZINGER AM SEE

Schützingerweg, 88131 Lindau
Tel. 01515-351 58 10
www.schuetzinger-am-see.com

KLASSIKER Genuss-Teller – Italienische Salami aus Trento, feinster Bergkäse, hauchzarter Prosciutto

4 ONU RESTAURANT LINDAU

in der Inselhalle Lindau
Zwanzigerstraße 12, 88131 Lindau
Tel. (08382) 889 96 50
www.onu-lindau.de
Di-Fr ab 14 Uhr

KLASSIKER Phantasievolle und leckere Gerichte, auch vegan

5 AUGUSTIN

Fischergasse 33, 88131 Lindau
Tel. (08382) 899 83 90
www.altemoellersche.de/augustin

KLASSIKER Die gute Seele – Gebäckspezialität der Region

ÜBERNACHTUNG

1 KANUCLUB LINDAU

Aeschacher Ufer 35, 88131 Lindau
Tel. 0163-409 21 54
E-Mail: zeltplatzmail@gmail.com
www.lindauer-kanuclub.de

2 BAUMANN'S FERIENHOF AM SEE

Reutener Str. 42+44
88142 Wasserburg
Tel. (08382) 58 88
www.baumanns-ferienhof-am-see.de

3 PARK-CAMPING LINDAU

Fraunhoferstr. 20, 88131 Lindau
Tel. (08382) 889 99 99
www.park-camping.de

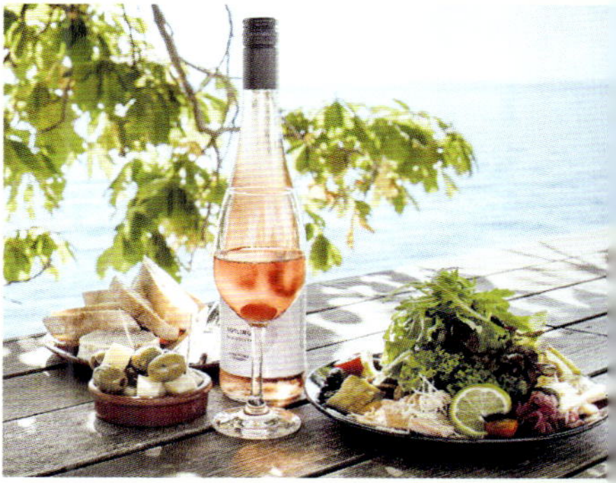

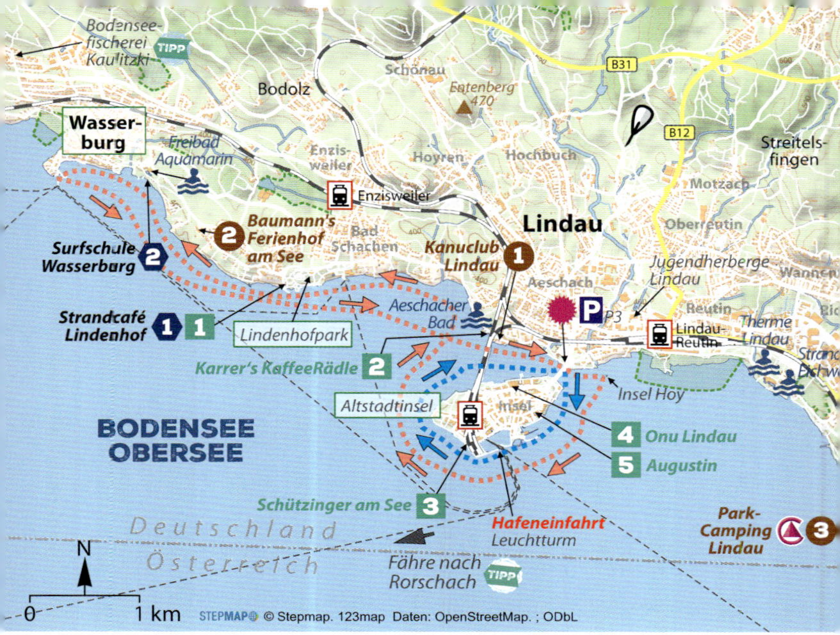

1 AN DER BAYERISCHEN RIVIERA

Neben der Brücke eingesetzt, halten wir uns links, unterqueren sie, und paddeln auf die 400 Meter entfernte winzige **INSEL HOY** zu – mit tapferen 53 Quadratmetern das kleinste Eiland im ganzen Bodensee. *Die mit einer Mauer umschlossene und von einer Weide bestandene Insel wurde in den 1920er-Jahren als private Badeinsel angelegt.* Hier drehen wir das Board und paddeln auf der Außenseite der **ALTSTADTINSEL** entlang. Der Blick auf die Kirchen, die aus der Insel-Silhouette herausragen, ist beeindruckend. Vorbei am **JACHTHAFEN** steuern wir dann den **STADTHAFEN** von **LINDAU** an. Die Einfahrt bewacht der baulich vielleicht schönste **LEUCHTTURM** Deutschlands. Er kann bestiegen werden und bietet einen grandiosen Blick über den Hafen. An der Einfahrt ist natürlich erhöhte **VORSICHT GEBOTEN**, denn hier herrscht **STÄNDIG SCHIFFSVERKEHR** von größeren Dampfern und

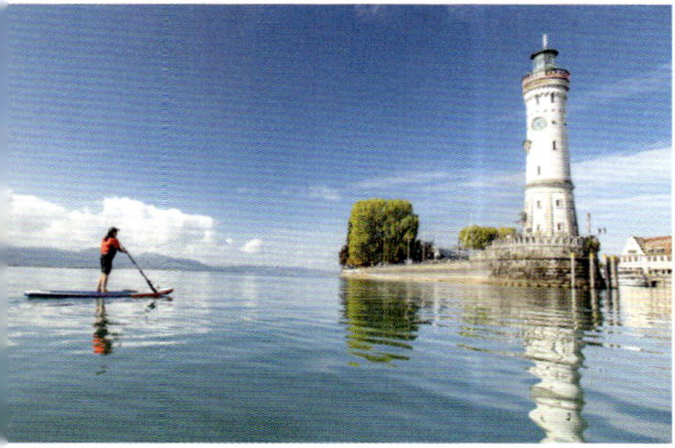

Fähren, zum Beispiel in Richtung Rorschach in der Schweiz. Wer wirklich sehr sicher auf dem Brett steht und sich mit Schiffsverkehr auskennt, kann einen Blick in den Hafen wagen, wo man der Altstadtkulisse, vor der sich Restaurants und Cafés verteilen, am nähesten kommt.

Zurück aus dem Hafenbecken paddeln wir entlang der **KARLSBASTION**, *die schon im 16. Jahrhundert zum Schutz vor Angriffen errichtet wurde.* Oberhalb befindet sich eine Grünanlage und am Fuße der Mauer laden einige Stellen zum Anlanden und Baden ein. Am bulligen **PULVERTURM**, *einem schon 1508 errichteten Wehrturm,* halten wir aufs Bodenseeufer zu. Hier folgen wir nach links der sogenannten **„BAYERISCHEN RIVIERA"**, wo sich noble Schlösschen, zauberhafte Gärten und etwa 30 prunkvolle Villen wie an einer Perlenkette hintereinander aufreihen. Einige der mondänen Anwesen mit ihren luxuriösen Gartenanlagen können wir vom Wasser aus bewundern. Nicht minder spektakulär ist der Blick über die Weite des Bodensees. Die bis ins späte Frühjahr schneebedeckten Alpengipfel Österreichs und der Schweiz erscheinen zum Greifen nahe. Zum Greifen nah erscheint im klaren Wasser des Bodensees auch der Seegrund. Wenn die Wasseroberfläche ganz still daliegt, glaubt man auf einer Glasscheibe unterwegs zu sein.

Kurz hinter dem öffentlichen **BADESTRAND** liegt auf einer kleinen Halbinsel das beschauliche, nur 5.000 Einwohner zählende Städtchen **WASSERBURG**. Der Anleger ist umgeben von einem kiesigen Strandbereich und Einkehrmöglichkeiten, die wie geschaffen sind für eine Pause. Nachdem wir den Wendepunkt der SUP-Tour erreicht haben, folgen wir dem Ufer nun zunächst zurück nach **LINDAU**, nehmen an der Insel angekommen aber die Durchfahrt durch den kleinen Tunnel linker Hand, und gelangen so in den dem Ufer zugewandten Bereich der Altstadtinsel. Vorbei am **KANUCLUB LINDAU** 1, erreichen wir unseren Ausgangspunkt. Im Hochsommer kann der sehr ruhige Seebereich stellenweise mit Wasserpflanzen zugewachsen sein.

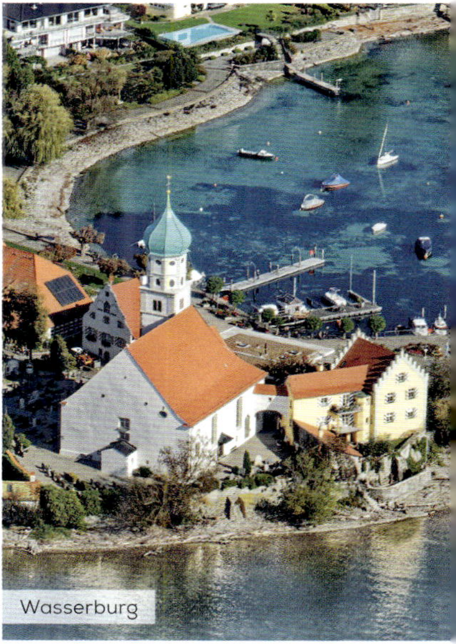

Wasserburg

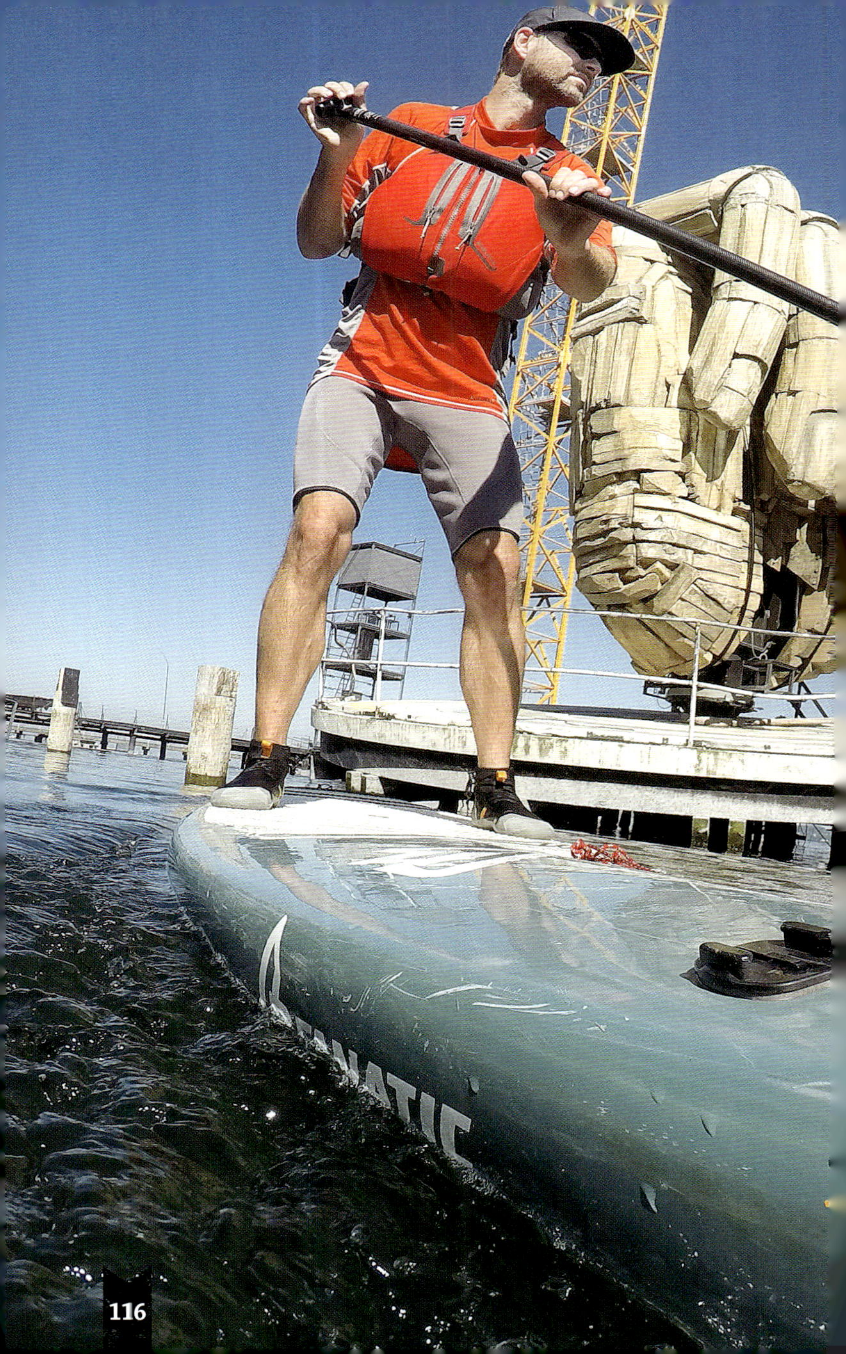

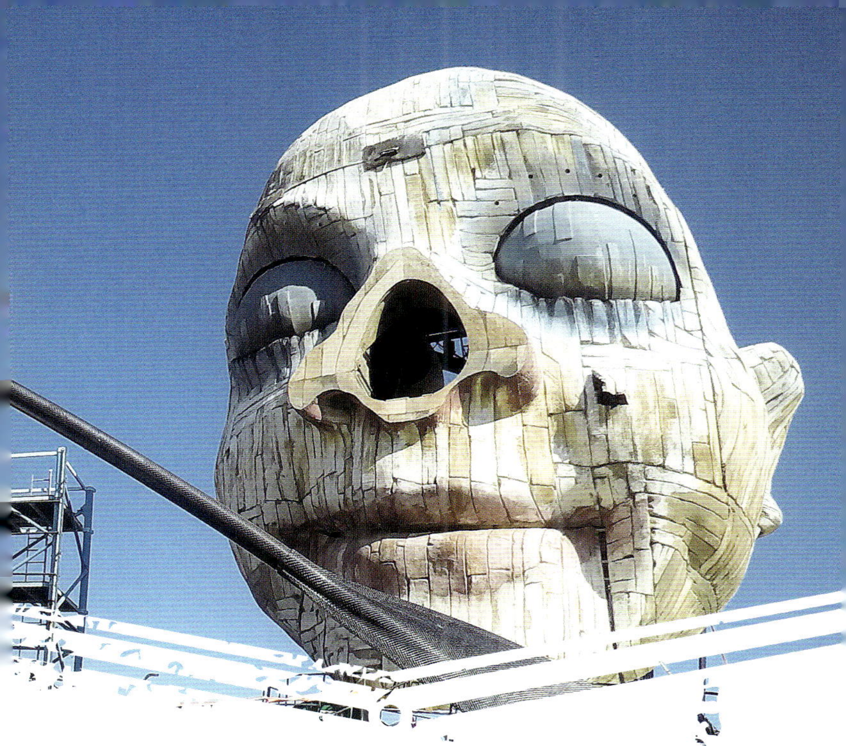

CITY-SPOT BREGENZ

ANSPRUCH

EINKEHR

Eine wunderbare Mischung aus Natur und Kultur bietet die Tour entlang der Landeshauptstadt des österreichischen Vorarlbergs. Die Seebühne ist spektakulär, das grün-türkise Wasser erinnert an die Karibik und die hohen Berge der Alpen scheinen hier besonders nah. All das verspricht ein herrlicher Paddeltag zu werden.

WIND & WETTER

Der See gilt besonders im Sommer als **Schwachwindrevier**. Wegen seiner großen Wasserfläche vor Bregenz können sich jedoch **bei Wind/Gewitter deutliche Wellen** aufbauen.

Blinksignale warnen vor aufkommendem Schlechtwetter. **Thermische Winde** aus den Bergen und aufkommende **Gewitter** sind trotz der Warnlichter am See am besten selbst zu beobachten.

GEFAHREN

Zahlreiche große **Fähren** und Schiffe verlangen unsere **Aufmerksamkeit**, besonders im Bereich des **Bregenzer Hafens** und der Anleger. Die Berufsschifffahrt hat immer Vorfahrt!

BEFAHRUNGSREGELN

» Im **Naturschutzgebiet „Mehrerauer Seeufer – Bregenzerach-Mündung"** dürfen die gesperrten Flächen in der Zeit vom **15. März bis 10. Juli nicht befahren werden.** Es gilt dann auch im Bereich der Bregenzerach-Mündung einen Abstand von 50 Metern zum Achufer und bis zu 100 Metern zu den Kiesinseln zu halten. Vogelbrutflächen von den auf Kiesbänken nistenden Arten werden so geschützt.

» **Wasserflächen**, die unmittelbar an die Liegewiesen beim Wocherhafen zwischen Seezeichen Nr. 76 und Nr. 78 und der Liegewiese Seecamping zwischen den Seezeichen Nr. 74 und Nr. 75 grenzen, **dürfen von nicht motorisierten Wasserfahrzeugen genutzt werden.**

» An den Mündungen von Alten Rhein und besonderes Neuen Rhein treffen wir auch in den Sommermonaten auf starke Strömungen und eiskaltes Wasser, daher ist eine Weiterfahrt hier nicht beschrieben.

ANFAHRT MIT DEM PKW

Von Norden über die A 96/A 14 (mautfrei) bis Ausfahrt 9 Bregenz. Weiter geht es Richtung Zentrum, wo wir der Beschilderung zum Parkplatz „West" (Druckergasse) folgen.

PARKEN

Parkplatz „West" (Druckergasse), direkt am Sportstadium von Bregenz.

ANREISE MIT ÖPNV

Mit der Bahn bis *Bregenz,* von dort 1,1 km zum Einstieg am *Strandweg.* Zur SUP-Vermietung beim SeeCamping sind es 2,5 km Fußweg.

Alternativ bis Bf *Hard-Fußach* und weiter zu Fuß 2 km zur SUP-Vermietung Surfmax.

BADEN

» Das **Strandbad Bregenz** bietet über 400 Meter Bodenseeufer.

» **Badestrand** am alten **Wocherhafen,** flacher Kiesstrand, Kiosk. (Parken: Achsiedlungsstraße).

» Das 40.000 m² große **Strandbad Hard** zählt zu den größten und beliebtesten **Erlebnisbäder** rund um den Bodensee. www.hard-sport-freizeit.at

» **Altes Militärbad „Mili".** 1825 als Pfahlbau errichtet, heute Stammbadeplatz vieler Bregenzer.

SEHENSWERTES

» **Bregenz: Altstadt, Herz-Jesu-Kirche** *(prunkvolle Altäre und eine Orgel mit 4.650 Pfeifen)*, **Bregenzer Festspiele,** Moderne Kunst im **Kunsthaus Bregenz, Voralberg Museum, Martinsturm** *(toller Blick auf Berg, Stadt und See, stadtgeschichtliche Ausstellung)*, **Kloster Mehrerau** *(Übernachtung mögl.)*.

EXTRA-TIPPS

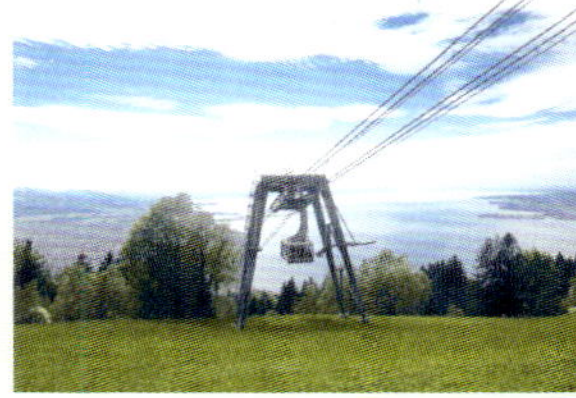

» Eine **Wanderung** oder **Fahrt mit der Bergbahn** zum **Gipfel des Pfänders** verschafft grandiose Aussichten über den See. www.pfaenderbahn.at

» **Bregenz** ist idealer Ausgangspunkt für Ausflüge im Drei-Länder-Eck. Mit der Bahn nach **St. Gallen** oder mit dem Schiff nach **Konstanz.**

» Der **Klettersteig Känzele** oberhalb von Bregenz begeistert mit zwei sehr schönen Varianten, einer leichteren Passage, großzügig mit Trittklammern ausgestattet, und einer schwereren. www.bergsteigen.com/touren/klettersteig/kaenzele-klettersteig

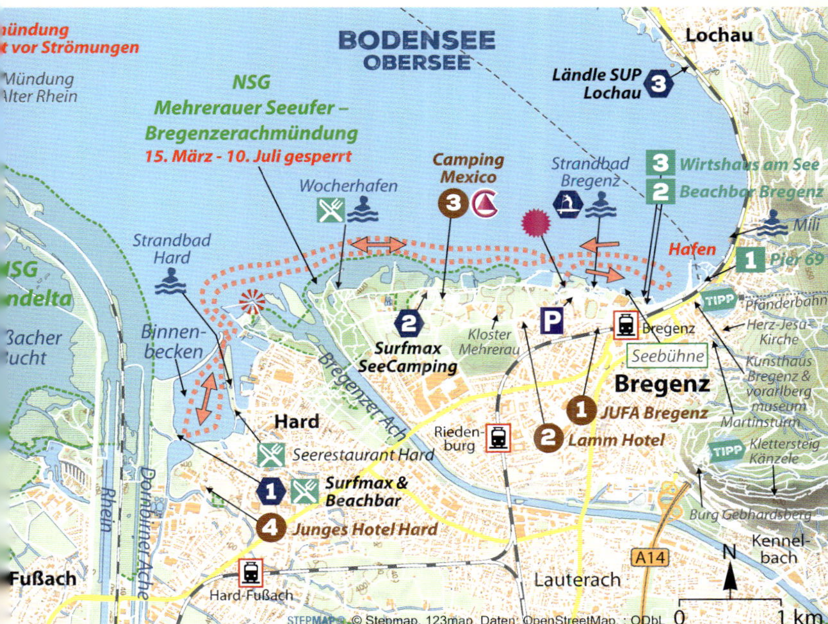

TOUREN

1 VON BREGENZ IN DEN WETTER-WINKEL UND RETOUR

(mit Tourbeschreibung Seite 122)

Am Ufer der Südostecke des Bodensees „erfahren" wir die Festspielstadt und Bodenseemetropole Bregenz mit ihrer spektakulären Seebühne. Wir SUPen auf grün-türkisem Wasser wie in der Karibik im Dreiländereck Deutschland – Schweiz – Österreich.

| **LÄNGE** 14 km | **DAUER** 3-4 h

EIN- & AUSSTIEG

Vom Parkplatz sind es 150 Meter am Uferpromenadenweg *Strandweg* entlang, bis man sein Brett am Rande einer kleiner Hafenbucht komfortabel an einem winzigen Strand einsetzen kann.

SUP-VERMIETUNG

1 SURFMAX & BEACHBAR
Grünerdamm 37, A-6971 Hard
Tel. +43 (0)681 20 81 13 49
www.surfmax.at

2 SURFMAX BEIM SEECAMPING
Hechtweg 1, A-6900 Bregenz
Tel. +43 (0)681 20 81 13 49
www.surfmax.at

3 LÄNDLE SUP LOCHAU
Am Kaiserstrand, A-6911 Lochau
Tel. + 43 (0)664 738 830 29
www.laendle-sup.at

EINKEHR

1 PIER 69

Seestr. 4, A-6900 Bregenz
Tel. +43 (0)5574 432 02
www.pier69.at
Mo-Fr ab 10, Sa, So, ab 9 Uhr

KLASSIKER Schwarzbiergulasch vom Ländle Rind mit Spätzle

2 BEACHBAR BREGENZ

Seepromenade 2
A-6900 Bregenz
www.beachbar-bregenz.at
Mo-Fr ab 16, Sa ab 14, So ab 12 Uhr

KLASSIKER Chillige Musik, leckere Cocktails

3 WIRTSHAUS AM SEE

Seepromenade 2, A-6900 Bregenz
Tel. +43 (0)5574 422 10
www.wirtshausamsee.at
Tägl. 9-24 Uhr

KLASSIKER Knuspriges Backhuhn mit Feldsalat & hausgemachtem Kartoffelsalat

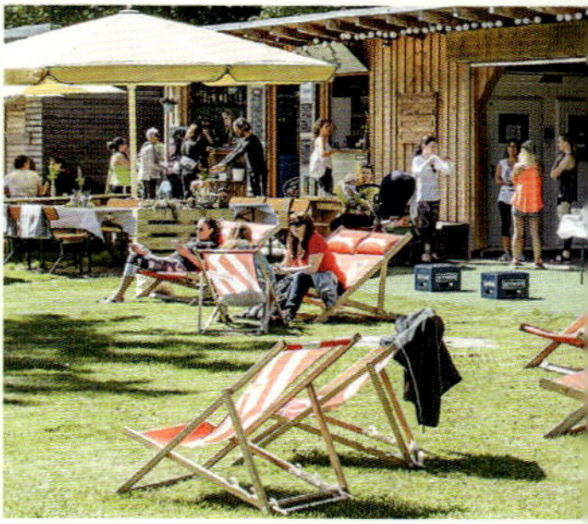

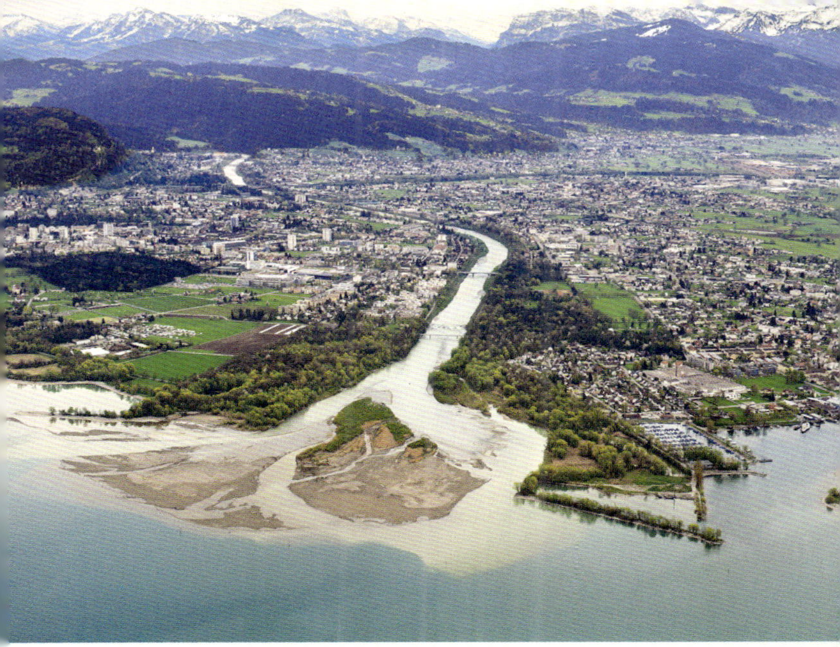

ÜBERNACHTUNG

1 JUFA HOTEL BREGENZ
Mehrerauerstr. 5
A-6900 Bregenz
Tel. +43 (0)570 835 40
www.jufahotels.com/hotel/bregenz

2 LAMM HOTEL-RESTAURANT
Mehrerauerstraße 51
A-6900 Bregenz
Tel. +43 (0)5574 717 01
www.lamm-bregenz.com

3 CAMPING MEXICO
Hechtweg 4
A-6900 Bregenz
Tel. +43 (0)5574 732 60
www.camping-mexico.at

4 JUNGES HOTEL HARD
(Hostel, Jugendherberge)
Allmendstr. 87
A-6971 Hard
Tel. +43 (0)5574 734 35
www.jungeshotel-hard.at

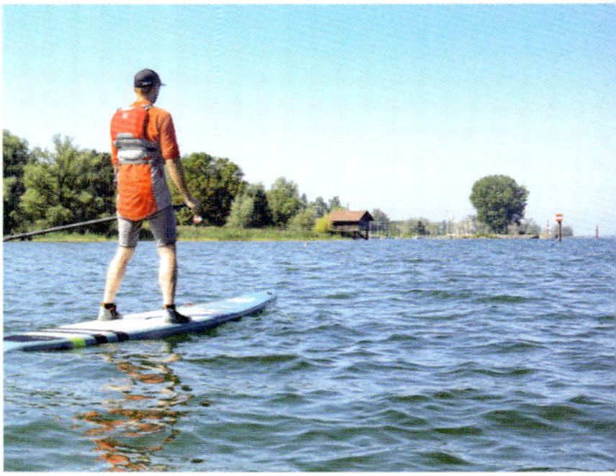

1 VON BREGENZ IN DEN WETTERWINKEL UND RETOUR

Nachdem wir unsere Bretter dem kleinen Hafenbecken übergeben haben, steuern wir mit ein paar Schlägen auf den blauen **BODENSEE (OBERSEE)** hinaus und folgen dem Ufer nach rechts in Richtung Innenstadt. Hinter dem **STRANDBAD** *(hier werden auch von* **LÄNDLE SUP** 3 *Boards vermietet)* liegt die berühmte **SEEBÜHNE BREGENZ.** *Die von einem Halbrund aus Zuschauerrängen umgebene Plattform steht mitten auf dem Wasser und gilt als größte Seebühne der Welt. Rund 200.000 Besucher strömen hierher, um jährlich wechselnde Vorstellungen und spektakuläre und aufwendige Bühnenbilder zu erleben.*

Dann folgen wir weiter dem von Mauern umkränzten parkartigen Ufer mit Blick auf die **OBERSTADT**, aus deren Silhouette die markanten Doppeltürme der **HERZ-JESU-KIRCHE** ragen. Am Ende der langen Mole des **STADTHAFENS**, auf der das von vier quadratischen Stahlsäulen getragene moderne Mohlenfeuer steht, werfen wir einen Blick ins Hafenbecken mit einem beeindruckenden Schiff, das man von der Größe her eher auf der Ostsee erwartet hätte – der **MS SONNENKÖNIGIN.** *Das Passagierschiff, das zu den größten Fahrgastschiffen auf mitteleuropäischen Binnengewässern zählt, hat hier seinen Heimathafen.* Es ist noch früh am Morgen, kein an- oder ablegender Ausflugsdampfer stresst uns und wir können die noch stille Atmosphäre genießen. Nun dirigieren wir unser Board nach draußen auf die offene Seefläche und freuen uns über den Anblick des mächtigen **ALPENPANORAMAS** hoch über der Stadt.

Nun gen Westen fahrend, nähern wir uns auf Höhe unseres Startpunktes wieder dem Ufer und paddeln an der **MOLE** des **SPORTHAFENS BREGENZ** entlang, die gern kabbelige Reflexionswellen zurückschickt und das Paddeln zu einer kippeligen Angelegenheit machen kann. Am darauffolgenden kleinen Hafen des **YACHT CLUBS** besteht die Möglichkeit, dem nahen **KLOSTER MEHRERAU** einen Besuch abzustatten. *Rund um das Kloster ist ein Obstlehrpfad angelegt, auf dessen 20 Stationen die Streuobstsorten des Unteren Rheintals vorgestellt werden.* Anschließend könnte man die leckere Küche im Klosterkeller genießen.

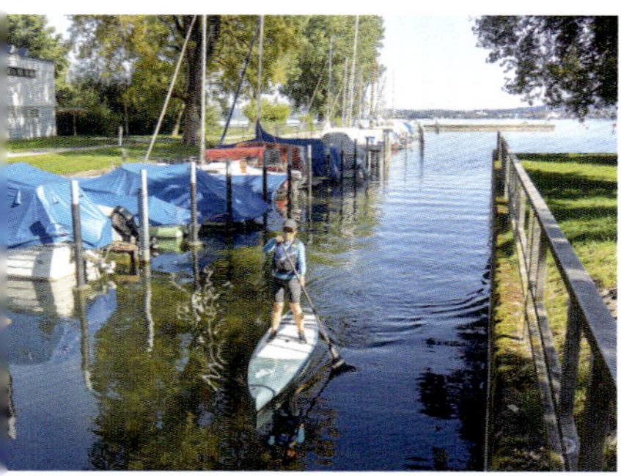

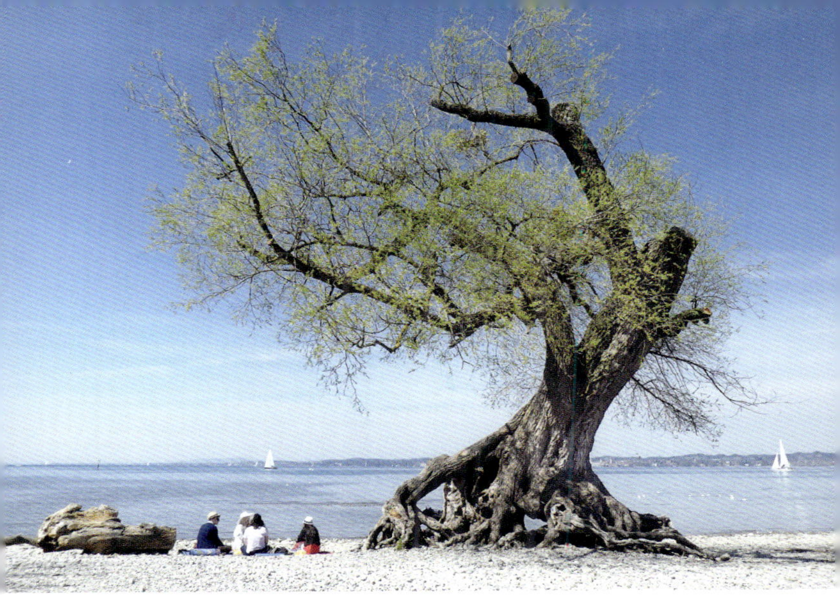

Wir paddeln nun im **NATURSCHUTZGEBIET MEHRERAUER SEEUFER – BREGENZERACH-MÜNDUNG**, das vom 15.03.-10.07. nicht befahren werden darf *(s. Befahrungsregelungen)*. Kurz vor der Bregenzerach-Mündung werfen wir noch einen Blick in den **WOCHERHAFEN**, *wo in der zweiten Hälfte des 20. Jahrhunderts von der Firma Wocher Kies abgebaut wurde* und heute ein langgezogener **STRANDABSCHNITT** zum Baden einlädt. Beim **KIOSK „WOCHERHAFEN"** gibt es z.B. selbstgebackenen Kuchen, Currywurst und süßen Most. Auf dem Weg aus der Bucht bewundern wir auf der Landspitze einen knorrigen und skurril geformten Wurzelkörper, auf dem eine Weide wie auf Stelzen steht, unter deren Höhlung man hindurchgehen kann.

An der **MÜNDUNGSLANDSCHAFT BREGENZERACH**, die wir queren, kommen auch kleine Wellen und Strömungen vor. Sie verändert sich fortwährend, da der Fluss große Mengen an Schwebstoffen und Kies in den See schwemmt. Die somit neu entstehenden Landflächen, die sich allmählich immer weiter seewärts schieben, schaffen ständig neue Lebensräume, wo sich im Kies sogar das Bodensee-Vergissmeinnicht ansiedelt – eine der seltensten Pflanzen Vorarlbergs. Im Anschluss an das Delta biegen wir nach links in das Binnenbecken, wo am Ufer das **STRANDBAD HARD** liegt. Wer in die hinterste Ecke der Bucht vorstößt, landet bei der **SUP-VERMIETUNG** und **BEACHBAR** von **SURFMAX** 1. Von hier paddeln wir ostwärts entlang des bekannten Ufers zurück.

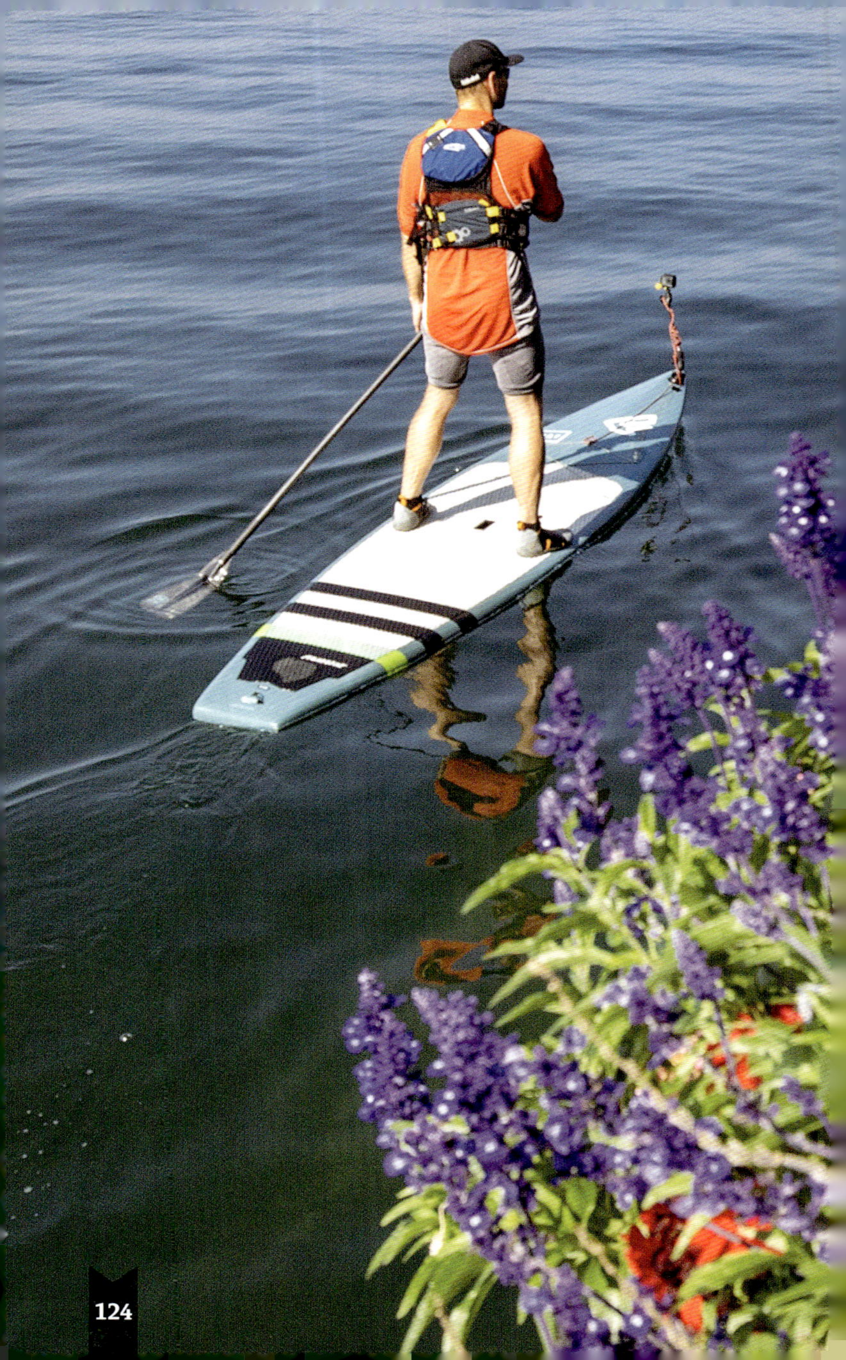

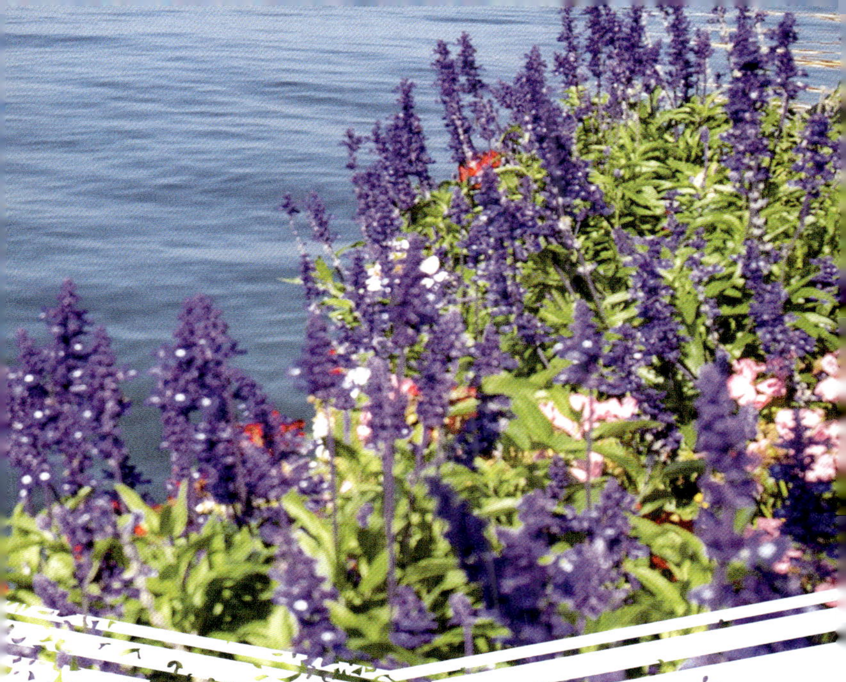

VON HAGNAU NACH BIRNAU

ANSPRUCH

EINKEHR

Das idyllische Fischer- und Winzerdorf Hagnau, reizvolle Rebhänge mit lohnenden Besenwirtschaften, Meersburg – einer der schönsten Städte am Bodensee – und die prähistorischen Pfahlbauten von Unteruhldingen sind Highlights dieser tollen Tour. Dazwischen überall herrliche Steinstrände mit Blick auf den See und die Schweizer Alpen.

WIND & WETTER

Auch als **Schwachwindrevier** können sich wegen der Größe des Sees bei **leichtem Wind** in kürzester Zeit **Wellen entwickeln**, die das Paddeln anstrengend bis unmöglich machen.

Blinksignale warnen vor aufkommendem Schlechtwetter.

GEFAHREN

Zahlreiche große **Fähren** sind – besonders **im Bereich der Anleger und Häfen** – zu beachten.

BEFAHRUNGSREGELN

Das **Naturschutzgebiet Seefelder Aachmündung** bei Unteruhldingen **darf nicht befahren werden!** Bojen, die das kennzeichnen, sind ausgelegt.

Im **Hafen von Meersburg** besteht ein **SUP-Verbot**.

ANFAHRT MIT DEM PKW

Von der A 7 auf die A 96 nach Lindau und von dort der B 31 bis kurz vor Hagnau folgen. Dort links in die Strandbadstraße zum Parkplatz.

Von der A 81 kommend bis Kreuz Hegau und weiter über A 98 und B 31 bis hinter Hagnau und dann rechts in die Strandbadstraße.

PARKEN

Am Einsetzpunkt, direkt neben dem Strandbad von Hagnau, in der Strandbadstraße 12, befindet sich ein großer, gebührenpflichtiger Parkplatz.

ANREISE MIT ÖPNV

Vom Bf *Friedrichshafen Stadt* mit Bus 7395 bis *Hagnau Mitte* oder *Schloss Kirchberg*. Der gleiche Bus bringt uns von Haltestelle *Wallfahrtskirche Birnau* zum Bf *Nußdorf* oder *Friedrichshafen*.

BADEN

» Kostenlose Badestelle im **Strandbad Hagnau** oder an der **Promenade**, bzw. dem **Uferpark**.

» **Öffentlicher Strand Meersburg** mit Liegewiese neben der Therme.

» **Meersburg Therme**. Sauna, toller Außenpool, Blick auf den See und die Gipfel der Schweizer Alpen. www.meersburg-therme.de

» Kleiner **Steinstrand** kurz hinter **Meersburg**.

» **Badestrand Unteruhldingen**, nette Beachbar *Die Schilfhütte*.

» **Naturstrand Unteruhldingen** mit großer Liegewiese, Beachvolleyball, Spielplatz.

SEHENSWERTES

» Deutschlands ältestes, archäologisches **Pfahlbauten Freilichtmuseum** in **Unteruhldingen** ermöglicht einen Blick zurück in die 10.000 Jahre alte Geschichte der Menschheit am Bodensee. *www.pfahlbauten.de*

» **Burg Meersburg,** das **Neue Schloss**, **barocke Bauwerke** und romantische Winkel machen **Meersburg** zu einem der schönsten Orte am Bodensee.

» **Kloster Birnau – Barockjuwel am Bodensee.** Die römisch-katholische Kirche St. Marien, bekannt als Basilika Birnau, zählt zu den wichtigsten barocken Wallfahrtskirchen der Region. *www.birnau.de*

EXTRA-TIPPS

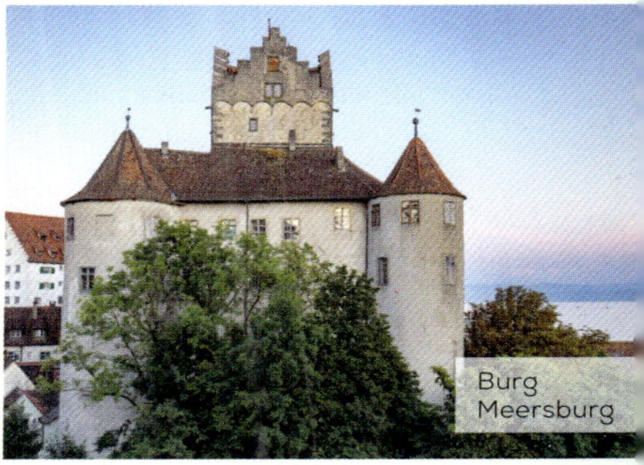

Burg Meersburg

» Auf den Spuren **Hagnauer** Spitzenweine geht es auf einer einstündigen **Weinbergwanderung** (4 km) zu einem der schönsten Aussichtspunkte des Bodensees.

» Etwas länger (ca. 10 km | 2-3h) ist der **„Meersburger Höhenweg"**. Der Panoramaweg führt inmitten von Weinbergen mit tollem Blick auf den See **von Hagnau nach Meersburg.** Vorbei an den bekanntesten Weinsorten führt er uns zu historischen sowie prämierten Aussichtspunkten.

» Im Frühherbst können im lauschigen **Winzerdorf Hagnau** die Urlauber bei den Obstbauern und Winzern als **Erntehelfer** mitmachen. Ein tolles Erlebnis! *www.gemeinde-hagnau.de*

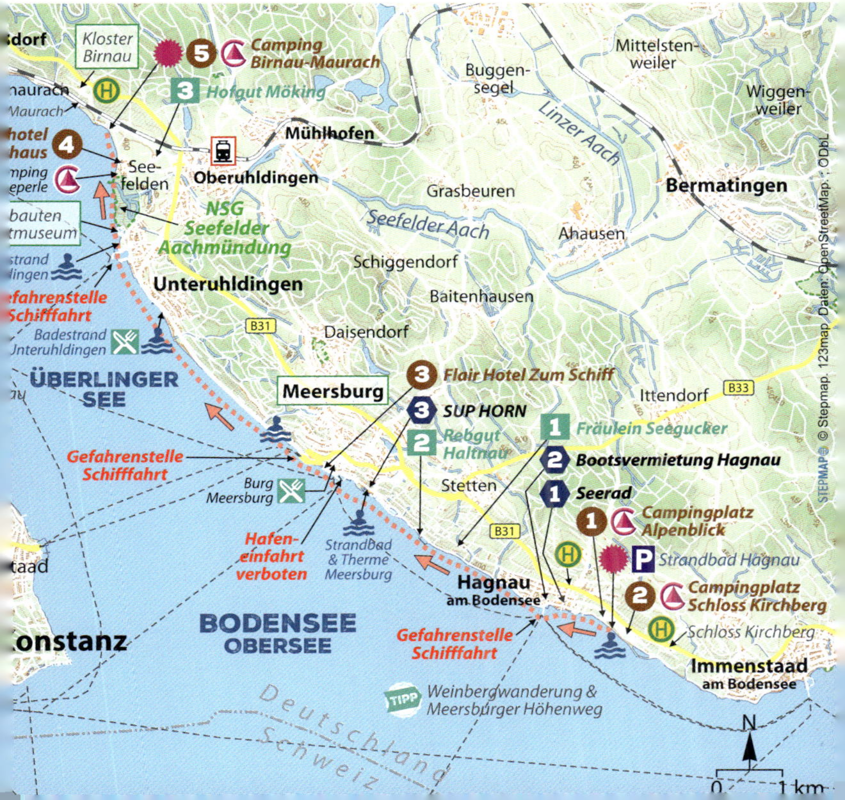

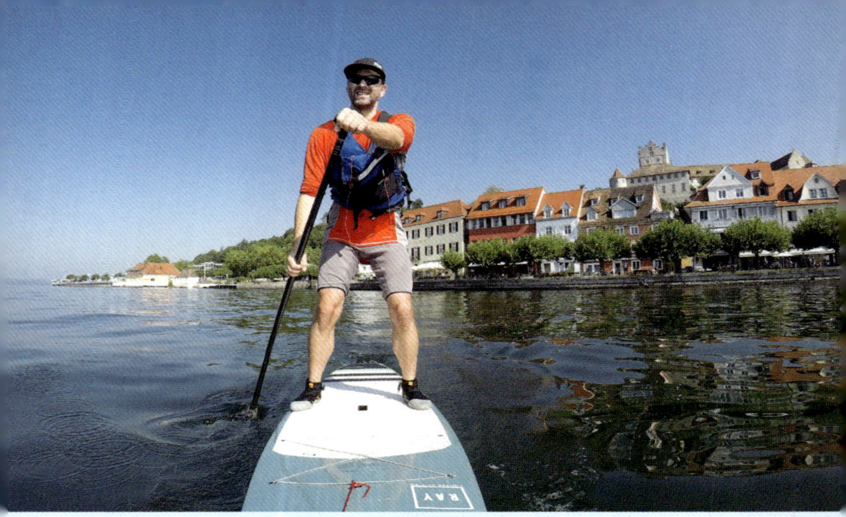

TOUREN

1 VOM SCHLOSS ZUM KLOSTER

(mit Tourbeschreibung Seite 130)

Von Schloss Kirchberg in Hagnau vorbei am altehrwürdigen Meersburg und dem berühmten Pfahlbaumuseum Unteruhldingen in den Überlinger See zum Kloster Birnau.

| **LÄNGE** 14 km | **DAUER** 3-4 h

EIN- & AUSSTIEG

EINSTIEG Vom Parkplatz sind es etwa 200 Meter bis man das Board über kiesiges, aber flaches Ufer am Strandbad Hagnau einsetzen kann.

AUSSTIEG Am Strand vor dem Campingplatz Birnau-Maurach *(Navi: Maurach 7, 88690 Uhldingen-Mühlhofen).*

ZURÜCK Mit zuvor am Ziel deponiertem Fahrrad oder mit dem Bus 7395 geht's retour nach Hagnau.

SUP-VERMIETUNG

1 SEERAD
Dr.-Fritz-Zimmermann-Str. 10
88709 Hagnau
Tel. 0163-174 81 08
www.seerad.de

2 BOOTSVERMIETUNG HAGNAU
Westhafen, 88709 Hagnau
Tel. 0176-678 988 40
www.hagnau-bootsvermietung.de

3 SUP HORN
Im Strandbad neben der Therme
Uferpromenade 12, 88709 Meersburg
Tel. 01512-347 31 80
www.sup-horn.de

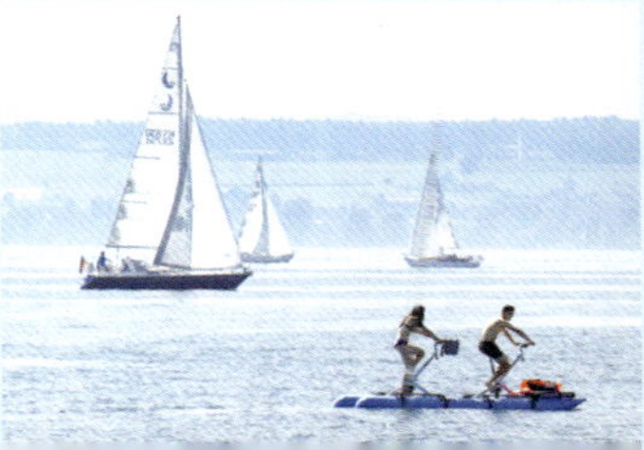

EINKEHR

1 FRÄULEIN SEEGUCKER
Höhenweg 8, 88719 Stetten
www.aufricht.de/fraeulein
Mai, Jun, Aug, Sep, Di-Sa 12-20 Uhr

KLASSIKER
Lokale Produkte und eigener Wein in toller Besenwirtschaft

2 REBGUT HALTNAU
Uferpromenade 107
88709 Meersburg
Tel. (07532) 97 32
www.rebgut-haltnau.de
Fr-So ab 12 Uhr

KLASSIKER Ausgesprochen leckere Flammkuchen, nur frische Zutaten

3 HOFGUT MÖKING BESENWIRTSCHAFT
Siedlungshof 1
88690 Uhldingen-Mühlhofen
Tel. (07556) 60 10
www.bodensee-bauernhof.de

KLASSIKER Vesperteller mit einem der vielen Mostsorten im urigem Gastraum oder idyllischem Garten

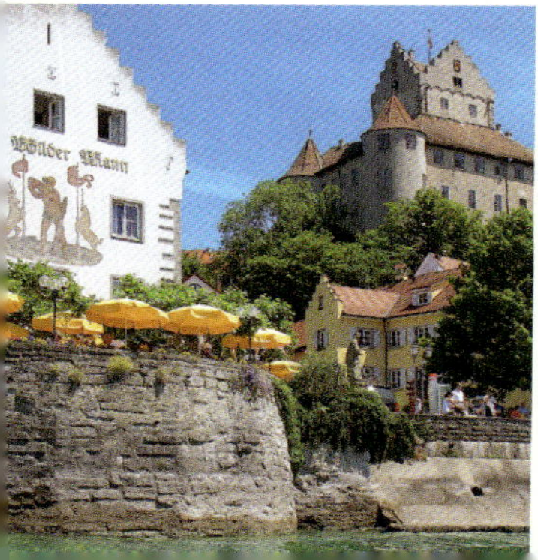

ÜBERNACHTUNG

1 CAMPINGPLATZ ALPENBLICK
(Radlerunterkunft, Schlaffass)
Strandbadstr. 13
88709 Hagnau
Tel. (07532) 49 57 60
www.campingplatz-alpenblick.de

2 CAMPINGPLATZ SCHLOSS KIRCHBERG
Campingplatz Kirchberg 1
88090 Immenstaad
Tel. (07545) 64 13
www.camping-kirchberg.de

3 FLAIR HOTEL ZUM SCHIFF
Bismarckpl. 5
88709 Meersburg
Tel. (07532) 450 00
www.hotelzumschiff.de

4 LANDHOTEL FISCHERHAUS
Seefelden 3
88690 Uhldingen-Mühlhofen
Tel. (07556) 85 63
www.fischerhaus-seefelden.de

5 CAMPING BIRNAU-MAURACH
Maurach 7
88690 Uhldingen-Mühlhofen
Tel. (07556) 66 99
www.birnau-maurach.de

6 PADDELCLUB ÜBERLINGEN
4 km nördlich von Birnau – nicht auf der Karte eingezeichnet (Zelten nach Voranmeldung 2 Tage im Voraus)
Strandweg 20, 88662 Überlingen
Tel. (07551) 683 34
www.paddelclub-ueberlingen.de

1 HISTORISCHES NORDUFER

Das **FISCHER- UND WINZERDORF HAGNAU** ist eingebettet in riesige Obst- und Weingärten. Zur Obstblüte im Frühjahr, wenn der Schnee auf den Berggipfeln langsam taut, zeigt sich der kleine Ort am „Schwäbischen Meer“ von seiner schönsten Seite. Hier dreht sich alles um Genuss, wie die zahlreichen Restaurants zeigen, aber für uns ist eine Einkehr natürlich noch viel zu früh.

Flankiert von zwei **CAMPINGPLÄTZEN** 1 2 befindet sich das frei zugängliche **STRANDBAD** mit dem breiten und flachen Kiesstrand östlich von Hagnau. So sind wir froh, unsere Badeschuhe dabeizuhaben, als wir auf die Boards steigen. Die ersten Schläge in Richtung Nordwesten sind zum Aufwärmen. Im grünlichen Wasser leuchten die Konturen heller Gesteinsknubbel, die auf den ersten Blick bleichen Korallen ähneln, zwischen denen unter dem Druck des Paddels Schwärme von Barschen hin und her huschen. Durch ein Feld aus ankernden Segelbooten erreichen wir den lang in den See ragenden **SCHIFFSANLEGER** von **HAGNAU**. Hier müssen wir verstärkt auf Ausflugsdampfer Rücksicht nehmen. Erst noch führt uns unser Weg entlang schicker Ein- und Mehrfamilienhäuser, bis die Szenerie abrupt in Weinberge übergeht. Ein kleines, **TURMARTIGES REBHÄUSCHEN**, in denen die Winzer ihr Werkzeug deponieren, drückt der Landschaft seinen besonderen Stempel auf.

Direkt hinter dem **YACHT-CLUB MEERSBURG** lockt oberhalb des hübschen Steinstrandes das sehr empfehlenswerte **REBGUT HALTNAU** 2 mit großem Biergarten. Es folgen der städtische **SEGELHAFEN**, ein **ÖFFENTLICHER STRAND** mit **LIEGEWIESE**, die **THERME** mit **STRANDBAD** – schon haben wir **MEERSBURG** erreicht. Die weithin sichtbare **„MAGISCHE SÄULE“** des am Bodensee allgegenwärtigen Künstlers Peter Lenk weist die Einfahrt ins **HAFENBECKEN**, das nicht mit SUPs befahren werden darf. Hier müssen wir wieder stark auf ein- und ausfahrende **FÄHREN ACHTEN**. Das gilt auch für die Mole am Ortsende, wo gerade ein Schiff nach Konstanz ablegt. *Das kleine historische* ***MEERSBURG****, eine der schönsten Städte am Bodensee, beeindruckt mit seiner mittelalterlichen Altstadt und der wuchtigen Burg hoch über der Stadt, wo das* ***BURG-CAFÉ*** *mit köstlichen Torten für das leibliche Wohl sorgt. Dort oben kann man sich gedanklich in eine entfernte Zeit zurückversetzen, vielleicht zu Annette von Droste-Hülshoff, die hier gelebt und 1848 gestorben ist und mit ihrer Naturlyrik eine der bedeutendsten, deutschsprachigen Dichterinnen war.*

Auf den nun folgenden Kilometern, die uns in den **ÜBERLINGER SEE** genannten Teil des **BODENSEES** hineinführen, zeigt sich das Ufer als Mischung aus Weinbergen und dichtem Wald. So richtig ruhig wird es aufgrund der uferbegleitenden Straße allerdings nicht. Eine Strecke mit hübschen Häusern und Gärten begleitet uns, bis wir den von weit ausladenden Bäumen beschatteten hübschen **BADESTRAND UNTERUHLDINGEN** erreichen. Nebenan lockt die chillige **BEACHBAR „DIE SCHILFHÜTTE"**, wo man entspannt bei einem erfrischenden Getränk sitzen und sich hin und wieder im Wasser abkühlen kann. **UNTERUHLDINGEN** überrascht uns dann mit einem unerwartet großen Sportboothafen. Allerdings wartet der Ort auch mit einem der größten und bestbesuchten Freilichtmuseen Europas – dem **PFAHLBAUMUSEUM** – auf, das wir uns unbedingt anschauen müssen! *Hinter dem* **NATURSTRAND** *erstrecken sich die reetgedeckten* **PFAHLBAUTEN** *aus der Stein- und Bronzezeit, die wie Tausendfüßler im Wasser stehen und mit Stegen miteinander verbunden sind.* Und das alles vor einem großartigen Seepanorama. Für einen Besuch müssen wir am Rande des Hafens anlegen, denn ein direkter Zugang zu den prähistorischen Pfahlbauten wird durch Bojen versperrt.

Auch im sich anschließenden 55 Hektar großen **NATURSCHUTZGEBIET SEEFELDER AACHMÜNDUNG** darf nicht angelandet werden. Aber man kann den einzigartigen Mündungsbereich mit Flachwasserzone, Schilf- und Riedflächen auch gut vom Wasser aus beobachten. Vorbei am kleinen **SEEFELDEN** (**LANDHOTEL FISCHERHAUS** 4) kündigt sich das Tourende mit der lachsfarbenen **KLOSTERKIRCHE BIRNAU** an, die hoch oben auf einem Wiesenhang aus der Landschaft heraussticht. *Die Wallfahrtskirche gehört zu den prächtigsten Beispielen für barocke Kirchenbauten in Süddeutschland und glänzt im Inneren mit prachtvoller Rokoko-Ausstattung.* Unterhalb befindet sich das **SCHLOSS MAURACH.** Mit Blick auf die beiden historischen Landmarken legen wir am Strand vor dem **CAMPINGPLATZ BIRNAU-MAURACH** 5 an.

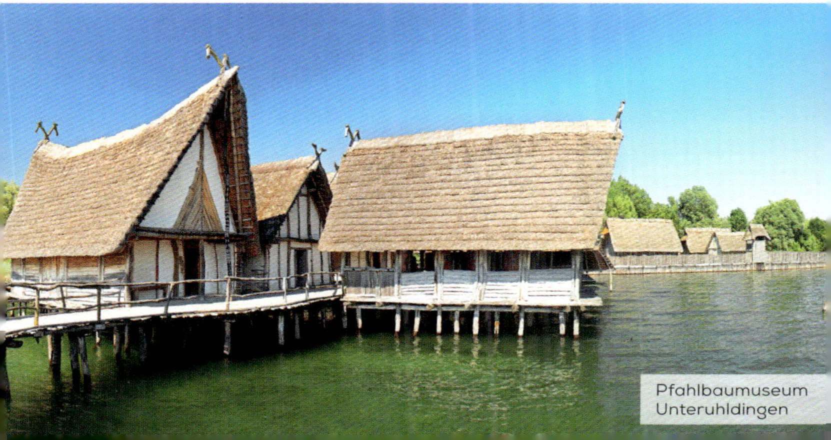

Pfahlbaumuseum Unterhuhldingen

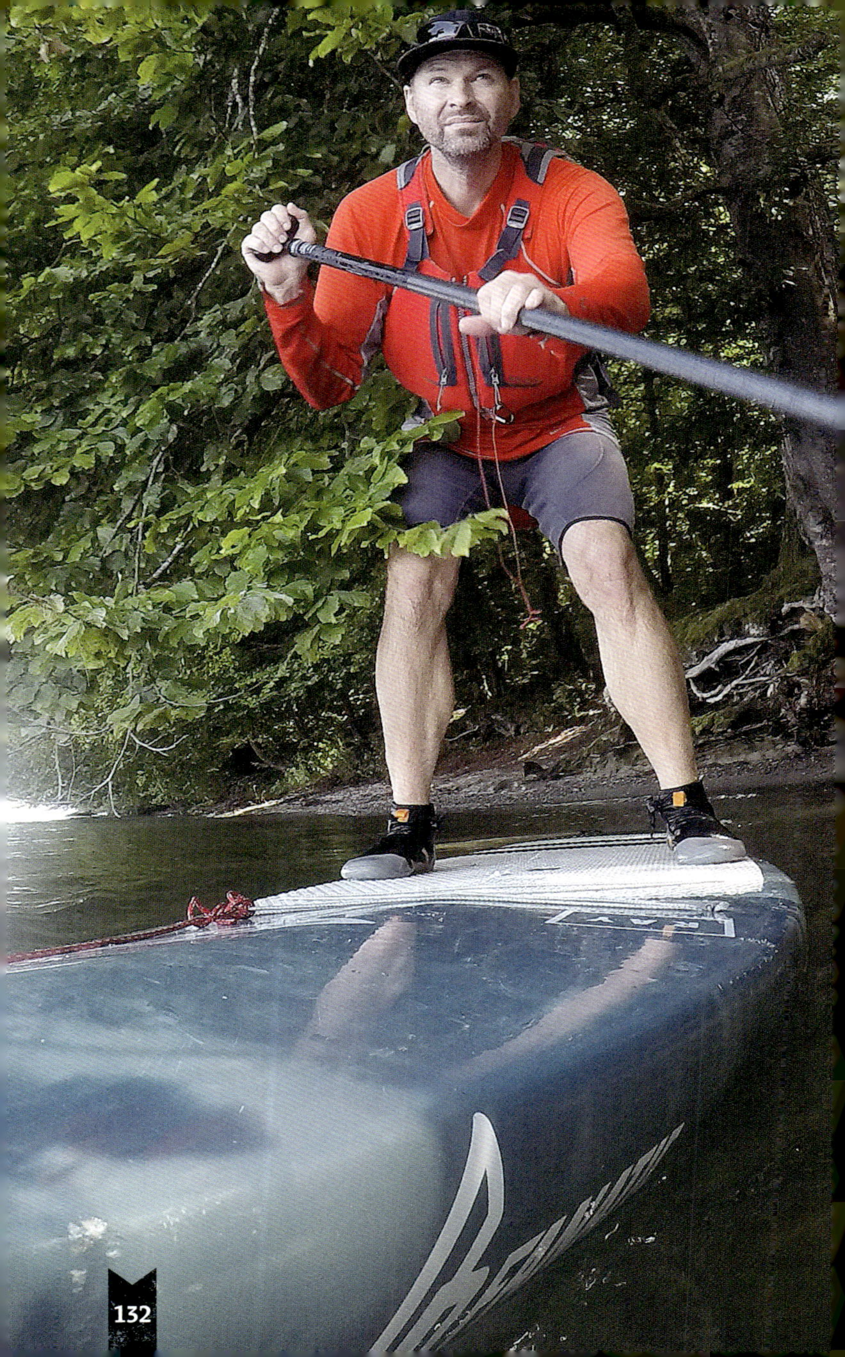

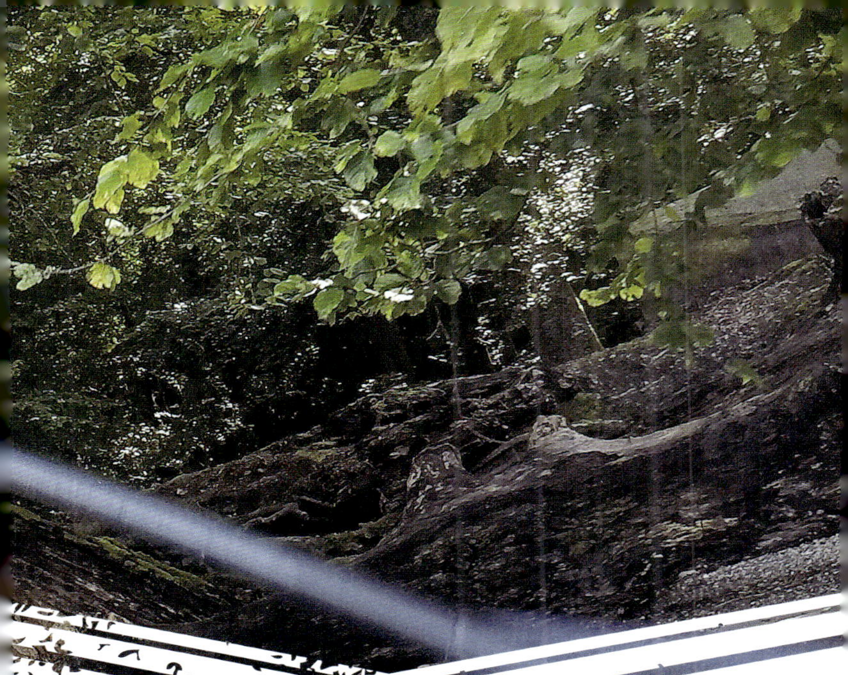

ÜBERLINGER SEE, SÜDUFER

ANSPRUCH

EINKEHR

Ein mittelgebirgsartiger und tief bewaldeter Bergstock, in dem sich Wasserfälle und Burgruinen verstecken, fällt steil ans Ufer ab. Wer sich mit seinem Board auf die Strecke zwischen Wallhausen und Bodman begibt, wird mit wunderbaren Natureindrücken belohnt und kann im klaren Wasser auf den Teufelstisch hinunterblicken.

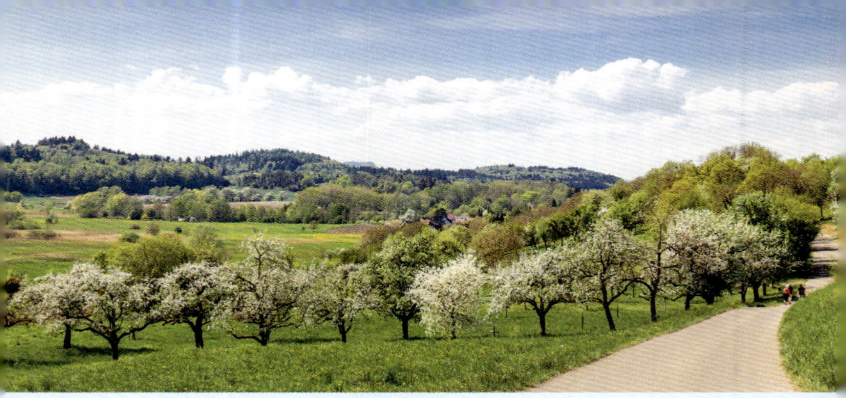

WIND & WETTER

Auch wenn der See sich im Überlinger Teil verengt, kann es trotzdem zu rascher **Wellenbildung** kommen.

Blinksignale warnen vor **aufkommendem Wind** und **Gewitterzellen**.

GEFAHREN

Die **Schiffsanleger** der Ausflugsdampfer sind – wie immer – mit besonderer Aufmerksamkeit zu passieren.

BEFAHRUNGSREGELN

Ins **Naturschutzgebiet Bodman-Ludwigshafen** dürfen wir nicht einfahren.

Für das kleine **Vogelschutzgebiet** neben dem Freibad von **Wallhausen** gilt das ebenso.

Wer die Tour verlängern möchte, sollte das **NSG Stockacher Ach** berücksichtigen, das sich über die ganze Seite der Bucht erstreckt.

ANFAHRT MIT DEM PKW

Von der A 81/A 98 fährt man vom Kreuz Hegau auf der B 33 bis Allensbach. Dort auf der Allensbacher Straße nach Dettingen und weiter auf der Kapitän-Romer-Straße und Heinrich-von-Tettingen-Straße durch Wallhausen. Dort rechts in die Uferstraße bis zum links gelegenen Parkplatz.

PARKEN

Großer kostenpflichtiger Parkplatz vor dem Strandbad Wallhausen *(Navi: Uferstraße 50, 78465 Konstanz).*
Von dort die Ausrüstung rund 300 Meter zum Ufer tragen.

ANREISE MIT ÖPNV

EINSTIEG Vom Bf *Konstanz* mit Bus 4/13 oder 13/4 bis *Wallhausen, Hafen.*

AUSSTIEG Von der Haltestelle *Bodman Kapelle* mit dem Bus 105 zum Bf *Ludwigshafen (Bodensee).*

BADEN

» Zahlreiche kleine **wilde**, teils kiesige **Strände** am Ufer laden zum Baden ein.

» **Strandbad Dingelsdorf** und **Strandbad Wallhausen** (jeweils mit Liegewiese, flachem Strand, Beachvolleyball und Biergarten).

» **Strandbad Bodman** (Liegewiese, Sprungturm, Beachvolleyball).

SEHENSWERTES

» Deutschlands größtes privates Naturkundemuseum, das **Urweltmuseum Bodman** in **Bodman (Ludwigshafen),** beherbergt große Saurier und Krokodile, eine Vielzahl von Fischen, filigrane Seelilien und gut erhaltene Ammoniten und Belemniten aus der Jurazeit. *www.urweltmuseum-bodman.de*

EXTRA-TIPPS

» In den Berghängen des Bodanrücks verstecken sich gleich zwei Ruinen. Neben **Ruine Kargegg** am **Wanderweg Marienschlucht** *(Herbst 2023 Wiedereröffnung, www.marienschlucht.de, Einkehr: Hofgut Kargegg, www.restaurant-hofgut-kargegg.de),* findet man weiter nördlich die **Ruine Altbodman** aus dem 14.Jh., die einen fantastischen Ausblick auf den Überlinger See bietet. Nebenan auf dem Nachbarhügel thront **Burg Frauenberg** – heute Kloster.

» **Katharinenschlucht**: die „kleine Schwester" der Marienschlucht birgt kleine Wasserfälle, versteckte Mauerreste und eine sagenumwobene Höhle.

» Auf einer **Wanderung** (ca. 15 km) **an den Hängen des Bodanrücks** von Bodman aus kann man Wasserfälle, Burgruinen, verwunschene Waldbilder und markante Felswände mit einem Besuch in der **Bisonstube Bodenwald** *(www.bisonstube-bodenwald.de)* verbinden. Hier wird das Fleisch der Wildrinder angeboten, die auf den Weiden oberhalb des Waldes weiden.

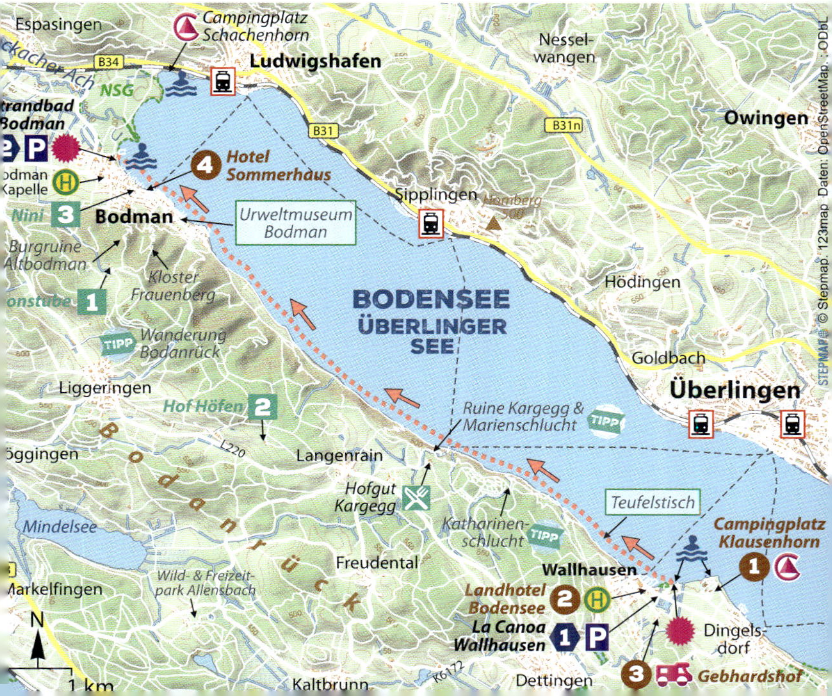

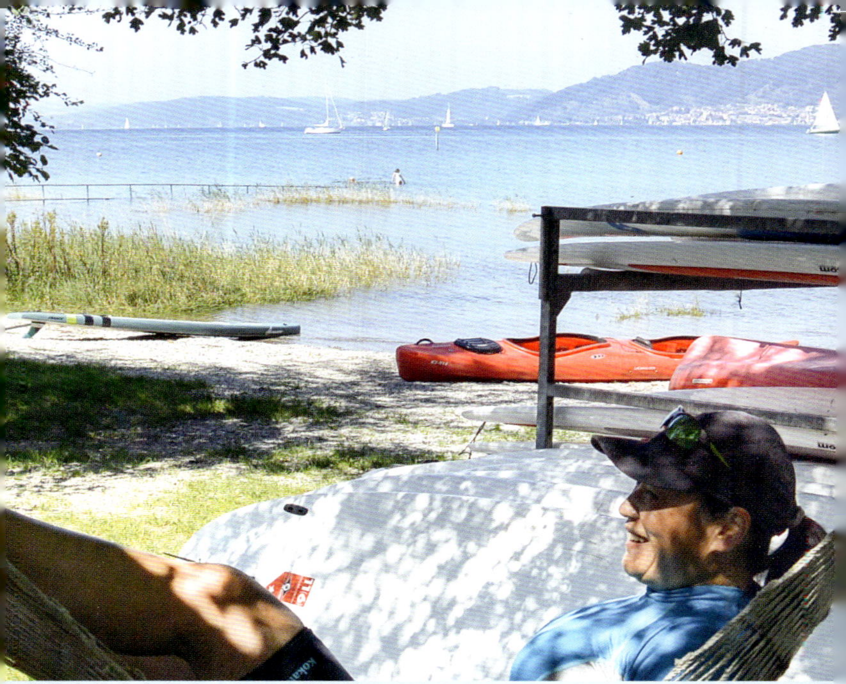

TOUREN

1 WALLHAUSEN NACH BODMAN

(mit Tourbeschreibung Seite 138)

Naturparadies „Überlinger Finger“. Dichter Wald und Felsformationen prägen das fjordartige Ufer.

| **LÄNGE** 11 km | **DAUER** 3 h

EIN- & AUSSTIEG

EINSTIEG Zwischen Strandbad Wallhausen und SUP-/Kanu-Station.

AUSSTIEG Strandbad Bodman.

ZURÜCK Am besten mit einem zuvor am Ziel deponierten Rad. Mit ÖPNV schwierig, mind. 3 x umsteigen.

SUP-VERMIETUNG

1 LA CANOA
SUP-STATION WALLHAUSEN
Uferstr. 39, 78465 Wallhausen
Tel. (07531) 95 95 48
www.kanuverleih-wallhausen.de

2 STRANDBAD BODMAN
In Neustückern 4
78351 Bodman-Ludwigshafen
Tel. (07773) 54 08
www.strandbad-bodman.de

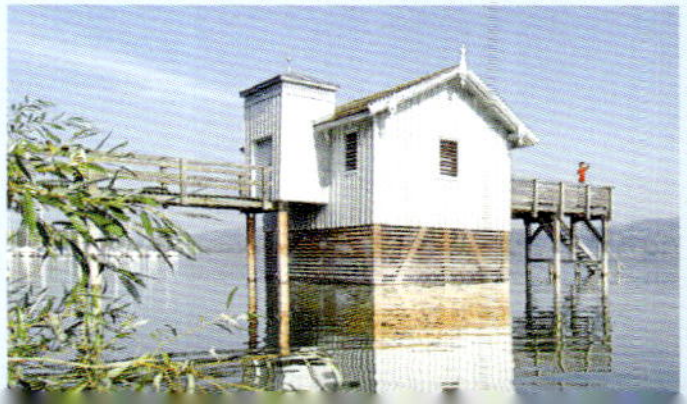

EINKEHR

1 BISONSTUBE
Hofgut Bodenwald 1, 78315 Radolfzell
Tel. (07773) 50 90
www.bisonstube-bodenwald.de
Mi-So ab 12 Uhr

KLASSIKER
Bisonwurst mit Westernkartoffeln

2 HOF HÖFEN
Hof Höfen 1, 78476 Allensbach
Tel. (07533) 93 22 40
www.hof-hoefen.com

KLASSIKER 12 Std. niedergegarter Bodanrück-Wildschweinbraten

3 NINI
Kaiserpfalzstr. 32
78351 Bodman-Ludwigshafen
Tel. (07773) 228 97 00
https://nini-gastro.business.site
Do-Mo 11-18 Uhr

KLASSIKER Leckere Torten und asiatischer Wurstsalat

ÜBERNACHTUNG

1 CAMPINGPLATZ KLAUSENHORN
Hornwiesenstraße 40-42
78465 Konstanz
Tel. (07533) 63 72
www.camping-klausenhorn.de

2 LANDHOTEL BODENSEE
Uferstraße 40
78465 Konstanz/Wallhausen
Tel. (07533) 52 69
www.landhotel-bodensee.de

3 WOMO-STELLPLATZ GEBHARDSHOF
in Dettingen-Wallhausen
Zum Hofgut 4
78465 Konstanz

4 HOTEL SOMMERHAUS
Kaiserpfalzstr. 67
78351 Bodman-Ludwigshafen
Tel. (07773) 76 82
www.hotel-sommerhaus.de

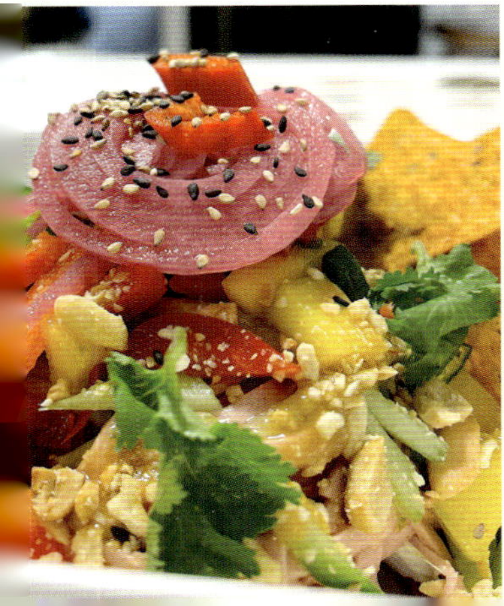

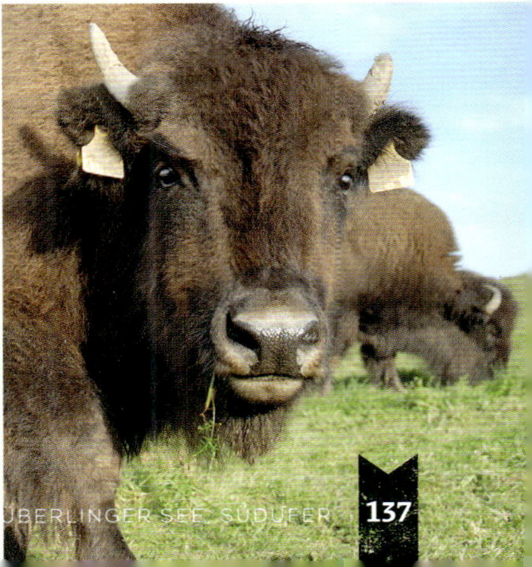

1 EIN TEUFLISCH SCHÖNES SUP-VERGNÜGEN

Schon gleich nachdem das Board vom **STRAND** ins blaue Wasser des **ÜBERLINGER SEES** geschoben ist, beginnt der Spaß. Mit etwas Abstand zum **YACHTHAFEN**, in den unablässig Segler und Motorboote ein- und ausfahren, geht es Richtung Westen. Nach einem knappen Kilometer entlang des Waldrandes lassen wir **WALLHAUSEN** hinter uns. Besonders augenfällig ist das klare Wasser. Unter uns zieht der Seeboden dahin, so deutlich wie der Blick in ein Aquarium. Besonderes Highlight ist der **TEUFELSTISCH**, *eine säulenförmige Felsformation, die sich vom 70 Meter tiefen Grund bis knapp unter die Wasseroberfläche reckt. Taucher die hier nur mit Ausnahmegenehmigung unterwegs sind, stoßen dort sogar auf Unterwasserhöhlen.* Stand up Boarder genießen die Szenerie einfach von oben.

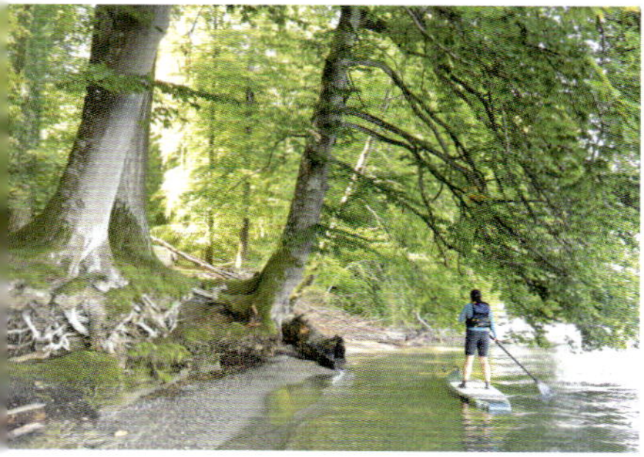

Der Wald ist zum Greifen nah und das Grün lädt zum Träumen ein. Kleine **KIESSTRÄNDE** tauchen am Ufer auf. Von Wind und Wetter gebeugte Baumgestalten überspannen die ersten dutzend Meter und recken ihre Äste wie Kraken über das Wasser. Wer aufmerksam lauscht, hört das Plätschern kleiner **WASSERFÄLLE** in den engen Waldschluchten.

Besonders reizvoll ist ein Aufstieg über die Stege und Holztreppen ins Felstal der **MARIENSCHLUCHT** – seit 2015 durch einen Erdrutsch unbegehbar, soll im Frühsommer 2023 zunächst der Uferweg nach Bodman wieder frei-

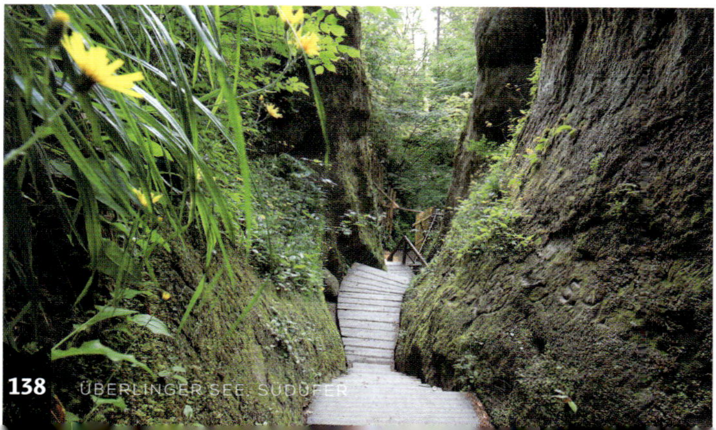

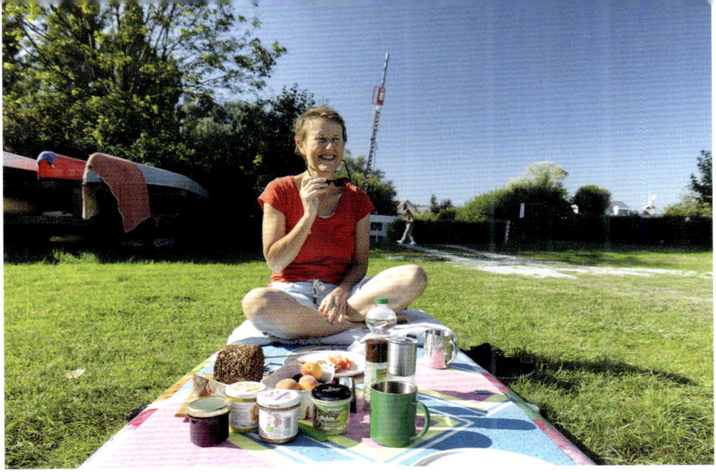

gegeben werden, im Herbst 2023 ist die Wiedereröffnung der Marienschlucht geplant! Dann kann man auch die beindruckenden Ruinenreste der im 13. Jahrhundert erbauten **BURG KARGEGG** besichtigen. Schiffe können schon bereits wieder an dem langen **BOOTSSTEG MARIENSCHLUCHT** anlegen.

Hinter der Marienschlucht ragen helle Felswände aus dem Grün des Waldes hervor, bis sich dann oberhalb des Seeufers kurz vor **BODMAN** Weinreben den Hang hinaufziehen. Mit Blick auf herrlich gelegene Häuser legen wir dann hinter dem zweiten **SEGELHAFEN** an. Wenige Schritte nur sind es zum **URWELTMUSEUM BODMAN** *in dem gut erhaltene Saurier, Urzeitfische, und Pflanzen aus der Jurazeit bestaunt werden können.*

Wieder auf dem Wasser folgt man der vom Uferpark begrünten Promenade des Ortes und kommt an weiteren Segelhäfen vorbei, an deren Stegen schicke Yachten liegen. Zwischen den letzten beiden Stegen breitet sich das **STRANDBAD BODMAN** ❷ mit einer großen Sonnenwiese aus. Gleich nebenan können wir aussetzten und haben mit ein paar Schritten Zugang zu den Parkplätzen.

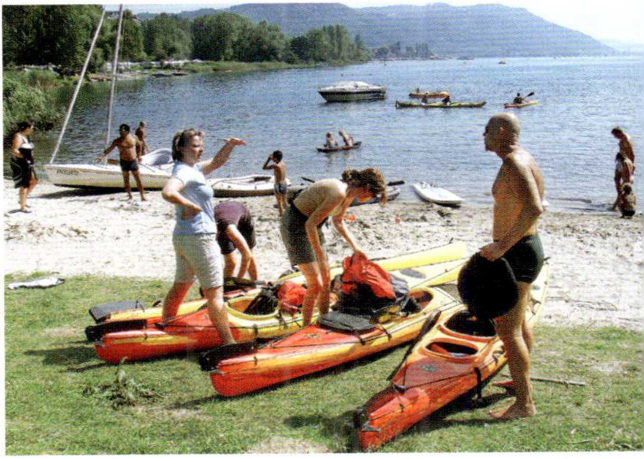

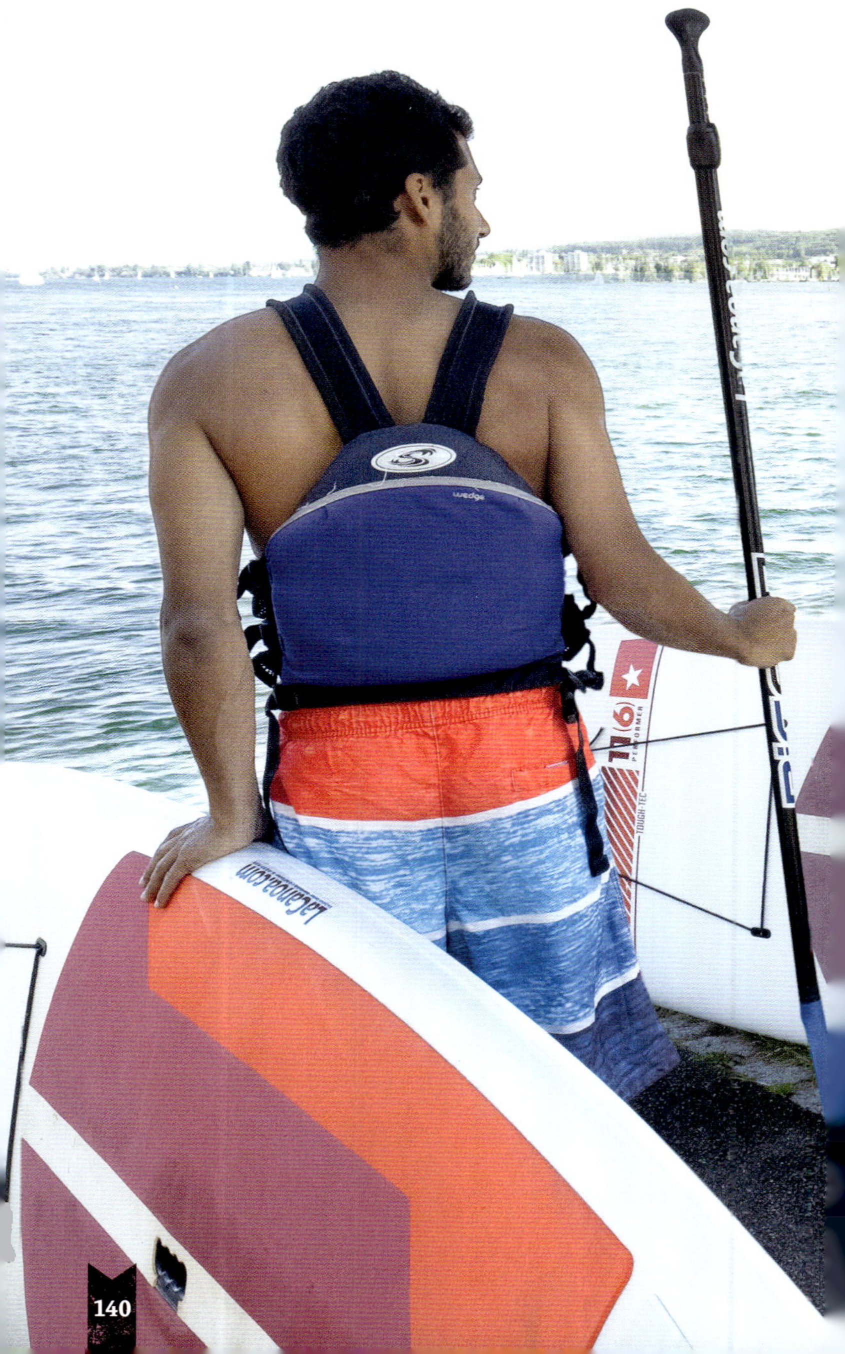
wedge
PERFORMER
TOUGH-TEC

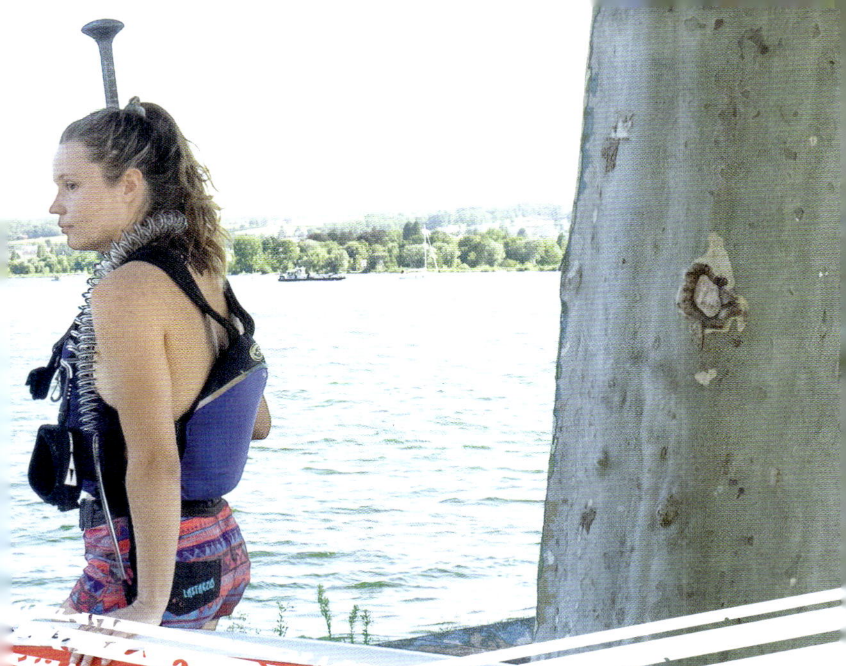

KONSTANZER CITY-RUNDEN

ANSPRUCH

EINKEHR

Blau-grün und glasklar!
Unterwegs auf dem Seerhein ins idyllische Gottlieben und zurück nach Konstanz.
Bei gutem Wetter wagen wir auf dem Obersee eine Seequerung, statten „Imperia" einen Besuch ab und tauchen in einen romantischen Kanal ein.

WIND & WETTER

Besonders im Trichter des Seerheins kann es bei hohen Wasserständen zu stärkeren **Strömungen** kommen. Paaren diese sich mit vom See kommenden **Wellen**, entsteht ein für Anfänger recht kabbeliger Wellensalat, der zusammen mit den Bootswellen der Ausflugsboote interagiert.

Blinksignale warnen vor aufkommendem **Unwetter**.

BEFAHRUNGSREGELN

Zahlreiche Fährlinien und Privatboote sind besonders im **Bereich der Anleger und Häfen** zu beachten.

Auch am **Seerhein** ist **mit erhöhtem Schiffsaufkommen** zu rechnen.

Die punktuell hoch frequente **Ausflugsschifffahrt** hat immer **Vorrang**!

Das **NSG Wollmatinger Ried** gegenüber von Gottlieben am nördlichen Seerheinufer (durch Schilder markiert) darf nicht befahren werden.

ANFAHRT MIT DEM PKW

Von A 81/A 98 am Kreuz Hegau abfahren auf der B 33 in Richtung Konstanz. Im Ort halten wir uns dann am Kreisverkehr rechts und fahren auf der B 33 weiter, bis nach 500 Metern gegenüber des MediaMarkt die kleine Helene-Merk-Straße rechts abgeht.

PARKEN

In den umliegenden Straßen. Alternativ: Park & Ride des Bodenseeforums gegenüber dem Wissenskubus der Universität Konstanz *(Navi: Reichenaustr. 158, 78467 Konstanz).*

BADEN

- Die **Bodensee-Therme Konstanz** lockt bei Schlechtwetter mit einem 33 °C warmen Innenbecken. www.therme-konstanz.de
- Das **Strandbad Horn ("Hörnle")** in **Konstanz** ist mit über 50.000 Quadratmetern Liegewiese und 600 Metern Uferlänge das größte Strandbad am Bodensee. www.konstanzer-baeder.de
- **Rheinstrandbad** – Schwimmen mit Blick auf die **Konstanzer** Altstadtkulisse.
- Ein ruhiges Plätzchen ist die **Badestelle Kuhhorn.**
- Strandbad **Seerheinbad Zellersguet Tägerwilen** mit Sprungturm, Volleyballfeld und kleinem Kiosk. www.badi-info.ch
- **Freibad Hörnli** in **Kreuzlingen** – Strand, 50-Meter-Becken, Sprungturm, Bistro, Beachvolleyball. www.schwimmbadhoernli.ch
- **Freibad Röösli** in **Bottighofen** – Beachvolleyball, Tischtennis, Feuerstellen, Kiosk, Sprungturm.

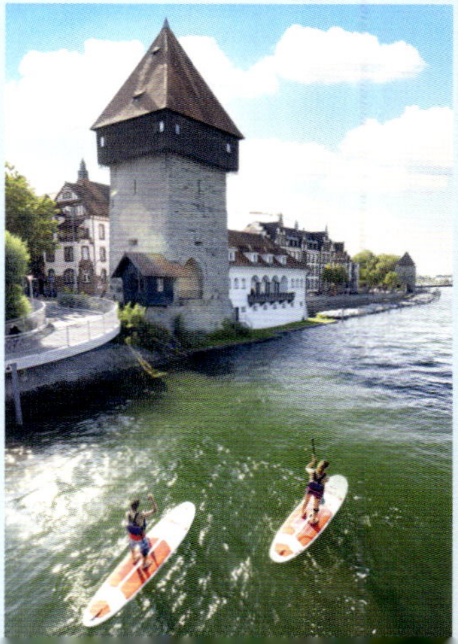

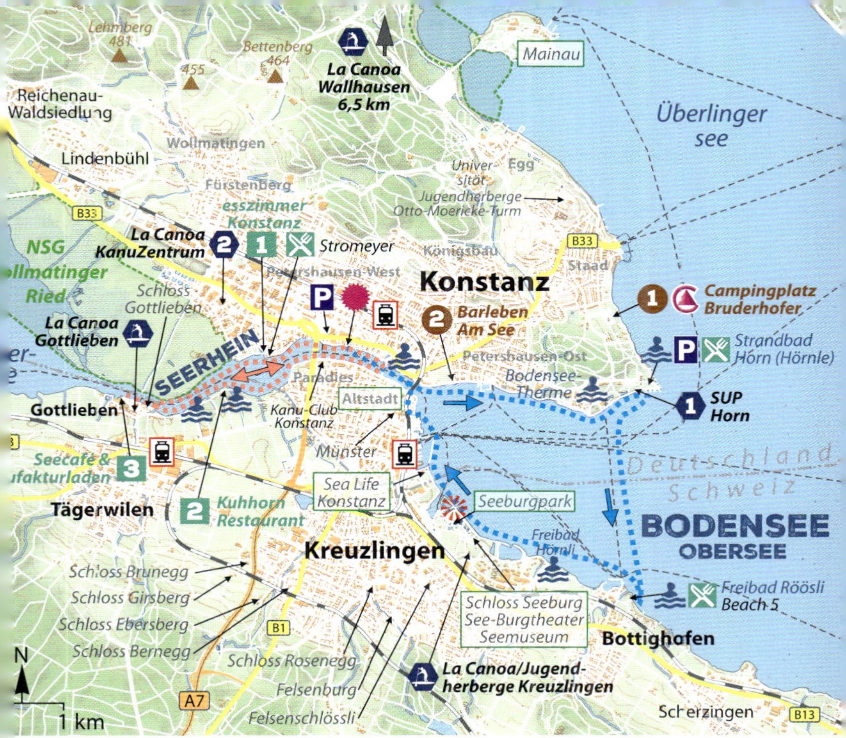

SEHENSWERTES

» Die **Altstadt** von **Konstanz** mit den malerischen Gassen und der Münsterplatz mit **Münster**, von dessen Turm man einen atemberaubenden Blick über Stadt und See hat, sind besonders sehenswert.

» **SEA LIFE Konstanz** eröffnet spannende Unterwasserwelten. www.visitsealife.com/konstanz

» Zur Frühlingszeit blühen auf der **Insel Mainau**, dem beliebtesten Ausflugsziel, Tausende Tulpen, im Sommer duftende Rosen und im Herbst sind zahlreiche Dahlien zu bestaunen. www.mainau.de

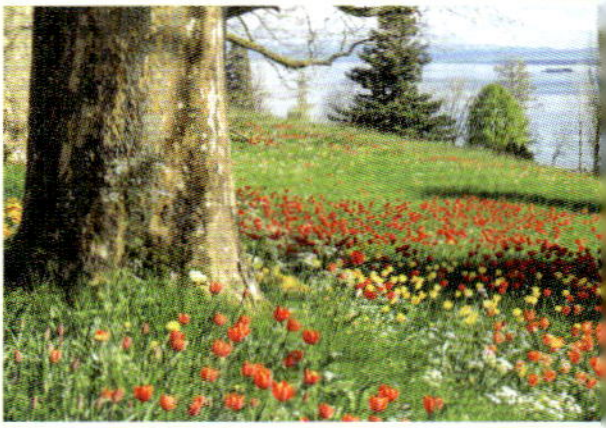

» Ein Spaziergang im **Seeburgpark Kreuzlingen** führt an lauschigen Plätzen am Seeufer und dem **Schloss Seeburg** aus dem 16. Jahrhundert vorbei.

» Im **Kreuzlinger Seemuseum** erfährt man Interessantes über Schifffahrt, Fischerei und das 1864 im Bodensee versunkene Dampfschiff JURA. www.seemuseum.ch

TOUREN

1 AUF DEM SEERHEIN NACH GOTTLIEBEN

(Tourbeschreibung unten)

Am Nordufer des Seerheins, einem Flussabschnitt des Rheins, nach Gottlieben und am Südufer zurück.

| **LÄNGE** 7 km | **DAUER** 2-2:30 h

2 CITY TOUR MIT SEEQUERUNG

(Tourbeschreibung Seite 147)

Zunächst zum "Hörnle". Dann, bei gutem Wetter und mit etwas SUP-Erfahrung, Querung zum Schweizer Ufer. Weiter zur „Imperia" und zurück durch den verwunschenen Kanal.

| **LÄNGE** 12 km | **DAUER** 3-4 h

EIN- & AUSSTIEG

Vom Parkplatz des Bodenseeforums *(Reichenaustraße 158, 78467 Konstanz)* sind es gut 500 Meter bis zum Ende der kleinen *Helene-Merk-Straße*, wo wir die Boards unterhalb der Treppenstufen in den Seerhein einsetzen.

SUP-VERMIETUNG

1 SUP HORN IM STRANDBAD HÖRNLE
Eichhornstraße 100
78464 Konstanz
Tel. 01512-347 31 80
www.sup-horn.de

2 LA CANOA KANUZENTRUM KONSTANZ
Robert-Bosch-Straße 4B
78467 Konstanz
Tel. (07531) 95 95 97
www.lacanoa.de/sup

SUP STATIONEN VON LA CANOA

GOTTLIEBEN, Kirchstr. 3
Tel. +41 (0)79 666 54 32
tägl. 9-18, www.localholic.ch

WALLHAUSEN, Uferstr. 39
Tel. +49 (0)7531 95 95 48
Di-So 10-18, in den Ferien tägl.

KREUZLINGEN, Promenadenstr. 7
Tel. +41 (0)71 688 26 63, *tägl. 8-10 & 17-21,* www.lacanoa.de/sup

1 INS IDYLLISCHE GOTTLIEBEN

Eine leichte Strömung bringt uns von der **EINSETZSTELLE** sogleich unter der rege befahrenen Brücke der B 33 hindurch, hinter der mehrere Gaststätten am Ufer um Kunden buhlen. Unmittelbar hinter dem Biergarten des **RESTAURANTS STROMEYER** liegt versteckt hinter Bäumen der *unter Denkmalschutz stehende 34 Meter hohe* **WASSERTURM** *der Firma Stromeyer, die im 19. Jahrhundert für die Fertigung großer Zirkuszelte bekannt war.* Im ehemaligen Pumpenhaus daneben befindet sich heute das **„ESSZIMMER"** 1, ein sehr sympathisches und chilliges kleines Restaurant.

EINKEHR

1 ESSZIMMER KONSTANZ

Turmstr. 32, 78467 Konstanz
Tel. (07531) 584 75 23
www.esszimmer-konstanz.de
Di-Sa 9-16.30 Uhr

KLASSIKER Leckere Ciabatta, Paninis und Salate

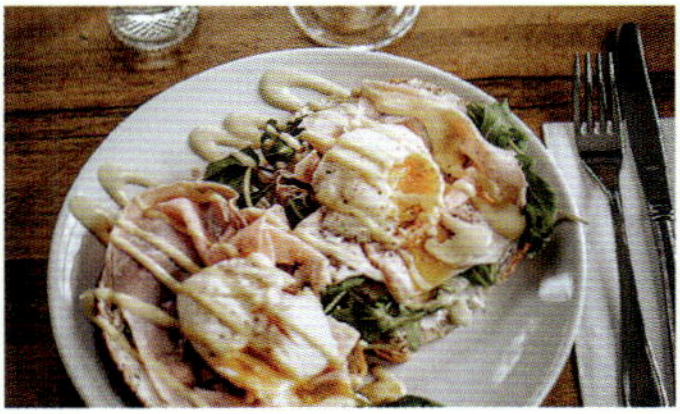

2 KUHHORN RESTAURANT

Konstanzerstr. 115A
CH-8274 Tägerwilen
Tel. +41 (0)79 172 74 74
www.kuhhorn-taegerwilen.ch
Do-Mo 10-22 Uhr, Di+Mi Ruhetag

KLASSIKER Es gibt, was da ist und das ist meist lecker!

3 GOTTLIEBER SEECAFÉ & MANUFAKTURLADEN

Espenstr. 9, CH-8274 Gottlieben
Tel. +41 (0)71 66 701 77
www.gottlieber.ch
tägl. 9-18, im Sommer bis 20 Uhr

KLASSIKER Gottlieber Hüppen
Hauchdünne Crêpes einzeln gebacken, wie das Blatt einer Havanna-Zigarre gerollt und mit zart schmelzender Schokoladencreme gefüllt.

ÜBERNACHTUNG

1 CAMPINGPLATZ BRUDERHOFER

Fohrenbühlweg 50
78464 Konstanz
Tel. (07531) 313 88
www.campingplatz-konstanz.de

2 HOTEL BARLEBEN AM SEE

Seestr. 15
78464 Konstanz
Tel. (07531) 94 23 30
www.hotel-barleben.de

Wir folgen dem breiten **SEERHEIN** Richtung Westen. Das rechte Ufer wird von großen Schilfflächen geprägt, zwischen denen Weiden und Pappeln herausragen. Hier beginnt dann auch schon das **NATURSCHUTZGEBIET WOLLMATINGER RIED**, das sich bis zur Halbinsel Reichenau ausbreitet und nicht bepaddelt werden darf. Wir queren jetzt hinüber zur Schweizer Seite, wo das altehrwürdige **SCHLOSS GOTTLIEBEN** (privat), eine ehemalige Wasserburg mit zwei Türmen, direkt am Wasser liegt. *Während des Konstanzer Konzils Anfang des 15. Jahrhunderts hielt man in seinen Mauern den Reformator Jan Hus, Hieronymus von Prag und den geflohenen und abgesetzten Papst Johannes XXIII. gefangen.*

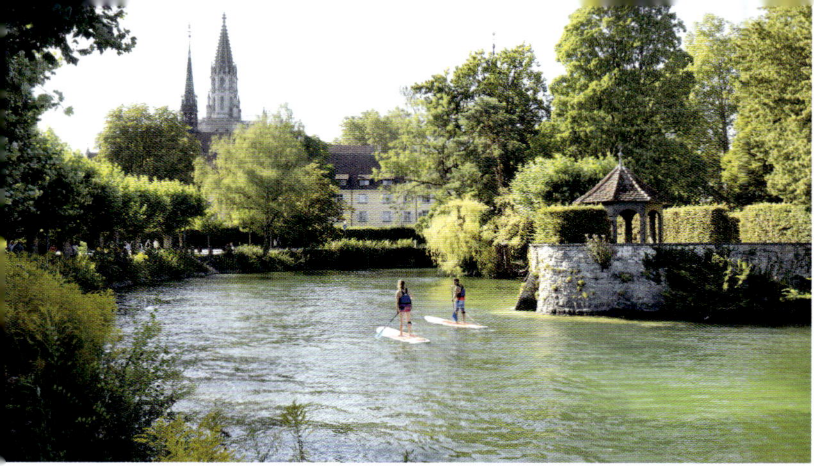

Entlang schmucker Häuser können wir unmittelbar vor dem **HAFEN GOTTLIEBEN** an einer Slipanlage/Betonrampe aussetzen, um durch das reizvolle Dorf zu spazieren oder im **GOTTLIEBER SEECAFÉ** 3 einzukehren.

Der Ort ist auch Wendepunkt unserer Tour und auf den nächsten dreieinhalb Kilometern geht es gegen die Rheinströmung an. Das klingt zwar anstrengend, ist aber im Regelfall gut machbar. Wer nah am Ufer paddelt, kommt in den Genuss des Kehrwassereffektes und verringert die einzusetzende Energie.

Vorbei am kleinen, aber feinen **SEERHEINBAD ZELLERSGUET TÄGERWILEN** und der 400 Meter dahinterliegenden **BADESTELLE KUHHORN** 2 kommen wir wieder zur Brücke der B 33, hinter der wir am rechten Ufer den Kanu-Club Konstanz passieren. Ein paar Hundert Meter vor der Einfahrt in den Obersee wechseln wir vor der Fahrradbrücke, die die Konstanzer **ALTSTADT** mit dem **HEROSÉ PARK** im Stadtteil Petershausen verbindet, die Uferseite. Hier springen von der Ufermauer Jugendliche ins Wasser auf der Suche nach Abkühlung. Ganz Übermütige sollen das gelegentlich auch von der Fahrradbrücke aus tun – mit Vorliebe knapp vorbei an SUPern und Kanuten. Der Park geht nahtlos in das **KONSTANZER RHEINSTRANDBAD** über, hinter dem dann in kurzer Abfolge drei **EINKEHRMÖGLICHKEITEN** warten, von denen man einen reizvollen Blick hinüber auf die Silhouetten von **PULVER- UND RHEINTORTURM** hat. Wir drehen die Boards gen Westen zurück zur **EINSETZSTELLE**.

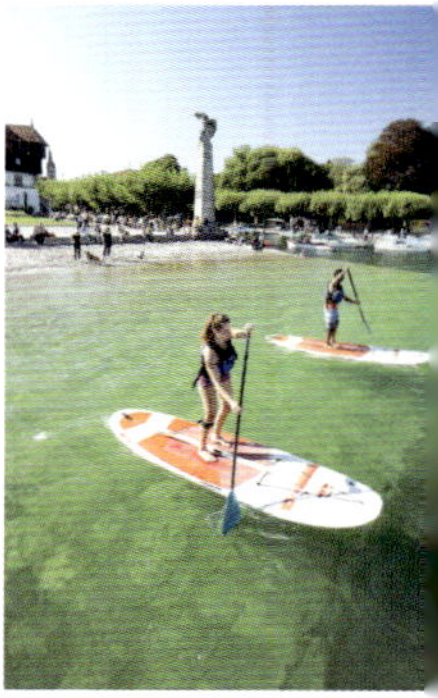

2 GROSSE CITY TOUR MIT SEEQUERUNG

Am Übergang zum **BODENSEE (OBERSEE)** ist die Strömung des **SEERHEINS** am stärksten und man muss für ein paar Hundert Meter etwas kräftiger paddeln. Rollen dann auch noch Wellen des Obersees oder der Ausflugsschiffe heran, kann es ordentlich kabbelig werden. Dann muss man eventuell kurz in die sitzende Position wechseln, um das Gleichgewicht zu halten.

Auf dem **OBERSEE** folgen wir der mediterranen Platanenallee entlang der Uferpromenade. Bürgerhäuser, Casino und Yachthafen wechseln sich mit dem grünen Parkufer ab, bis wir das **STRANDBAD HORN** 1, auch „Hörnle" genannt, erreichen. Hier gibt es die Möglichkeit einzukehren und dabei den See zu beobachten, um zu entscheiden, ob man sich auf die etwas mehr als zwei Kilometer lange Querung hinüber in die Schweiz machen kann.

Die Hochhäuser von **BOTTIGHOFEN** dienen bei der Querung als Orientierungspunkt und der Schiffsverkehr verdient währenddessen besondere Aufmerksamkeit. Sollten die Wetterbedingungen nicht optimal sein, versteht es sich von selbst, auf die Querung zu verzichten und am Ufer entlang zurückzupaddeln! Drüben angekommen ist der **GRILL- & FREIZEITPARK BOTTIGHOFEN** am **FREIBAD RÖÖSLI** unser Pausenziel, wo wir uns auf der Terrasse des netten **KIOSKS „BEACH 5"** eine Portion Fish & Chips verdient haben. Nun setzen wir entlang des **KREUZLINGER UFERS** zum Endspurt an. Am verschnörkelten **SCHLOSS SEEBURG** mit dem hübschen **SEEBURGPARK** bietet ein **AUSSICHTSTURM** am Ufer eine gute Gelegenheit, sich einen feinen Überblick zu verschaffen.

Dann blicken wir auch schon in der Ferne auf die endlos lange Mole des **KONSTANZER HAFENS** und *die vom Künstler Peter Lenk geschaffene Konstanzer Kurtisanenstatue* ***„IMPERIA"****, eines der Wahrzeichen der Stadt und eine satirische Anspielung auf das 1414-1418 stattfindende Konzil von Konstanz. Das Figürchen mit Kaiserkrone und Reichsapfel stellt die weltliche Macht dar, die kleine Figur mit der Papstkrone die kirchlichen Autoritäten.*

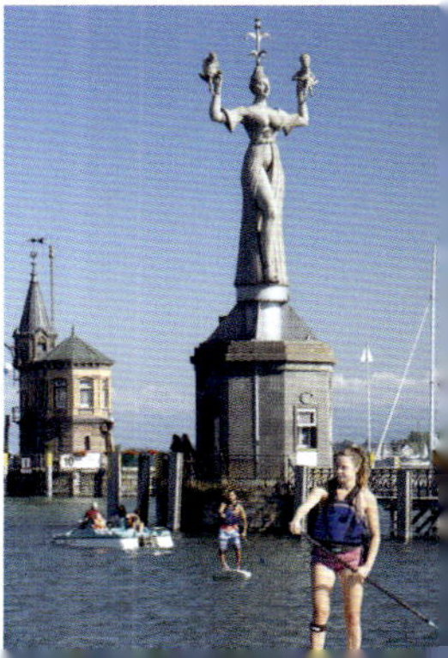

Hinter der Konzertmuschel im **KONSTANZER STADTGARTEN** biegen wir links in die kleine Bucht, die in einen verwunschenen **KANAL** mündet, kurven um das Konstanzer Inselhotel herum und landen direkt am Ausfluss des **SEERHEINS**. Mit den letzten lockeren Paddelschlägen streben wir in der untergehenden Sonne in der leichten Strömung unserem **AUSSTIEG** entgegen.

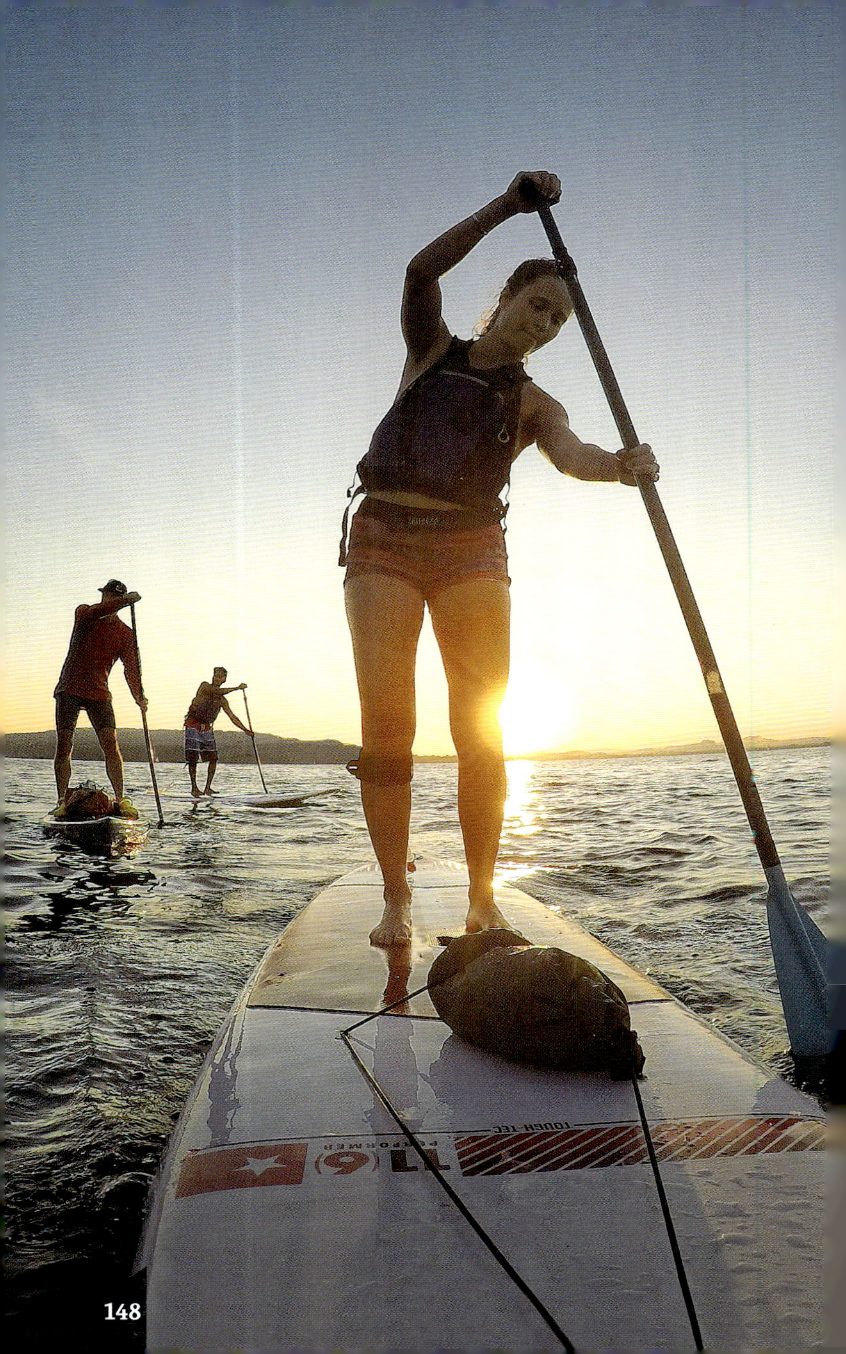

REICHENAU-RUNDE

ANSPRUCH | EINKEHR

Wir entdecken die von der UNESCO geschützten Klöster und Kirchen bei einer Inselumrundung mit grandiosen Fernblicken, reicher Flora und Unterwasserfauna und genießen das glasklare Wasser. Besonders schön ist diese SUP-Runde wegen der geschützten Lage. SUPer mit einem Faible für leckere Fischgerichte sind hier richtig.

WIND & WETTER

Meist Schwachwind, geschützte Lage. Jedoch gilt die **Reichenau-Spitze** mit Wind und Wellen aus verschiedenen Seeteilen, die mit leichter Strömung interagieren, als **Bermudadreieck**.

BEFAHRUNGSREGELN

Anleger und Häfen mit der **Ausflugsschifffahrt** sind zu beachten.

Das **NSG Wollmatinger Ried**, das sich rund um den aufgeschütteten Reichenauer Damm erstreckt, darf nicht bepaddelt werden.

ANFAHRT MIT DEM PKW

Von A 81 oder A 98 auf die B 33 Richtung Konstanz. Kurz vor der Stadt rechts ab auf den Inseldamm *(Pirminstr.)*, in Verlängerung *Abt-Berno-Straße*, fast am Inselende nach links in die Straße *Zum Sandseele*.

PARKEN

Parallel zum Campingplatz stehen in der Straße *Zum Sandseele* auf dem Seitenstreifen mehrere kostenfreie Parkplätze zur Verfügung.

BADEN

» Im **Strandbad Reichenau** mit großer Liegewiese an der Spitze der **Gnadenseebucht,** kann man nicht nur baden, sondern auch im gleichnamigen Restaurant bei Lounge Musik mit Blick auf den Bodensee chillen und essen. www.reichenau.de/de/Insel-Festland/Freizeit/Strandbad

» Das **FreizeitCenter Reichenau** – ein Ort für Aktive mit zahlreichen Angeboten wie Boot-, SUP- und Fahrradvermietung (auch E-Bikes) sowie Events für Gruppen. www.freizeitcenter-reichenau.de

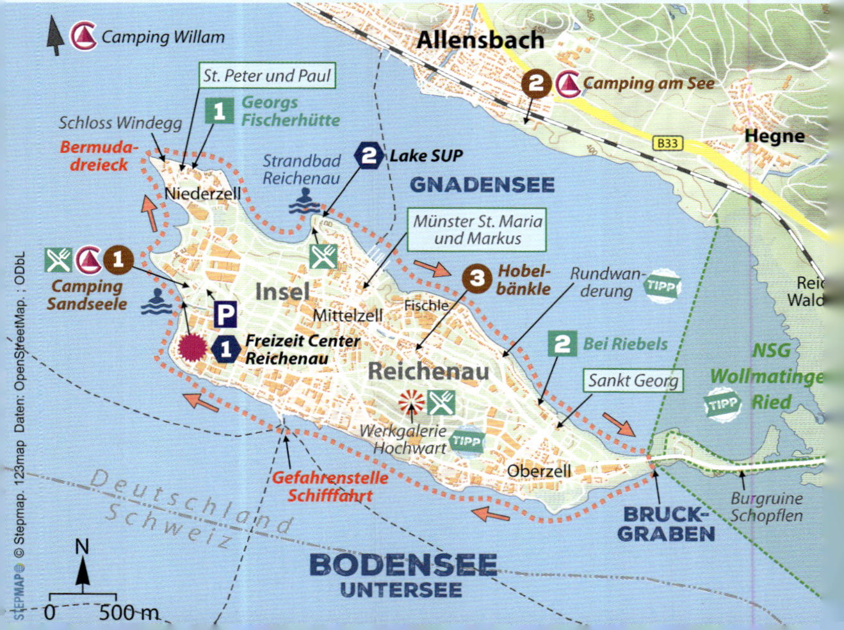

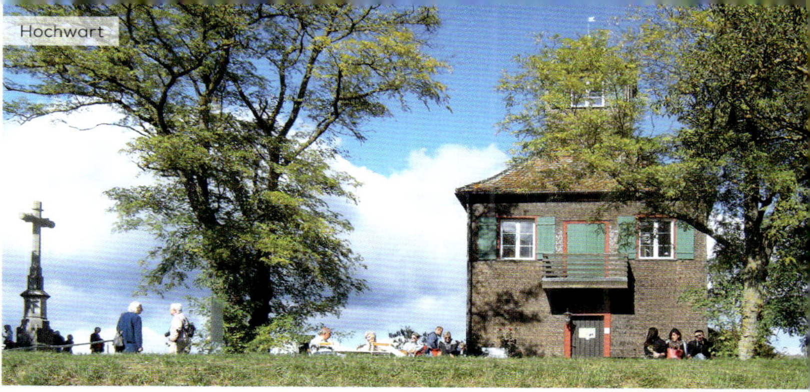
Hochwart

SEHENSWERTES

» Vom **Benediktinerkloster Reichenau** sind drei Kirchen erhalten: Besonders beeindrucken **Sankt Georg** in **Oberzell** *mit freigelegten Wandmalereien aus der späten Romanik* sowie das **Münster St. Maria und Markus** in **Mittelzell** *mit seiner Schatzkammer in der zahlreiche Reliquienschreine und weitere Kultgegenstände aus dem 5.-18. Jahrhundert aufbewahrt werden.* Die Kirche **St. Peter und Paul** ist eine dreischiffige romanische Säulenbasilika *mit aufgestockten Türmen aus dem 15. Jahrhundert und eindrucksvollen Apsisgemälden des späten 11. Jahrhunderts* und eine der ältesten Kirchen am Bodensee.

» In vier **Museumsbauten,** die sich bei den drei Kirchen und dem Alten Rathaus befinden, wird über die Geschichte des **UNESCO-Weltkulturerbes Reichenau** informiert. www.museumreichenau.de

EXTRA-TIPPS

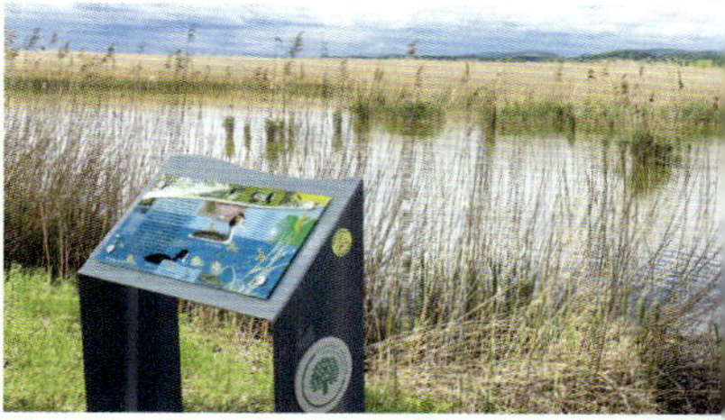

» Eine rund 11 km lange **Rundwanderung** führt auf schmalen Pfaden **um die Insel,** vorbei am Seeufer und den schönsten Sehenswürdigkeiten.

» Beim Blick von dem auf einem Hügel gelegenen **Hochwart,** 1833 als Teehäuschen und Belvedere erbaut, heute **Werkgalerie** mit Keramikatelier und **Café**, liegt einem die ganze Insel zu Füßen. Bei guter Sicht schaut man hinüber zum Schweizer Ufer und auf die Alpen. www.werkgaleriehochwart.de

» Birdwatcher finden besonders beim **Spaziergang** entlang des schmalen Inseldamms, auf dem man das **NSG Wollmatinger Ried** durchquert, zahlreiche Möglichkeiten seltene Vogelarten zu beobachten. Es kann auch im Rahmen naturkundlicher Führungen begangen werden. www.nabu-bodenseezentrum.de/natur-erleben/auf-eigene-faust/infopfad-wollmatinger-ried

TOUREN

1 RUND UM DIE REICHENAU

(mit Tourbeschreibung Seite 154)

Inselumrundung auf glasklarem Wasser des Bodensee-Untersees mit fantastischen Blicken in die Unterwasserwelt und in die schöne Umgebung.

| **LÄNGE** 11 km | **DAUER** 3 h

EIN- & AUSSTIEG

Vom Parkplatz sind es, je nachdem wo man parkt, 70-300 m entlang der Straße, bis man die Boards neben dem FreizeitCenter *(Zum Sandseele 1, 78479 Reichenau)* auf einem flachen Kiesstrand ins Wasser lassen kann.

SUP-VERMIETUNG

1 FREIZEITCENTER REICHENAU
Zum Sandseele 1, 78479 Reichenau
Tel. (07534) 995 87 77
www.freizeitcenter-reichenau.de

2 LAKE SUP
Strandbadstr. 5, 78479 Reichenau
Tel. 0176-346 593 16
www.lakesup.de

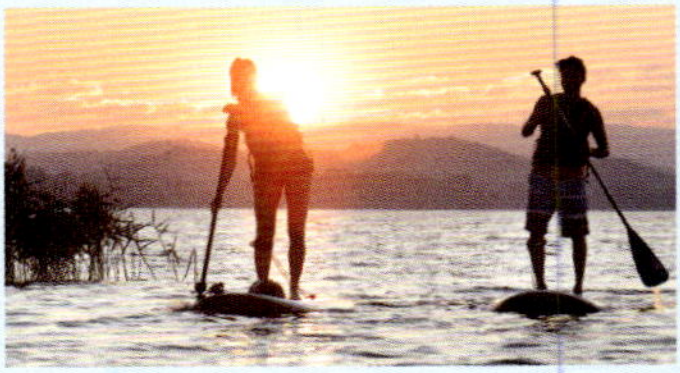

EINKEHR

1 GEORGS FISCHERHÜTTE

Fischergasse 5, 78479 Insel Reichenau/Niederzell, Tel. (07534) 71 69
www.georgs-fischerhuette-reichenau.de

KLASSIKER Frischer Bodensee-Fisch vom Fischer

2 BEI RIEBELS

Seestraße 13, 78479 Insel Reichenau/Oberzell, Tel. 0160-973 540 47
www.riebels-fischdelikatessen.de

KLASSIKER Fischmaultaschen mit Lachsforellen-Zucchinifüllung

ÜBERNACHTUNG

1 CAMPING SANDSEELE
(Camping, Zimmer)
Zum Sandseele 1, 78479 Reichenau
Tel. (07534) 73 84, www.sandseele.de

2 CAMPING AM SEE
(Camping, Hütten, Zimmer)
Strandweg 30, 78476 Allensbach
Tel. (07533) 997 65 65
www.campingamsee.com

2 PENSION HOBELBÄNKLE
Rosendornweg 5, 78479 Reichenau
Tel. (07534) 13 83
www.hobelbaenkle.de

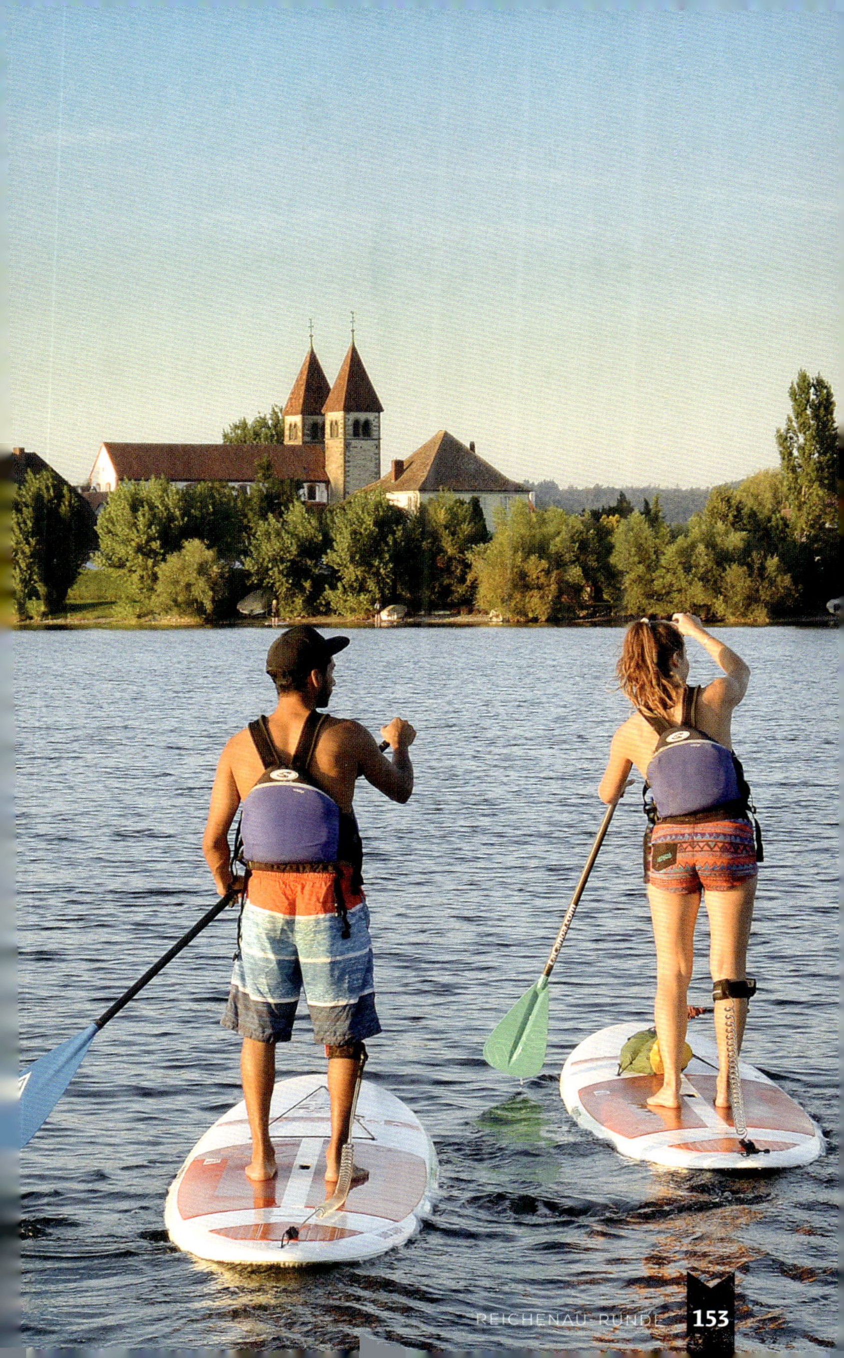

1 EINE INSEL FÜR DIE SEELE

Egal ob SUP-Board, Kanu oder Fahrrad – wer aktiv auf oder um die Insel unterwegs sein will, ist im **FREIZEITCENTER REICHENAU** 1 genau richtig. Wir lassen die Boards neben dem Badebereich des **STRANDBADS** ins Wasser. Je nach Windrichtung fahren wir die Rundtour – heute im Uhrzeigersinn. Schon während der ersten Schläge zur Nordspitze hin, genießen wir linkerhand den immensen Blick auf die **HALBINSEL HÖRI**. Die Felsformationen der Hegau-Vulkane schauen wie schwarze Zähne über den Horizont. Nach der ersten Landnase kommen wir in eine kleine Bucht, in der im Sommer gerne Motorboote und Segler ankern und deren Crews im klaren Wasser baden. Vor uns liegen am Ufer üppige Villengrundstücke, bestanden mit dicken Trauerweiden und hochaufgeschossenen Pappeln, während im Hintergrund die Türme der **BASILIKA ST. MARIA UND MARKUS** hervorlugen.

Schilfflächen ziehen sich um die Nordspitze der Reichenau herum. Jetzt steuern wir das Brett in den als **GNADENSEE** bezeichneten Seeteil. *Einer schönen Legende zufolge, rührt der Name aus der Zeit, als die Insel Reichenau die Gerichtsbarkeit innehatte. Ein zum Tode Verurteilter musste mit dem Boot über den See zum Festland gerudert werden, da die Insel heiliger Boden war, auf dem das grausame Ritual nicht vollstreckt werden durfte. Wollte der Abt den Verurteilten doch noch begnadigen, ließ er die Glocken läuten, bevor das Boot am Ufer ankam.* Aber wie gesagt, es ist eben doch nur eine schöne Legende.

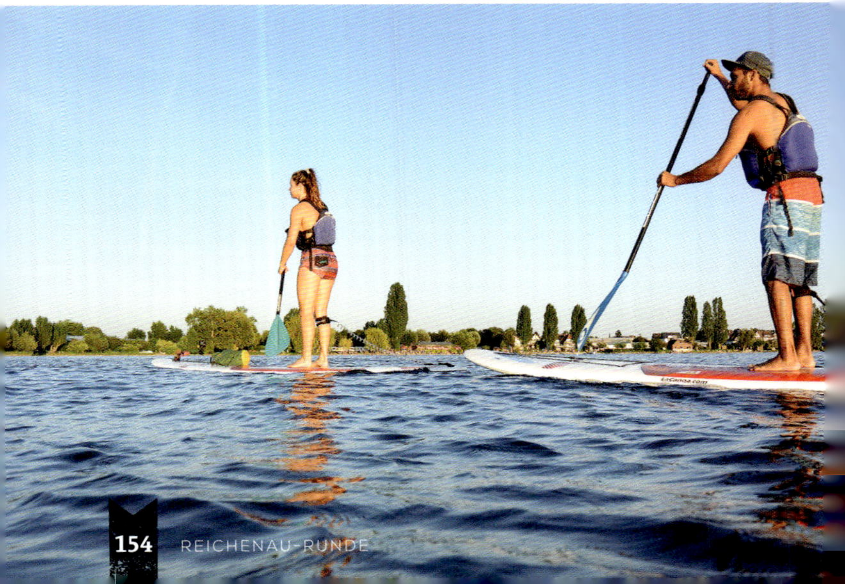

Das verspielt wirkende **SCHLOSS WINDEGG**, auch s'Bürgle genannt, *1667 im Stil der Spätrenaissance erbaut,* ist das erste Gebäude auf das wir hinter der Biegung blicken. Wer schon Lust auf eine Pause verspürt, könnte jetzt gut in **GEORGS FISCHERHÜTTE** 1 einkehren. Lokale Schmankerln wie Bodenseefelchen und Reichenauer Gemüse warten auf hungrige Paddler.

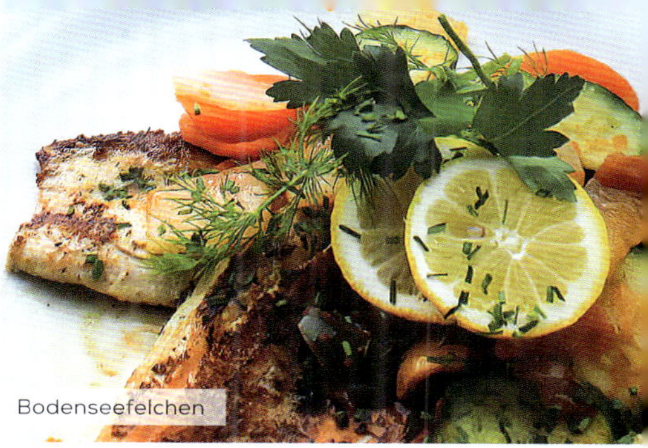
Bodenseefelchen

Wir folgen dem Uferverlauf einer einsamen Bucht, an deren Ende wir direkt zum **STRANDBAD REICHENAU** mit großer Liegewiese kommen. Bei **LAKE SUP** 2 nebenan kann man Stand Up-Equipment mieten oder sich in einen Gruppen- oder Yoga-Kurs einbuchen. Den nachfolgenden großen **SPORTBOOTHAFEN** umfahren wir in weitem Bogen. Dahinter breitet sich der Ortsteil **MITTELZELL** aus, in dem auch das **KLOSTERGEBÄUDE** (heute Rathaus & Winzerverein) des ehemaligen Benediktinerklosters steht, das zusammen mit dem **MÜNSTER ST. MARIA & MARKUS** den Hauptgrund für die Ausweisung der Insel als **UNESCO-WELTKULTURERBE** darstellt.

Nun folgen sehr naturbelassene Uferabschnitte in deren dichtem Uferbewuchs immer mal wieder kleine Mini-Buchten ein Anlegen ermöglichen. Zum Beispiel um nebenan bei der **FISCHHANDLUNG RIEBEL** 2 anzulegen um entweder in der Gaststätte den fangfrischen Bodenseefisch zu genießen oder sich in der angeschlossenen Fischhandlung einzudecken.

Mit Blick auf das **NATURSCHUTZGEBIET WOLLMATINGER RIED**, das als Dreh- und Angelpunkt für den Vogelzug, aber auch seltenen Vögeln wie Schwarzhalstaucher und Rohrammer als Brutplatz dient, biegen wir nach rechts in den von Kopfweiden bestandenen **BRUCKGRABEN** ab. Die Straßenbrücke ist Nadelöhr und Wendepunkt der Tour, ab dem wir nun dem Südufer der Insel folgen. Besonders gut ist hier zu sehen, warum das Eiland auch als „Gemüse- oder Salatinsel" bezeichnet wird. Die zahllosen gläserenen Gewächshäuser reflektieren das Sonnenlicht bis hinunter zum Wasser. Dazwischen blicken wir immer wieder neugierig in die großzügigen Privatgärten, bis uns ein kleiner Hafen aus unserer verträumten Paddelei reißt und wir den **SCHIFFSANLEGER REICHENAU** erreichen. Auch hier gibt es wieder **EINKEHRMÖGLICHKEITEN**, um sich für den Schlussspurt zu stärken.

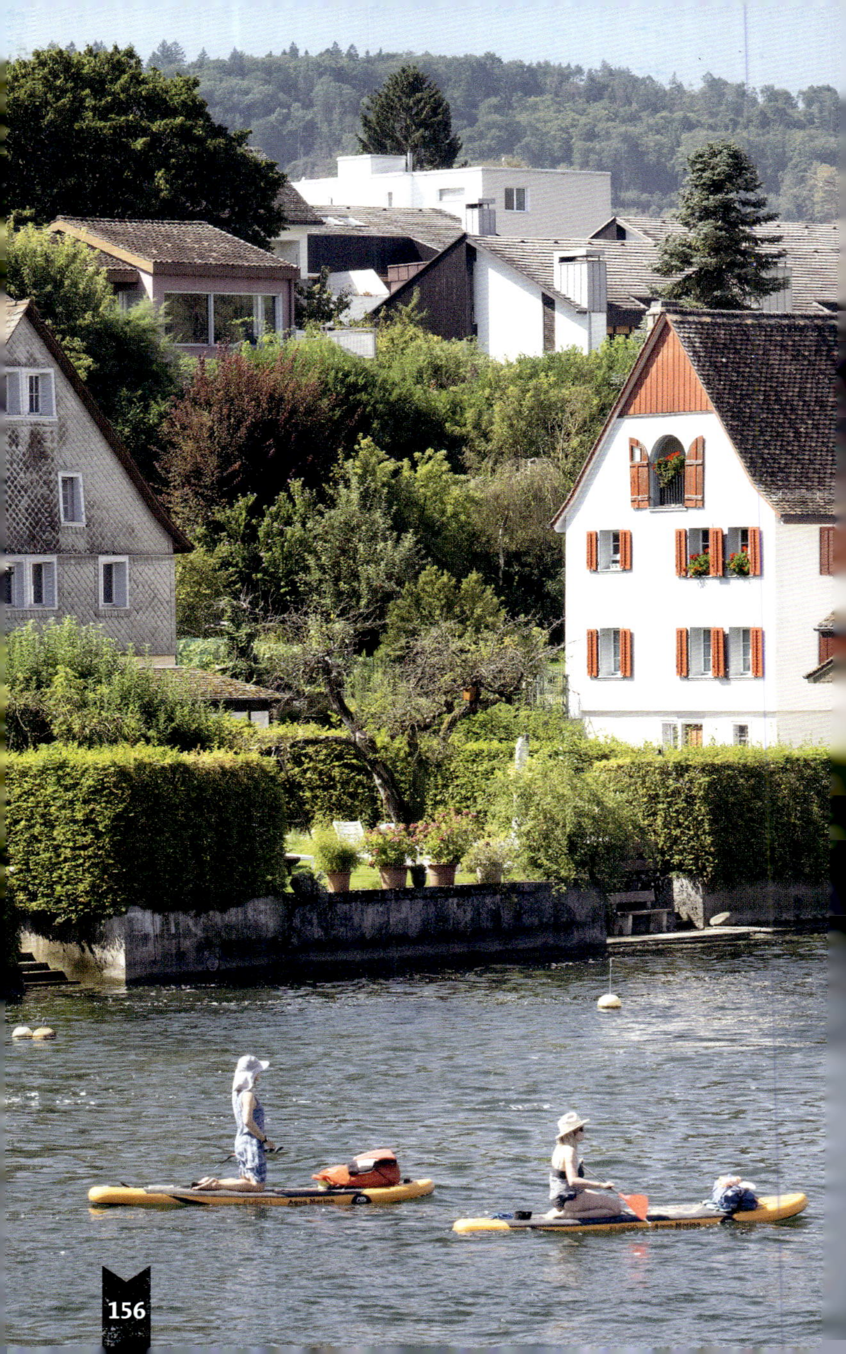

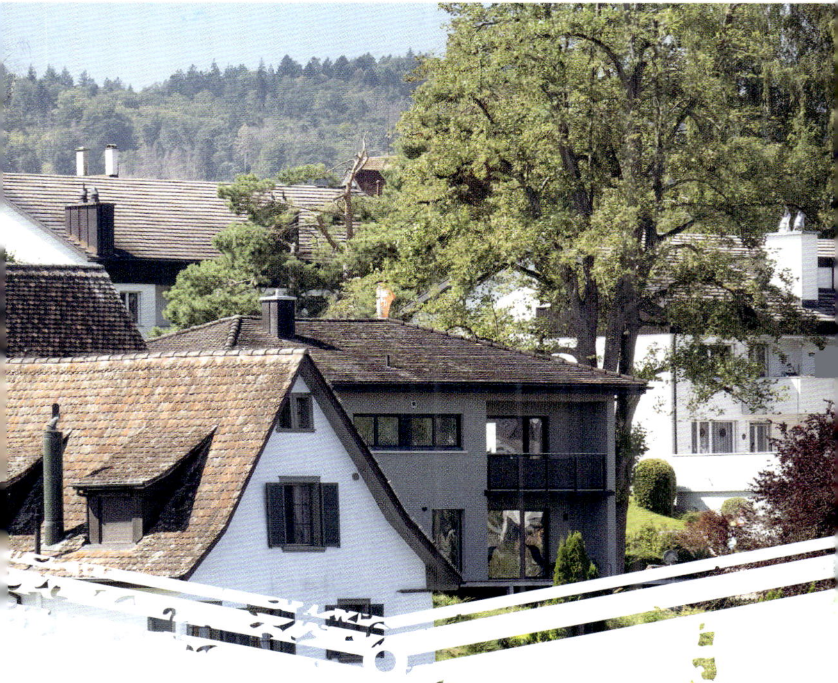

VON IZNANG NACH STEIN AM RHEIN

ANSPRUCH

EINKEHR

Die Kulisse am westlichen Ufer des Untersees beeindruckt mit saftigen Weiden, blühenden Obstgärten und malerischen Fachwerkdörfern vor wildromantischer Berg- und Seenlandschaft. Highlights sind die Altstadt Stein am Rhein, die Burg Hohenklingen und der Rheinfall, einer der größten und wasserreichsten Wasserfälle Europas.

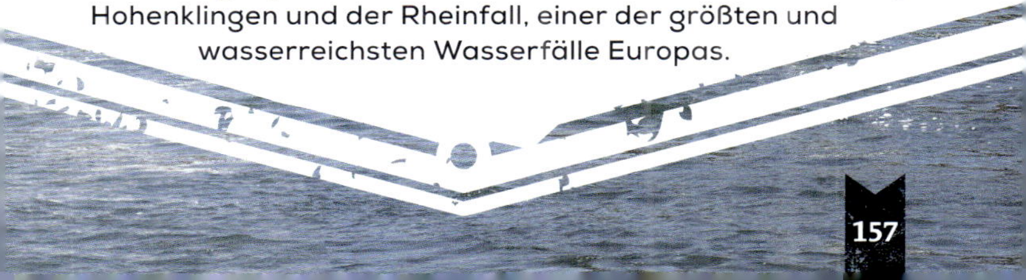

WIND & WETTER

Auch wenn der Untersee kleiner als der Obersee ist, können sich bei aufkommendem **Wind** ordentliche **Wellen** entwickeln.

Blinksignale warnen vor aufkommendem **Schlechtwetter**.

BEFAHRUNGSREGELN

- Die Flächen des **Naturschutzgebietes Hornspitze auf der Höri** dürfen nicht befahren werden.
- Das Befahren des **Hochrheins von Stein am Rhein bis Rheinklingen** ist **vom 01.10.- 31.03.** aus Naturschutzgründen **untersagt**.
- Flache **Kies- & Sandbänke, Schilfzonen** sowie unter Wasser liegender Bewuchs dürfen bis zum 31.05. **nicht befahren/betreten** werden.
- Wir bewegen uns häufig zwischen Deutschland und Schweiz. Ein **Personalausweis** gehört ins Gepäck.
- **Achte** besonders an **Anlegern** und **Häfen** auf **Ausflugsschiffe**. Ihnen ist stets **Vorfahrt** zu gewähren.
- Die **Ausflugsschiffe** fahren immer auf der **grünen Seite der Wiffen**.

GEFAHREN

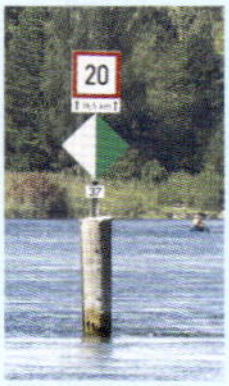

Wiffen *(grün-weiße Rauten/Verkehrszeichen auf Eichenpfählen im Wasser)* stellen vor allem unter Verwendung einer Leash eine echte Gefahr dar. Wer in der Strömung des Hochrheins mit der Leash an einem solchen Pfahl hängen bleibt, wird schnell unter die Wasseroberfläche gedrückt!

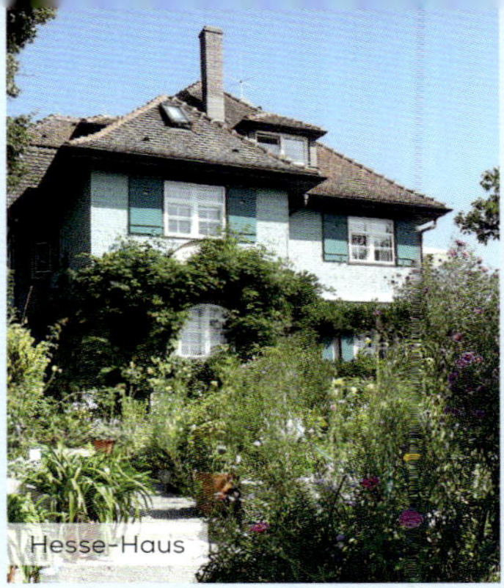

Hesse-Haus

ANFAHRT MIT DEM PKW

Von der A 81/A 98 erst der B 33, dann der B 34 und später der L 220 folgen. Am Kreisverkehr beim See rechts auf der *Radolfzeller Str.* (L 192) nach Moos. Dort links auf die *Iznanger Str. / Höristr.* bis zum Mooser Ortsteil Iznang fahren. Am Ortsausgang links abbiegen auf den Parkplatz *Strandbad*.

PARKEN

In Iznang kostenpflichtiger Parkplatz *Strandbad* gegenüber vom Kanu-Club Singen *(Strandbadstraße 17, 78345 Moos)*. Alternativ kleiner Parkplatz am Kreuzungsbereich zwischen *Lange Gasse / Kurze Gasse*.

ANREISE MIT ÖPNV

EINSTIEG Vom ZOB *Radolfzell* mit dem Bus 200 nach *Iznang Höristraße*. Von hier sind es 300 m zum Einstieg.

AUSSTIEG Wenige Meter Fußweg zur Haltestelle *Stein am Rhein, Untertor* (Bus 200, fährt nach Iznang). Zum Bf *Stein am Rhein* läuft man 900 Meter.

AUSSTIEG HOCHRHEIN Mit dem Bus (Linie 8 oder 25) oder 1,4 km Fußweg zum Bahnhof *Schaffhausen*.

BADEN

- Viele reizvolle **wilde Badestellen**!
- **Strandbad Iznang,** Liegewiese, schattenspendende Bäume, Volleyball, Kiosk. www.moos.de
- **Strandbad Horn** in **Gaienhofen**. www.gaienhofen.de
- **Hoeri Hotel, SEE SPA** in **Hemmenhofen**, Saunawelt, Panoramabad. www.hoeri-am-bodensee.de
- **Strandbad Öhningen.** www.strandbad-oehningen.de
- **Badi Steckborn** mit Camping uvm. www.strandbad-steckborn.ch
- **Riipark – Strandbad** in **Stein am Rhein,** große Badewiese, Strandbar. www.badi-info.ch
- **Lido – Strandbad Büsingen am Hochrhein,** Liegewiese, Bistro. www.lido-buesingen.ch

SEHENSWERTES

- **Gaienhofen: Hesse Museum** *(www.hesse-museum-gaienhofen.de)*, **Mia und Hermann Hesse Haus** *(www.mia-und-hermann-hesse-haus.de)*.
- **Hemmenhofen: Museum Haus Dix** im ehemaligen Atelier- und Wohnhaus *(www.kunstmuseum-stuttgart.de/museum-haus-dix)*.
- **Öhningen-Wangen: Museum Fischerhaus** – die Pfahlbauten sind UNESCO - Weltkulturerbe *(www.museum-fischerhaus.de)*.
- **Stein am Rhein:** Altstadt mit Lüftlmalereien an den Bürgerhäusern, Hexenturm, Rathaus, Bürgerasyl, Rother Ochsen, Fronhof, Klostermuseum Sankt Georgen, Krippenwelt-Museum, Burg Hohenklingen.

EXTRA-TIPP

- Ein Besuch der nahen **Rheinfälle,** den größten Wasserfällen Europas und der Stadt **Schaffhausen** mit ihrer historischen Bausubstanz, sind echte touristische Höhepunkte in der Region.

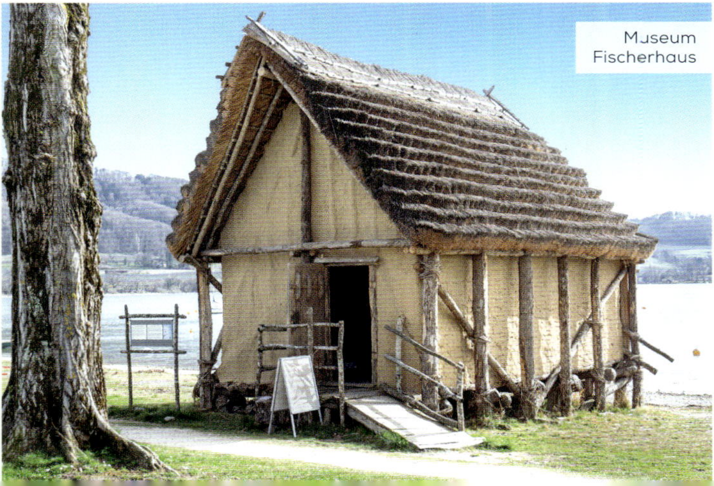

Museum Fischerhaus

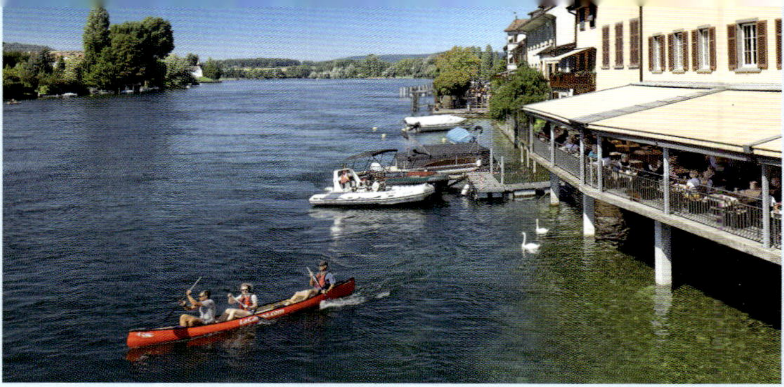

TOUREN

1 GEMÜTLICHES UFER

(Tourbeschreibung Seite 162)

Entlang dem Westufer des Untersees.

| **LÄNGE** 19 km | **DAUER** 4-5 h

2 FLOTTER HOCHRHEIN

(Kurzbeschreibung Seite 164)

Wer viel Energie, Lust und Erfahrung auf Fließgewässern mitbringt, für den ist die Fortsetzung auf dem Hochrhein eine echte sportliche Herausforderung. Die starke Strömung und der Schiffsverkehr verlangen Aufmerksamkeit und Können.

| **LÄNGE** 18,4 km | **DAUER** 3-4 h

EIN- & AUSSTIEG

EINSTIEG Iznang, rechts neben dem Fähranleger *(Seestr. 19, 78345 Moos)*, bitte dort nicht länger aufhalten.

AUSSTIEG STEIN AM RHEIN
Gleich hinter den Schiffsanlegern auf der rechten Seite. Parkplatz *(Navi: Schiffländi 10, CH-8260 Stein am Rhein)*.

ZURÜCK VON STEIN AM RHEIN
Direkt am Ausstieg fährt der Bus 200 zurück nach *Iznang Höristr.*

AUSSTIEG SCHAFFHAUSEN
Anlanden am rechten Ufer (Schifflände), 200 m vor der Eisenbahnbrücke Feuerthalen. Parkplatz Lindli *(Rheinhaldenstr. 8, CH-8200 Schaffhausen)*.

ZURÜCK VON SCHAFFHAUSEN
Mit der Bahn nach Radolfzell, dort mit dem Bus 200 nach *Iznang Höristr.*

SUP-VERMIETUNG

1 SURFSCHULE RADOLFZELL
Karl-Wolf-Straße 31
78315 Radolfzell
Tel. (07732) 62 92
www.surfschuleradolfzell.de

2 STRANDBAD STECKBORN SUP-STATION VON LA CANOA
Seestraße 188, CH-8266 Steckborn
Tel. +41 (0)58 346 20 87
www.strandbad-steckborn.ch

3 BOARDERHOUSE
Seestraße 216
CH-8267 Berlingen
Tel. +41 (0)52 761 33 04
www.boarderhouse.ch

EINKEHR

1 RESTAURANT ZUM FÄHRMANN

Hauptstr. 223A, 78343 Gaienhofen
Tel. (07735) 937 73 22
www.restaurant-faehrmann.de
Mi-Sa 17-21, So+Fei 11.30-14 + 17-21

KLASSIKER Zarte Ochsenbäckchen geschmort in Rot- & Portwein

2 S'PLÄTZLE AM SEE 2.0

Uferstraße 32
78343 Gaienhofen (Hemmenhofen)
Tel. (07735) 93 88 51
www.splaetzleamsee.de
Sommer Do-Mo 9-18, Winter Fr-So

KLASSIKER täglich wechselnd, sehr charmig & sehr lecker

3 HÖRI BISTRO

Seeweg 32 *(zwischen Strandbad und Camping Wangen)*
78337 Öhningen (Wangen/Höri)
Tel. 0151-404 803 94
www.hoeri-bistro.de

KLASSIKER Seeburger mit Zwiebel-Chutney & Speck, Veggie Burger

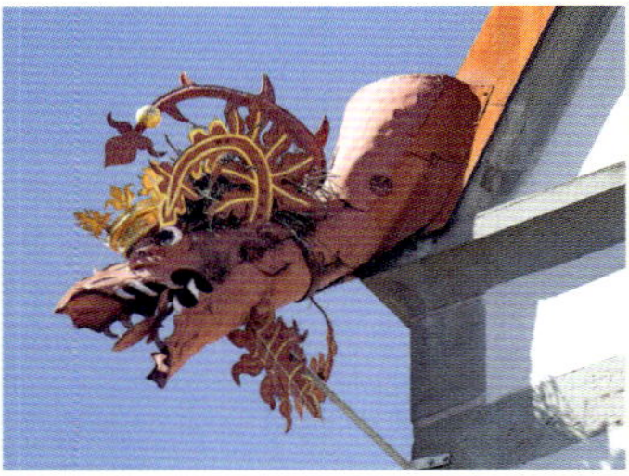

ÜBERNACHTUNG

1 KANU-CLUB SINGEN

(Zeltwiese, Zimmer)
Strandbadstr. 17
78345 Moos-Iznang
Reservierung über die Website:
www.kanuclub-singen.de

2 CAMPINGPLATZ STOFFEL

Strandbadstr. 5
78345 Moos-Iznang
Tel. 0160-290 63 94

3 GÄSTEHAUS AM SEE (+ JUGENDHOTEL)

Hornstaaderstr. 50 + 54a
78343 Gaienhofen (Horn)
Tel. (07735) 985 20
www.spassamsee.com

4 CAMPINGPLATZ HORN

Strandweg 18
78343 Gaienhofen (Horn)
Tel. (0773) 56 85
www.camping-horn.de

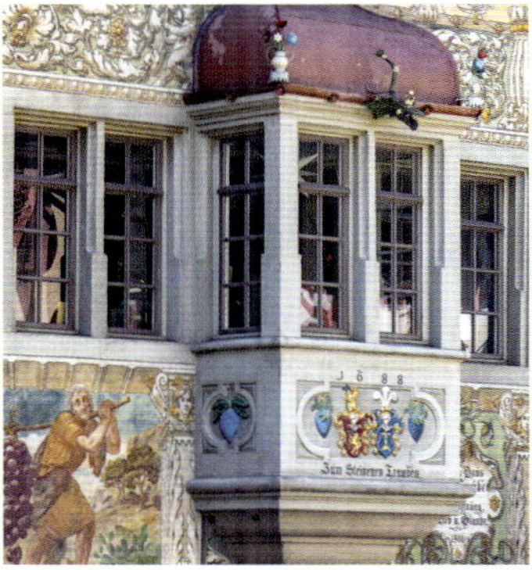

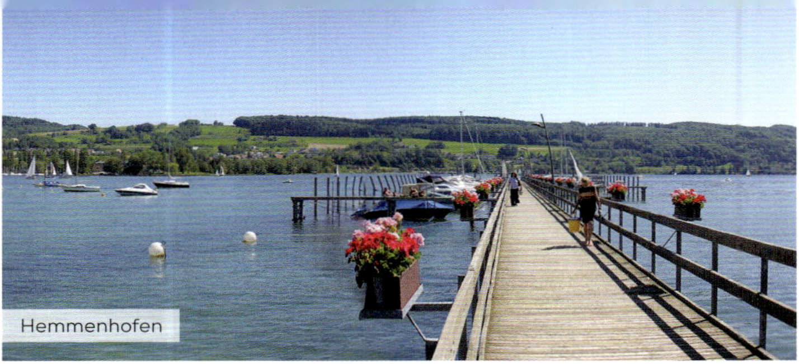

Hemmenhofen

1 UNTERWEGS IM „GOTTESGARTEN AM SEE“

Neben dem Fähranleger **IZNANG** starten wir auf dem **ZELLER SEE**, der den westlichen Teil des **BODENSEE-UNTERSEES** darstellt, zu dieser reizvollen SUP-Tour. Blickt man am Ufer auf das **NATURSCHUTZGEBIET HORNSPITZE AUF DER HÖRI**, dessen Röhricht- und Flachwasserzone zum europäischen Schutzgebiet „Natura 2000“ gehört, kann man in aller Ruhe Gänse, Schwäne, Haubentaucher beobachten. Offenbar sind sie an Paddler gewöhnt. Jetzt, am frühen Morgen, gleiten wir auf spiegelglatter Wasseroberfläche dahin und genießen den herrlichen Fernblick in Richtung der Insel Reichenau.

In einem großen Bogen gelangen wir in den nach Südwesten verlaufenden Seeteil **RHEINSEE**. Vorbei am Sportboothafen sowie dem **CAMPING** 5 und dem **STRANDBAD** von **HORN** kommen wir bald nach **GAIENHOFEN**. Das gleichnamige Schloss beherbergt heute ein Internat und ist nicht zugänglich. Allerdings kann man in den **MUSEEN** des Ortes sowie des Nachbarortes Hem-

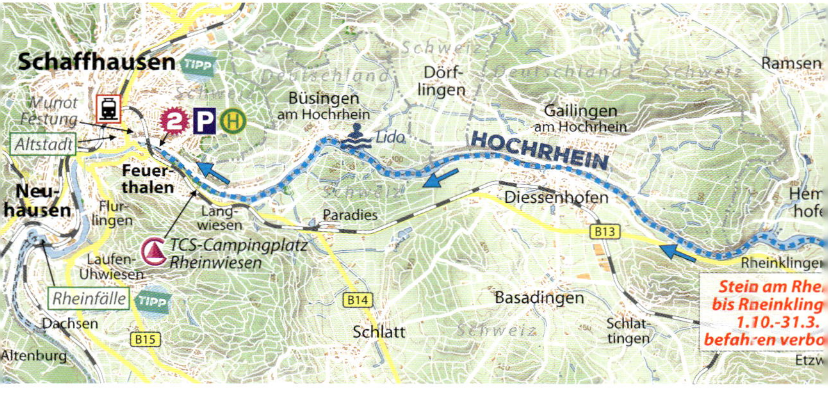

menhofen *den Spuren berühmter Künstler und Literaten wie Otto Dix, Helmut Macke oder Erich Heckel und vielen anderen folgen, die wegen der Nähe zur Schweizer Grenze den Ort und die gesamte Halbinsel Höri nach 1933 als Zufluchtsort wählten. Hermann Hesse ließ sich schon 1904 in Gaienhofen nieder.*

In **HEMMENHOFEN** finden wir kurz nach dem **S'PLÄTZLE AM SEE 2.0** 2 zwei weitere nette Biergärten beim Schiffsanleger direkt am Wasser. Das südliche Schweizer Ufer des sich langsam verengenden Rheinsees kommt immer mehr in Reichweite. Wer historische Orte mag, sollte einen kleinen Abstecher hinüber nach **STECKBORN** machen.

Beim Dörflein **WANGEN** ragt eine kiesige Landnase in den See, an deren Ufer eine Kastanie auf einem Mauervorsprung ein herrlich schattiges Plätzchen für eine Pause abgibt. Dahinter folgt das **STRANDBAD**, das **HÖRI BISTRO** 3 und der **CAMPING**. *In der* **WANGENER BUCHT** *wurden 1854 jungsteinzeitliche Siedlungen entdeckt – Reste alter Pfahlbauten, die zusammen mit anderen Fundstellen zum „UNESCO-Weltkulturerbe Prähistorische Pfahlbauten um die Alpen" gehören und deren Fundstücke im* **MUSEUM FISCHERHAUS** *zu besichtigen sind.*

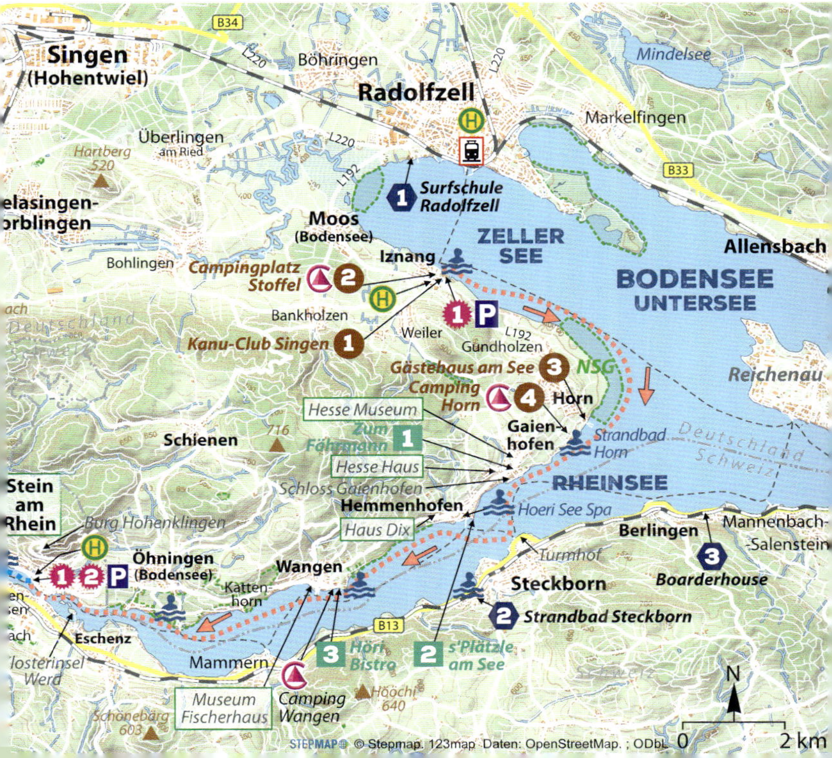

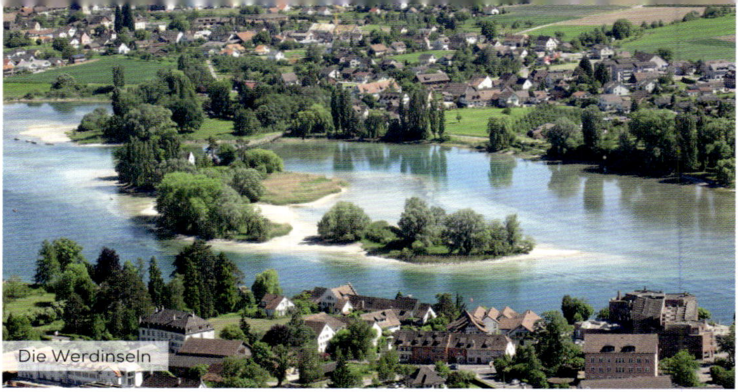

Die Werdinseln

Der Dichter Viktor von Scheffel beschrieb die nun folgende Strecke als „Gottesgarten am See", denn zwischen **SCHIENEN** und **WANGEN**, zwei Ortsteile von **ÖHNINGEN**, blickt man vor der Kulisse der wildromantischen Berg- und Seenlandschaft hinter kleinen Steganlagen auf blumengeschmückte Fachwerkhäuser und **BADESTRÄNDE**, die zum Anlanden einladen.

Hinter Öhningen wird der See immer schmaler und es geht an Sandbänken vorbei. In der Ferne fasziniert die Silhouette der **BURG HOHENKLINGEN**, die hoch oben auf einem Berg über der Stadt Stein am Rhein thront. Kurz vor dem Endpunkt der Tour blickt man auf drei kleine Inselchen. Neben dem **NATUR- & VOGELSCHUTZGEBIET MITTLERES UND UNTERES WERDLI** liegt die eineinhalb Hektar große **KLOSTERINSEL WERD**, die durch eine 200 Meter lange hölzerne Fußgängerbrücke mit dem Örtchen **ESCHENZ** verbunden ist. *Schon seit 1.200 Jahren ist sie bewohnt. Otmar, der erste Abt des Klosters St. Gallen, starb hier. Auf seiner Grabstätte entstand im 10. Jh. eine Kapelle, die zur Wallfahrtsstätte wurde. Ein Teil der Insel und die Klosterkapelle sind für Besucher zugänglich.*

Nun haben wir den Ausfluss des **HOCHRHEINS** aus dem Rheinsee erreicht und die Strömung wird deutlich schneller. Wir paddeln unter der Brücke von **STEIN AM RHEIN** hindurch und legen nach ein paar Hundert Metern am rechten Ufer hinter den Schiffsanlegern an. *Die kleine Stadt ist eine echte Fachwerkperle und lohnt wegen ihrer prächtigen Bürgerhäuser, den bemalten Fassaden, Erkern und kleinen Gassen und auch der Burg Hohenklingen wegen.*

2 FLOTTE TOUR FÜR SPORTLICHE

Wer richtig viel Kondition hat, kann die schöne **HOCHRHEINSTRECKE** bis **SCHAFFHAUSEN** anhängen. Die sehr starke Strömung und der geschäftige Schiffsverkehr fordern auf der Strecke allerdings Erfahrung auf dem Board und Umgang mit Fließgewässern (KEINE Leash wegen der Wiffen!).

DER AUTOR

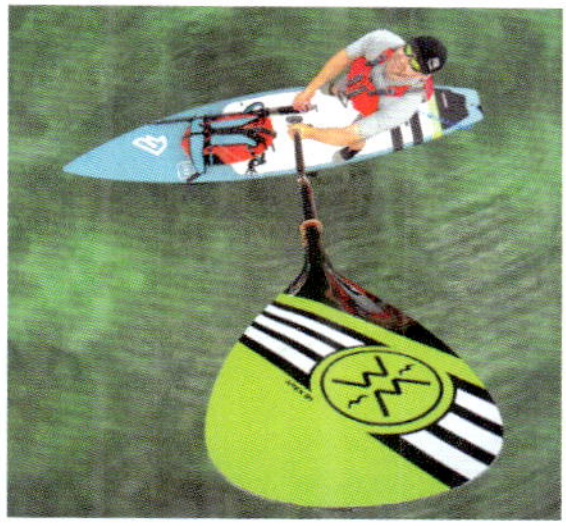

BJÖRN NEHRHOFF VON HOLDERBERG ist mit allen Wassern gewaschen. Schon als Kind von seinen Eltern im Faltboot mitgeschleppt, wurde er früh vom Paddelvirus infiziert. Da war der Weg dann auch nicht mehr weit zum Stand up Paddling. Neben seiner Arbeit als Reisebuchautor bei verschiedenen Kanu- und Outdoor-Zeitschriften, schreibt er auch für die Zeitschrift SUP Board Magazin. Auf seiner Webseite www.liquidmedicine.de berichtet er von den alltäglichen „kleinen" Abenteuern, vom Brandungssurfen bis hin zur Naturfotografie.

DANKSAGUNG

Ein dickes Dankeschön geht an **Leila** und **Daniel** von **La Canoa, Tobi** vom **Ridersheaven**, **Amelie Fuchs** und **Lukas Harzheim.**

Außerdem **Christian Wagenbauer und Sohn** für ihre Hilfe bei der Recherche, den Spaß beim Mitpaddeln und ihre Geduld beim Fotografieren.

Natürlich gilt der größte Dank **meiner Frau Hao,** ohne die die Entstehung des Buches nicht möglich gewesen wäre und für die schönen Touren, die wir gemeinsam auf dem Bodensee erpaddeln durften.

Meinen fleißigen **Verlegern Carola Hillmann** und **Thomas Kettler** ist für ihre geduldige Zusammenarbeit ebenfalls mein Dank gewiss.

WEITERE BÜCHER IM THOMAS KETTLER VERLAG

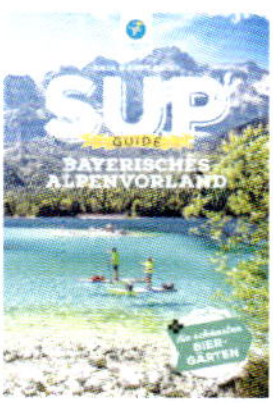

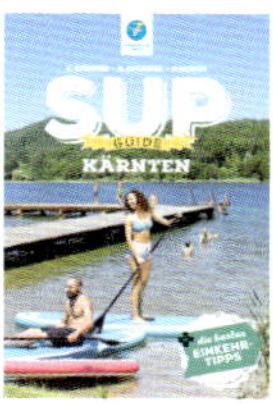

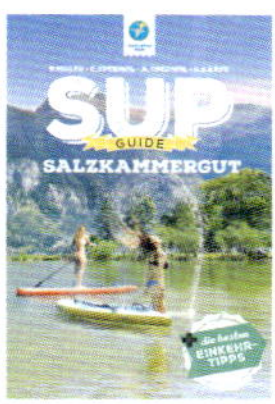

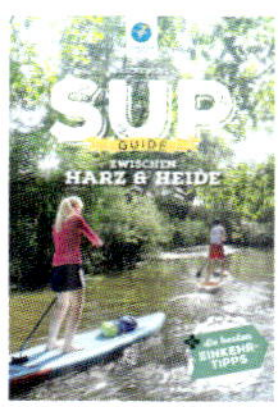

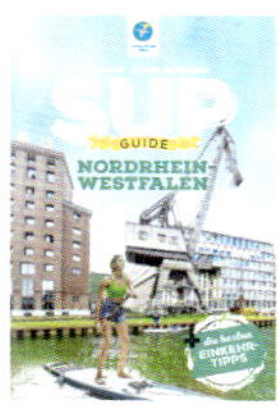

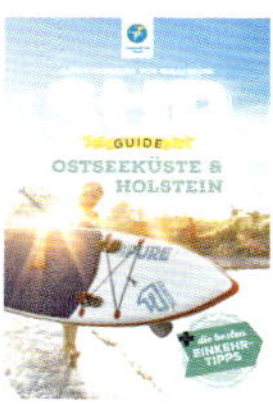

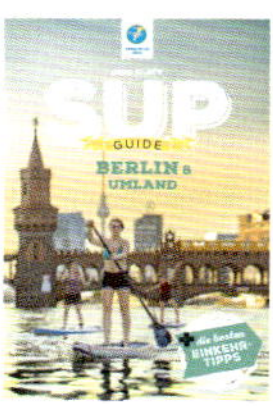

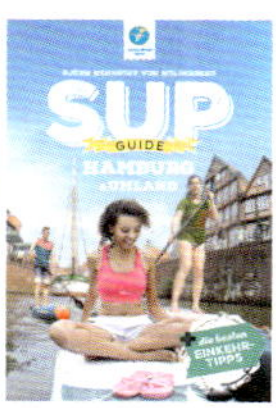

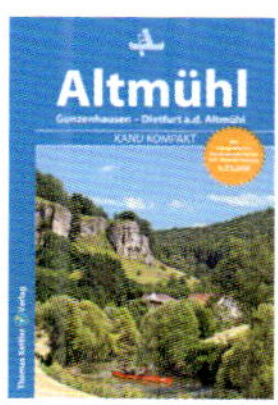

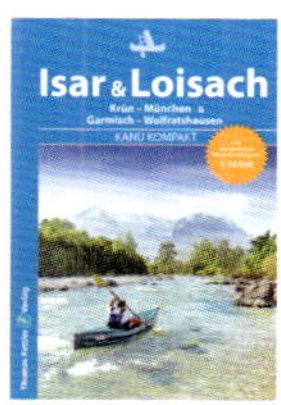

REGISTER